国家体育总局重点研究领域科研项目（项目编号：2014B065）
陕西师范大学优秀著作出版基金资助出版

青少年运动员竞技训练风险的应对研究

万炳军　张　婧　路东升
郭　晨　翟　琳　著

北京体育大学出版社

策划编辑：潘　帅　王晶晶
责任编辑：李志诚
责任校对：原子茜
版式设计：小　小

图书在版编目（CIP）数据

青少年运动员竞技训练风险的应对研究／万炳军等著．—北京：北京体育大学出版社，2021.11
ISBN 978-7-5644-3297-3

Ⅰ．①青…　Ⅱ．①万…　Ⅲ．①青少年－运动训练－风险管理－研究　Ⅳ．①G808.17

中国版本图书馆CIP数据核字（2019）第295347号

青少年运动员竞技训练风险的应对研究　　万炳军　等著
QINGSHAONIAN YUNDONGYUAN JINGJI XUNLIAN FENGXIAN DE YINGDUI YANJIU

出版发行：北京体育大学出版社
地　　址：北京市海淀区农大南路1号院2号楼2层办公B－212
邮　　编：100084
网　　址：http：//cbs.bsu.edu.cn
发 行 部：010－62989320
邮 购 部：北京体育大学出版社读者服务部010－62989432
印　　刷：北京建宏印刷有限公司
开　　本：710毫米×1000毫米　1/16
成品尺寸：170毫米×228毫米
印　　张：13
字　　数：231千字
版　　次：2021年11月第1版
印　　次：2021年11月第1次印刷
定　　价：78.00元

前　言

青少年运动员是国家竞技体育发展之根基，更是民族体育事业发展之基础。纵观全球，随着体育对政治、经济、文化、卫生健康、军事等各领域的价值愈来愈凸显，融入全社会领域发展的程度愈来愈深，国际奥委会、各体育单项组织、各国政府、社会高度重视青少年运动员的培养，提出了诸多培养理念，强化了资源投入，规范了培养体制，丰富了竞赛内涵和文化等，促进了青少年运动员的积极发展，同时也极大地提升了竞技体育发展水平。

然而，青少年运动员的个性化教育，是要落实在竞技训练这一特殊活动之上的，这一特殊教育活动，其特征就在于不断挖掘人体的生理、心理、精神潜质，以达到更快、更高、更强的竞技目标。青少年运动员身心发展、发育特征有可能在后天的竞技训练中成为导致运动性伤病、心理疾病、精神压力等的内在因素，使青少年运动员的竞技训练过程充满不同于成人运动员的风险危机。虽然，我国也在竞技后备人才培养上，从体制、资源、文化教育等角度进行了全面系统的改革和投入，但是，不同的培养体制和资源投入方式，对青少年运动员的竞技训练会产生不同结果，出现竞技训练过程的不确定性。鉴于此，本书立足青少年运动员身心发展特征，以我国青少年运动员培养体制的改革为背景，以风险理论为理论依据，根植竞技训练实践，对青少年运动员竞技训练系统、结果性风险维度和过程性风险维度进行了较为全面的研究，在调查、实验的基础上提出了青少年运动员竞技训练风险事件的具体应对措施，以期从理论和实践层面为青少年运动员培养体制的改革、健康发展提供有价值的参考依据，同时希望对相关领域的研究起到“抛砖引玉”的作用。

本书可供体育管理者、教练员、相关研究者、体育教师及各体育类高校和研究机构的读者参阅。

目录

目录

第一章　绪　论

随着社会主义市场经济的逐步完善，我国青少年运动员的培养逐渐形成一主多辅的多元化培养体系。在此过程中，越来越多的子系统加入青少年运动员训练系统中，培养渠道日益多元化，同时也凸显出许多问题，如不同系统、不同部门对青少年运动员的全面教育和有效保障有各自的风险规避方式、利益达成方式等，缺乏融合的制度机制；各培养体系之间相互割裂的现象十分严重，从而使我国青少年运动员的培养链在众多环节上出现“断裂”现象，具体到训练实践上，便会导致训练要素的不完善，造成诸如运动性伤病、倦训、辍训、过度训练等风险事件的发生。长期以来，在青少年运动员培养体制机制上，其竞技潜质和竞技成绩的提高，是评价其发展有效性的唯一途径，也是规避其他风险事件，进行资源投入的主要衡量标准。但随着社会对人才培养质量的全面提升，对青少年文化教育的全面普及和提高，家庭、教育机构的全面介入，竞技体育体制的开放性日益扩大，这些质性变化要求青少年运动员的竞技训练是安全的、教育性的、可持续性的，更是健康的。因此，深入实践中的竞技训练，进行青少年运动员因竞技训练风险的应对，需要以青少年运动员培养体制为风险治理依据，从体制角度梳理当前青少年运动员的竞技训练组织形式和评价标准，站在宏观层面，探索当前青少年运动员竞技训练的风险生成机制，为竞技训练风险的具体应对措施的提出提供制度支撑。

第一节　当前青少年运动员的培养体制

竞技体育的发展与一个国家的经济实力密切相关。一个国家的经济实力决定了其对竞技体育活动的支持程度，并在一定范围内限制着竞技体育的发展水平。中华人民共和国成立后，百废待兴，资源紧缺，经济文化落后，体育基础薄弱，中国体育的发展不能照搬西方发达国家的模式，只能走“突出重点，带动一般”的道路。

1979 年后，面对国际竞技体育敞开的大门，中国竞技体育面临着巨大的挑战，为了适应社会需要，振奋人心，中国竞技体育迅速调整战略，制定了以奥运会为核心的竞技体育“优先发展”战略，并逐步形成“举国体制”思想下的青少年运动员三级培养体系。

随着我国社会体制的变革，尤其是进入 21 世纪以来，市场经济的全面引入，现有的“举国体制”难以适应市场经济需求，现行的“三级训练网”体系受到严重冲击，其主要原因在于任何运动员培养体系均有着共性的支撑要素，这些要素包括场地设施的硬件，规章制度的软件，更有利用和制定上述要素的培养主体（这里的主体是哲学范畴里的，是人与其他事物关系中的概念，主体是人，是相对于客体而言的〔1〕），这些支撑要素共同奠定了运动员培养体系。对于支撑要素如何进入培养体系中，如何利用，由谁来提供各种要素等涉及支撑要素的筹集与运行的机制，是一个培养体系的协同过程，其中协同框架是最为基本的，也是设计运动员培养协同体系的第一要务。根据运动员培养体系应具备的共性支撑要素，Veer De Bocsscher 等人对六个国家运动员培养体系进行了比较，提出了运动员培养体系的 9 个支撑要素，包括：①国家体育管理制度；②培养体系中组织与制度结构；③运动员生源的依托基础；④场地设施；⑤运动员选材与发展体系；⑥教练员资格与培训；⑦竞赛体系；⑧科学研究；⑨运动员退役职业生涯的支持规划。其中国家体育管理制度与培养体系中组织与制度结构是基础支撑要素〔2〕。因此，“三级培养体系”自身不可能提供所有的支撑要素，必须通过一定制度安排来实现支撑要素的协同。也就是说，随着体育制度的改革，原有支撑三级培养体系的要素会以一种新的形态存在，同时，不同支撑要素，存在于不同的社会体系（系统）中，三级培养体系的发展也会受到这些本身具有支撑要素的社会体系的影响。

在相关制度改革尤其是扶持性制度的推动下，各种运动员培养体系逐渐形成了其获取资源的渠道，运动员的发展从基础阶段对“体校”的依附性培养，逐渐形成了相对自我和选择空间日益拓宽的渠道。例如，大、中、小学的高水平运动员招生

---

〔1〕 马克思．马克思恩格斯选集：第 2 卷［M］．北京：人民出版社，1972：88.

〔2〕 DE BOSSCHER V, DE KNOP P, VAN BOTTENBURG M, et al. Explaining international sporting success: An international comparison of elite sport systems and policies in six countries［J］. Sportmanagement Review, 2009（12）：113－136.

考试、运动训练专业单独招生等为普通学校运动员培养体系构建了从小到大的培养渠道；俱乐部逐渐独立的运行机制，使其具有较大的市场选择空间，形成了与体校、普通学校，甚至企业的相互合作，建立了自身培养资源与利益的通道；家庭的日益富足，以及对某体育运动项目的认可，在各种依托培养单位和组织中，更加具有自我安排的培养模式等。这些培养体系，在培养主体多元化及利益实现多元化的趋势下，形成了青少年运动员的多元培养体系。

第二节 竞技训练系统的复杂性和非线性

进入21世纪以来，社会上逐渐出现了“体育俱乐部”形式的运动员培养模式，从而使我国运动员培养体制趋于完善。至此，以业余体校、体育项目传统学校为基础，以高校高水平运动队、社会俱乐部运动队、省市运动项目管理中心为依托，以国家队为代表的我国运动员“三级培养体系”得以确立。在这样的青少年运动员多元培养体系下，更多的人力和物力资源投入青少年运动员竞技训练系统中，培养渠道日益多元化，使运动员竞技训练成为一个更加开放、更加复杂的系统。在这个复杂的系统中，学训矛盾、各种人际关系的冲突以及后备人才匮乏等一系列问题亟待解决。青少年时期的运动员教育所需资源与成长通道均需不断从训练系统外获取。训练系统内物质、文化、制度等资源存在涨落现象。在训练系统内，资源的分配无论在时间还是空间上均是不均衡、不平衡的，在系统内制度有效调控的作用下，资源会从密集区自发向贫乏区流动，实质上这是训练系统自组织作用的结果，运动员竞技训练系统始终处于动态不平衡的有序发展中，这就使这个训练系统具有耗散结构的特征〔1〕。因此，竞技训练系统的发展是从无序到有序或由低级向高级转化的动态过程，青少年运动员竞技训练系统具有非线性的发展特征。

第三节 青少年运动员竞技训练风险应对的必要性

青少年运动员和竞技体育后备人才的培养是竞技体育发展的根基，同时，“体

〔1〕 叶进，王灵凤，邹驯智．运用耗散结构理论提升政府社会风险管理水平［J］．甘肃社会科学，2008（1）：196－198.

育强国”战略的提出无疑对竞技体育以及青少年运动员的发展和培养提出了新的要求。青少年运动员的培养，依托于训练系统，训练系统又由许多社会组织参与组成，社会组织在参与的过程中风险也会伴随而来，这些风险将直接影响青少年运动员竞技训练。例如，训练系统的不完善与保障制度的不健全，会使青少年运动员面临文化教育与训练周期重合、技能单一、再就业困难、伤后医疗保障欠缺等一系列社会风险。这与竞技体育本身的特征及运动员独特的职业特征和劳动特征紧密相关，如竞技体育的成绩唯一性和“唯金牌论”、竞争激烈性、运动员职业的“青春性”特征。

青少年运动员除在宏观层面承担训练系统风险之外，其本身参与运动训练也是一个风险过程，并始终伴随着风险事件的发生。例如，桑兰事件；2008 年 12 月，吉林少年体校发生的悲剧——少女练箭射穿队友大脑；2009 年 11 月 20 日，南京清凉山体校 12 岁的庄庄（化名）练习跆拳道运动后猝死；2010 年，央视《新闻调查》播出“体校里的青春”。可以看出，青少年运动员退役后的无奈和文化教育的缺失。我国竞技体育中众多的优势项目，如体操、跳水、射箭、射击、举重等都属于竞技体育中的高风险项目，同时大多是运动员青少年时期就能达到较高水平的“少年项目”。青少年运动员在多年的竞技训练中，需要面临运动损伤、运动猝死等身体上的多种微观风险。

本书从宏观和微观层面深入探讨青少年运动员竞技训练过程中面临的风险，并提出与之相对应的风险应对措施。

第二章 研究对象与方法

第一节 研究对象

本书以省市业余体校、体育传统项目学校 14～16 岁青少年运动员竞技训练风险为研究对象，从生物学、社会学、心理学等多方面进行综合研究，以“识别疲劳”为核心，探析竞技训练各类风险因素之间的潜在联系，为风险应对途径的厘清与多元治理策略的建立提供理论和现实依据，力求最大限度地规避青少年运动员训练过程中的竞技训练风险。14～16 岁青少年运动员具有一定的认识和分析问题的能力，对风险源有一定的辨识度，对所需要研究的问题能提供较为真实可靠的数据。

第二节 研究方法

一、调查法

（一）问卷调查

由于影响青少年运动员竞技训练的风险因素较多，故需要对同一研究对象进行较为全面、深入的调查，把握研究重点。因此，本书选取了具有一定沟通和合作关系的单位进行调研，并将调查对象确定为具有一定竞技训练水平和经历的青少年群体。鉴于当前青少年运动员以“专业体校和普通中学教育相结合”的培养方式为主，故在满足上述条件的基础上，本书主要选取了以陕西省青少年运动员培养单位为主的调查单位，主要包括陕西省青少年体育运动学校、陕西省田径管理中心、西安体育学院附属竞技体育学校、陕西省各项目运动管理中心以及部分域外体育运动学校。其具体构成详见表 2－1。

表 2－1 问卷调查单位一览表

调查单位所属省/市	调查单位名称
陕西省	陕西省田径管理中心 陕西省青少年体育运动学校 西安市体育运动学校 陕西师范大学附属中学 西北工业大学附属中学 西安市铁一中学 西安高新第一中学 西安体育学院附属竞技体育学校 陕西省足球管理中心 西安中学 西安交通大学附属中学 宝鸡市体育运动学校
河南省	开封市体育运动学校
山西省	太原市体育运动学校
天津市	天津市体育运动学校
新疆维吾尔自治区	乌鲁木齐市体育运动学校

本书的调查对象主要分为 3 类，即青少年运动员、教练员以及与青少年运动员竞技训练相关的其他人员。共调查 1 733 人次，其中青少年运动员 1 377 人次（男运动员 810 人次，女运动员 567 人次）、教练员 242 人次、其他相关人员 114 人次。青少年运动员年龄为 14～16 岁，训练年限为 2～10 年，平均年龄 15.1 岁，平均训练年限为 4.5 年；教练员年龄为 30～50 岁，执教年限为 4～20 年，平均执教年限 10.3 年。

本书调查了田径、重竞技、篮球、足球、排球、网球、艺术体操等运动项目的青少年运动员（图 2－1）。进行多项目、大范围调查是为了从运动员训练的总体角度来把握竞技训练风险的现状，使影响训练的风险因素调查更具全面性，为竞技风险应对策略的厘清与多元治理策略的建立提供较为全面的现实依据。

本书共发放问卷 2 180 份。其中，青少年运动员问卷发放 1 670 份（含电子问卷 36 份），回收问卷 1 533 份，有效问卷为 1 377 份，问卷有效率为 89.82%；教练员问卷发放 370 份（含电子问卷 60 份），回收问卷 288 份，有效问卷 259 份，问卷有效率为 89.93%；其他相关人员问卷发放 140 份，回收问卷 123 份，有效问卷

114 份，问卷有效率为 92.68%。所有问卷均是在查阅文献资料的基础上，依据本书的主要内容设计编制或选用。问卷的设计过程科学可靠，题目的编制与筛选细致严谨。在正式问卷定稿之前，课题组事先进行了问卷预调查实验，对所有正式问卷均进行了专家效度和内容信度的分析检验，达到了研究的需求，均符合问卷编制和调查的科学性与学术性要求。按调查内容将所有问卷分为 A、B、C、D、E、F、G 7 种类型，调查问卷详情见表 2-2。

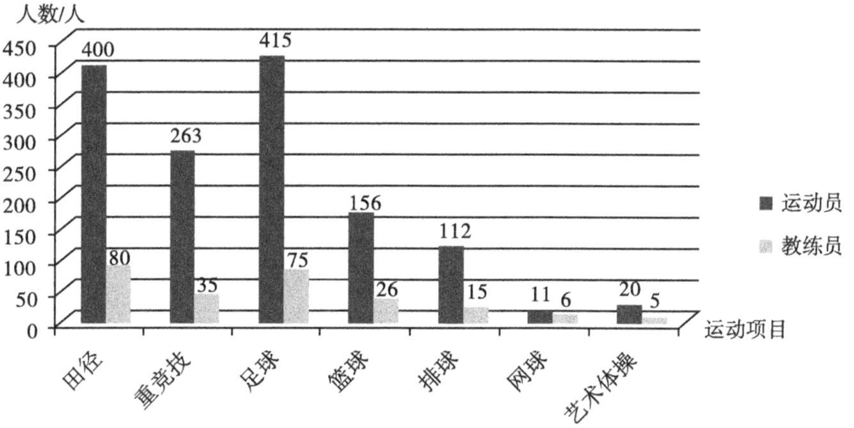

图 2-1　调查青少年运动员与教练员运动项目分布情况

表 2-2　本书问卷调查情况一览表（单位：份）

类型	问卷名称	调查对象	调查目的及主要内容	发放形式	发放问卷	回收问卷	有效问卷	合计
A	青少年运动员损伤现状及风险因素调查问卷	运动员	了解运动员运动损伤现状及运动损伤风险因素	现场	160	145	132	190
		教练员		现场	30	24	21	
B	青少年田径运动员运动损伤预防常识调查问卷	运动员	了解运动员运动损伤的现状及对体育常识的掌握程度	现场	170	151	142	230
		教练员		现场	60	49	46	
C	青少年运动员饮食风险调查问卷	运动员	了解当前青少年运动员作息、饮食习惯及运动队对运动员饮食干预情况等	现场	60	58	53	110
		普通学生		现场	50	50	50	

续表

类型	问卷名称	调查对象	调查目的及主要内容	发放形式	发放问卷	回收问卷	有效问卷	合计
D	青少年男子足球运动员训练系统风险问题调查问卷	运动员	调查青少年足球运动员训练系统的风险事件、风险因子、风险类型及应对现状等	现场	300	238	206	430
		教练员		现场 电子	70	58	52	
		管理人员		现场	50	36	28	
		家长		现场	10	7	6	
E	教练员经验判断运动性疲劳风险的调查问卷	运动员	调查教练员识别运动疲劳的风险及影响教练员判断运动疲劳的因素等	现场	180	165	150	250
		教练员		现场	60	57	51	
		专家		现场	10	10	10	
F	青少年运动员人格特质对竞技训练风险事件的影响调查	运动员	调查运动员及教练员对人格特质的了解情况及其对竞技训练产生风险程度的认知情况	现场 电子	800	776	694	950
		教练员		现场 电子	150	100	89	
G	青少年运动员竞技训练风险评估指标体系专家赋值调查表	专家	在前期研究成果的基础上请专家对青少年运动员竞技训练风险评估指标体系进行赋值	电子	20	20	20	20

1. 青少年运动员运动损伤现状及风险因素调查问卷

（1）问卷的设计。该问卷以陕西省青少年体育运动学校 14～16 岁青少年运动员及相关教练员作为调查对象。在查阅相关文献资料及实地考察的基础上，依据风险辨析识别理论、运动解剖学以及运动生理学的相关知识，设计了两类问卷：①青少年运动员问卷；②教练员问卷。为了定量搜索、分析运动员损伤的现状及各风险影响因素的贡献程度，本书问卷采用李克特（LIKERTE）5 等级赋值法，将运动损伤和损伤风险的认同程度、严重程度、重复程度等问题的调查选项分为 5 个等级，即 1、2、3、4、5，依据调查对象所选取的分值进行统计处理，定量分析问题，探究运动损伤风险因素的规律。

（2）问卷信效度检验。问卷效度检验采用专家评判法，共有 10 位专家对问卷进行效度的检验与评判（评判等级为完全有、有、一般有、不太有、完全没有 5 个等级），见表 2－3、表 2－4。

表2-3　A_1 问卷认可度

效度判断	完全有	有	一般有	不太有	完全没有
认可人数	2	4	3	1	0

注：A_1表示A类问卷中的运动员问卷；A_2表示A类问卷中的教练员问卷；以下依此类推。

表2-4　A_2问卷认可度

效度判断	完全有	有	一般有	不太有	完全没有
认可人数	4	4	2	0	0

其中认为教练员问卷评价结果“有效”和“完全有效”的专家有8人，认同问卷“有效”的专家人数占80%；认为运动员问卷评价结果“有效”和“完全有效”的专家有6人，认同问卷“有效”的专家人数占60%。

问卷信度检验采用再测系数法，选取部分调查对象（运动员30名，教练员9名），在第一次调查后，进行第二次调查，通过再测系数统计，得出运动员问卷R值为0.732，教练员问卷R值为0.641。从问卷信效度检验结果来看，此类型问卷具有较好的有效度和可信度。

（3）问卷的发放与回收。在陕西省青少年体育运动学校领导和相关工作人员的帮助下，统一组织教练员和运动员配合进行研究调查，2015年9月2日前往该校发放调查问卷，次日回收调查问卷。问卷发放与回收情况详见表2-5。

表2-5　A问卷发放与回收数量

发放对象	发放问卷/份	回收问卷/份	有效问卷/份	有效率/%
运动员	160	145	132	91.03
教练员	30	24	21	87.50

2. 青少年田径运动员运动损伤预防常识调查问卷

（1）问卷的设计。以陕西省青少年田径运动员为调查对象，依据体育保健学、运动解剖学、运动营养学、运动训练学、运动生理学的相关理论，整理出青少年田径运动员在训练或比赛中容易出现损伤的部位、类型、程度等，编制的问卷共分为两类：①青少年田径运动员问卷；②田径教练员问卷。问卷在设计过程中经过严密的思考与谨慎的选题，并在问卷发放之前进行了预调查环节。

（2）问卷信效度检验。问卷效度检验采用专家评判法，共10位专家对问卷进行效度的检验与评判（评判等级为完全有、有、一般有、不太有、完全没有5个等级），见表2－6、表2－7。

表2－6　B_1 问卷认可度

效度评判	完全有	有	一般有	不太有	完全没有
认可人数	3	4	2	1	0

表2－7　B_2 问卷认可度

效度评判	完全有	有	一般有	不太有	完全没有
认可人数	4	3	3	0	0

问卷信度检验采用再测系数法，在第一次调查后，随机抽取运动员30名，教练员10名进行第二次调查，并对再测的数据进行统计分析，得出运动员和教练员R值分别为0.697和0.722。从问卷信效度检验结果来看，此类问卷具有较好的有效度和可信度。

（3）问卷的发放与回收。在相关工作人员和教练员的帮助下，组织教练员和运动员进行问卷调查，2017年9月2—5日前往陕西省青少年体育运动学校、陕西省田径管理中心、西安高新第一中学、宝鸡市体育运动学校等单位发放问卷，次日回收问卷。问卷发放与回收情况详见表2－8。

表2－8　B问卷发放与回收数量

发放对象	发放问卷/份	回收问卷/份	有效问卷/份	有效率/%
运动员	170	151	142	94.04
教练员	60	49	46	93.88

3. 青少年运动员饮食风险调查问卷

（1）问卷的设计。选取开封市体育运动学校60名运动员作为调查对象，其中男运动员49人，女运动员11人；涵盖足球和田径两个项目，其中足球项目41人，田径项目19人；被调查人员均为14～16岁的青少年运动员，训练年限为2～10年，参训时间最长的达10年。详细情况见表2－9。

在发放青少年运动员饮食风险调查问卷的同时，随机抽取50名普通青少年学生作为对比研究对象，以求研究结果更具准确性和说服力。问卷内容涵盖了BMI、个人身体表征（眼部疲劳，皮肤、鼻部、口腔等问题）、饮食紊乱风险程度、饮食习惯、饮食种类、饮食紊乱的影响因素等诸多问题，力求结果的准确和全面。

（2）问卷信效度检验。问卷效度检验采用专家评判法，共 10 位专家对问卷进行效度的检验与评判（评判等级为完全有、有、一般有、不太有、完全没有 5 个等级），见表 2－10、表 2－11。

表 2－9　C 问卷被调查人员基本情况构成

组别	分类	人数	比例/%
性别	男	49	86.7
	女	11	13.3
训练项目	足球	19	31.7
	田径	41	68.3
年龄/y	14≤年龄＜15	37	61.7
	15≤年龄≤16	23	38.3
训练年限/a	2≤训练年限＜4	17	28.3
	4≤训练年限＜6	27	45
	6≤训练年限≤10	16	26.7

表 2－10　C_1 问卷认可度

效度评判	完全有	有	一般有	不太有	完全没有
认可人数	4	3	2	1	0

表 2－11　C_3 问卷认可度

效度评判	完全有	有	一般有	不太有	完全没有
认可人数	4	4	1	1	0

注：C_3 指 C 类问卷中的其他问卷（这里指普通学生问卷）。

问卷信度检验采用再测系数法，在第一次调查后，随机抽取运动员 20 名，普通学生 10 名进行第二次调查，并对再测的数据进行统计分析，得出运动员和普通学生 R 值分别为 0.590 和 0.621。从问卷信效度检验来看，此类型问卷具有较好的有效度和可信度。

（3）问卷的发放与回收。在相关工作人员和教练员的帮助下，于 2015 年 9 月 15 日在开封市体育运动学校发放问卷，次日回收问卷。其中运动员问卷 60 份，普通学生问卷 50 份，共计 110 份。问卷发放与回收情况见表 2－12。

表 2－12　C 问卷发放与回收数量

发放对象	发放问卷/份	回收问卷/份	有效问卷/份	有效率/%
运动员	60	58	53	91.38
普通学生	50	50	50	100

4. 青少年男子足球运动员训练系统风险问题调查问卷

（1）问卷的设计。从本书需要和调查的可控性、权威性考虑，本书对陕西省、河南省开封市、山西省太原市、天津市及新疆维吾尔自治区乌鲁木齐市等省市体育运动学校的青少年足球运动员训练系统风险问题进行调查。问卷主要分为两类：一类是针对风险责任主体——运动员的调查问卷，主要内容有陕西省青少年足球运动员训练系统的风险事件、风险因子、风险类型以及风险应对现状等；另一类是针对知名专家学者、教练员、风险管理方面教授的调查问卷，以及针对家长的调查问卷。

（2）问卷信效度检验。邀请 15 位专家对设计好的问卷进行内容效度和结构效度检验。结果显示，专家比较认同问卷的内容和结构，认为问卷能有效反映研究需求。效度检验结果见表 2－13。

表 2－13　D 问卷认可度

评价内容	完全有	有	一般有	不太有	完全没有
运动员问卷内容	4	7	4	0	0
运动员问卷结构	2	5	8	0	0
教练员问卷内容	6	3	6	0	0
教练员问卷结构	8	4	3	0	0
家长问卷内容	6	7	2	0	0
家长问卷结构	2	8	5	0	0

问卷信度检验采用再测系数法，在第一次调查后，随机抽取运动员 30 名，教练员 20 名进行第二次调查，并对再测的数据进行统计分析，得出运动员和教练员 R 值分别为 0.693 和 0.703。从信效度检验结果来看，此类问卷具有较好的有效度和可信度。

（3）问卷的发放与回收。在陕西师范大学青少年体育研究中心的学生与各调查单位领导、教师的帮助下，于“2017 年全国青少年校园足球夏令营第三营区”开营期间对陕西省各地市代表队及其他省市代表队教练员、运动员进行了问卷调查。问卷发放与回收情况详见表 2－14。

表 2－14　D 问卷发放与回收情况

发放对象	发放问卷/份	回收问卷/份	有效问卷/份	有效率/%
运动员	300	238	206	86.55
教练员	70	58	52	89.66
家长	50	36	28	77.78
管理人员	10	7	6	85.71

5. 教练员经验判断运动性疲劳风险的调查问卷

（1）问卷的设计。该问卷分为教练员问卷、运动员问卷、专家问卷三类。问卷的编制遵循以下逻辑：①由青少年体育的现实问题及训练学、生理学、风险学、社会学知识交叉形成初级问卷；②问卷试填写发现问题后进行集中修改，以提高问卷的信度和效度；③对于定量研究，采用李克特（LIKERTE）5 级赋值法，1～5 等级比重逐渐增加。教练员问卷内容集中体现为：识别运动性疲劳的经验成分及获得渠道调查、教练员识别运动性疲劳的方法调查、影响教练员判断运动性疲劳的因素调查；运动员问卷内容集中体现为：教练员判断运动性疲劳的经验调查，如教练员对运动员疲劳部位、疲劳程度的判别是否准确，运动性疲劳产生原因的调查与教练员经验形成对比研究等；专家问卷是对教练员和运动员的对比性调查，促进多维度对比的形成，便于后续实验结果、结论的分析。

（2）问卷信效度检验。问卷信度检验采用重测法。在这三种问卷中各取 15 份，分别交于教练员、运动员及专家三组人员进行填写；间隔两星期，再对这三组人员进行同一份问卷的调查。将同一人员的两次测量结果进行差异程度分析，以测量问卷的可信度。经过两次调查测验，得到教练员问卷的 R 值为 0.694、运动员问卷 R 值为 0.606、专家问卷 R 值为 0.711。

问卷效度检验采用专家评判法，共 15 位专家对问卷进行内容和结构的有效性评判（评判采用李克特 5 级赋值法）。问卷效度评判见表 2－15。从信效度检验结果来看，此类型问卷具有较好的信效度。

表 2－15　E 问卷认可度

问卷种类	完全有	有	一般有	不太有	完全没有	有效率/%
教练员问卷	2	7	6	0	0	60
运动员问卷	4	7	4	0	0	73.33
专家问卷	2	9	4	0	0	73.33

（3）问卷的发放与回收：问卷信效度检验完成之后，在教练员和相关工作人员的帮助下进行问卷的发放、填写及回收工作，于 2017 年 9 月 10—13 日前往西安体育学院附属竞技体育学校、铜川市第一中学、延安中学和西安中学等地发放问卷，次日回收。问卷发放与回收详情见表 2－16。

表 2－16　E 问卷发放与回收情况

发放对象	发放问卷/份	回收问卷/份	有效问卷/份	有效率/%
运动员	180	153	150	98.04
教练员	60	57	51	89.47
专家	10	10	10	100

6. 青少年运动员人格特质对竞技训练风险事件的影响调查

（1）问卷的设计。对竞技训练风险事件的影响因素进行梳理及汇总，设计了教练员、运动员训练风险事件的调查问卷并选定青少年小五人格量表、风险感知量表等。考虑到问卷调查的有效性和可靠性，特别是不同训练环境下人格特质对竞技训练风险事件存在的影响，课题组选择了陕西省青少年体育运动学校、陕西省田径管理中心、西安高新第一中学、西安交通大学附属中学、西北工业大学附属中学、陕西师范大学附属中学、宝鸡市体育运动学校、西安市铁一中学等调查单位，较大程度保证了调查样本的广泛性，更利于促进调查结果的多样性与准确性。

问卷主要分为两类：一类是针对风险责任主体的《青少年运动员人格特质对竞技训练风险事件的影响研究——青少年运动员调查问卷》，主要内容有青少年运动员小五人格量表、风险感知量表、竞技训练风险事件等；另一类是针对教练员的《教练员竞技训练风险事件调查问卷》。

（2）问卷信效度检验。问卷效度检验采用专家评判法，共 20 位专家对问卷进行效度的检验与评判（评判等级为完全有、有、一般有、不太有、完全没有 5 个等级），见表 2－17、表 2－18。

表 2－17　F_1 问卷认可度

效度评判	完全有	有	一般有	不太有	完全没有
认可人数	11	6	3	0	0

表 2－18　F_2 问卷认可度

效度评判	完全有	有	一般有	不太有	完全没有
认可人数	10	5	4	1	0

问卷信度检验采用再测系数法，在第一次调查后，随机抽取运动员 40 名，教练员 20 名进行第二次调查，并对再测的数据进行统计分析，得出运动员和教练员 R 值分别为 0.674 和 0.655。从以上信效度检验结果来看，此类型问卷具有较好的有效度和可信度。

（3）问卷的发放与回收。在相关工作人员和教练员的帮助下，于 2017 年 9 月 15—16 日前往陕西省青少年体育运动学校、陕西省田径管理中心、西安市高新第一中学、西安交通大学附属中学、西北工业大学附属中学、陕西师范大学附属中学等单位发放问卷，次日回收。问卷发放与回收情况详见表 2－19。

表 2－19　F 问卷发放与回收情况

发放对象	发放问卷/份	回收问卷/份	有效问卷/份	有效率/%
运动员	800	776	694	89.43
教练员	150	100	89	89.00

7. 青少年运动员竞技训练风险评估指标体系专家赋值调查表

（1）问卷的设计。根据前期的调查成果，构建青少年运动员竞技训练风险评估的 3 个一级指标，6 个二级指标，50 个三级指标，请专家对其进行赋值，总分值为 100 分。通过专家对问卷指标的赋值，对其结果进行统计。

（2）问卷信效度检验。问卷效度检验采用专家评判法，共 10 位专家对问卷进行效度的检验与评判（评判等级为完全有、有、一般有、不太有、完全没有 5 个等级），见表 2－20。

表 2－20　G 问卷认可度

效度评判	完全有	有	一般有	不太有	完全没有
认可人数	5	4	1	0	0

问卷信度检验采用再测系数法，对10名专家进行第二次调查，对再测的数据进行统计分析，得出专家R值为0.661。从问卷的信效度检验来看，此类型问卷具有较好的有效度和可信度。

（3）问卷的发放与回收：在相关研究人员的帮助下，2017年10月11—12日进行问卷的发放，两日后回收问卷。问卷发放与回收情况见表2-21。

表2-21　G问卷发放与回收情况

发放对象	发放问卷/份	回收问卷/份	有效问卷/份	有效率/%
专家	20	20	20	100

（二）量表调查

为获得运动员训练中主观心理疲劳状态的量化值，以西安市体育运动学校青少年田径短跑运动员为调查对象，在一次性大强度运动前后对运动员进行了主观自我评定量表的调查，更准确地评价运动疲劳程度。

1. 心境状态量表（POMS）

心理状态剖面图，简称POMS，最初是由美国的麦克奈尔（D·M·McNalr）等人于1971年编制而成的一种情绪状态评定量表，它包括6个分量表（紧张、抑郁、愤怒、精力、疲劳和慌乱），每一分量表分别包括若干个形容词，共65个形容词。各分量表的条目混合排列，每一条的回答分5个等级，0表示全无，1表示有一点，2表示中等，3表示很多，4表示非常多。格罗夫（R·Grvoe）等人在1992年研制出简式POMS问卷，其中增加了“与自尊心有关的情绪”分量表。1995年，祝蓓里[1]等人在全国22个省市内随机测试了1 060名大学生和522名中学生，修订了适应中国青少年文化的简式POMS中国常模，然后从全体常模样本中随机抽取85名被测者，对他们的各分量表得分与相应的有关题目得分进行相关检验。结果发现，该常模同样适用于中国的学生，$P\approx0.01$，α为0.62~0.82，平均α=0.71，信效度较高。此外，从全体常模样本中随机抽取100名运动员，其中非健将级运动员62名，健将级运动员38名，比较这两组运动员竞赛前后的POMS得分，结果发现，在情绪状态的总评估方面，技能水平高的优秀运动员比技能水平低的一般运动员更为积极，即情绪扰乱的程度前者高于后者（前者M=102.6，后者M=94.45），两者

〔1〕 祝蓓里. POMS量表及简式中国常模简介［J］. 天津体育学院学报，1995（1）：35-37.

存在很显著的差异，$P\approx0.01$。这些数据证实了简式 POMS 量表中国常模的信效度也是高的。

2. 青少年自评生活事件量表（ASLEC）

ASLEC 是刘贤臣[1]等在参考国外文献的基础上，根据中国青少年的特点编制的定量评价青少年社会心理应激状况的量表，并经过多个群体测试和修订，现已被广泛应用。该量表由 27 项可能引起青少年心理应激的负面生活事件构成，重测一致性和内部一致性较高，而且简单易行，可以用来作为研究青少年运动员社会心理应激状况的评定工具。

3. 青少年运动员小五人格量表

青少年运动员小五人格量表由周晖[2]等根据国外大五人格因素问卷于 2000 年编制，经邹泓修订，主要应用于我国青少年的人格倾向测定。问卷由 50 个项目组成，包含 5 个人格维度：外向性（E）、宜人性（A）、情绪性（N）、谨慎性（C）和开放性（O）。

青少年运动员竞技训练风险的应对研究所用量表见表 2－22。

表 2－22　本书所用量表一览表

量表种类	提出时间	应用领域
POMS（心境状态量表）	1995 年	用于情绪状态评定
ASLEC（青少年自评生活事件量表）	1997 年	评定青少年生活事件的发生与否及影响程度（学习问题、朋友关系、家庭压力三维度）
青少年运动员小五人格量表	2000 年	主要应用于我国青少年的人格倾向测定

二、实验法

（一）一次性大强度运动后运动员生理生化及心理指标的测试

1. 实验目的

在一次性大强度运动前、运动后和次日晨静息状态采集运动员的生理生化及客

〔1〕 刘贤臣，刘连启，杨杰，等. 青少年生活事件量表的编制与信度效度测试［J］. 山东精神医学，1997（1）：15－19.

〔2〕 周晖，钮丽丽，邹泓. 中学生人格五因素问卷的编制［J］. 心理发展与教育，2000，16（1）：48－54.

观心理指标，从而更准确地监测运动疲劳。

2. 实验对象

选取西安市体育运动学校青少年田径短跑运动员37名（年龄为14～16岁），其中男运动员23名，女运动员14名。受试者从事的运动项目有：100m、200m、400m。受试者身体健康，无烟酒嗜好，无服药，无呼吸系统、心血管系统、免疫系统、骨骼肌肉系统疾病，无过敏反应史。实验前告知受试者实验目的、实验流程和潜在风险，并签署知情同意书。受试者基本情况见表2－23。

表2－23　实验受试者基本情况一览表　$\bar{x} \pm s$

组别	人数	年龄/y	身高/cm	体重/kg	训练年限/a
男子	23	15.56 ±1.069	179.11 ±1.136	65.4 ±2.0987	4.556 ±0.669
女子	14	14.3 ±0.616	165.5 ±1.035	48.5 ±1.0775	2.55 ±0.1893

3. 实验设计

本书分为3个部分的测试。第一部分：受试者签署知情同意书、熟悉实验流程，进行身体形态学参数测定，并请专业医护人员对运动员进行大强度训练前生理指标的测定和静脉血液的采集；第二部分：对运动员进行一次大强度的运动刺激，运动后即刻进行相关生理指标的测定和静脉血液的采集；第三部分：次日晨空腹进行相关生理指标的测定和静脉取血。实验流程见图2－2。

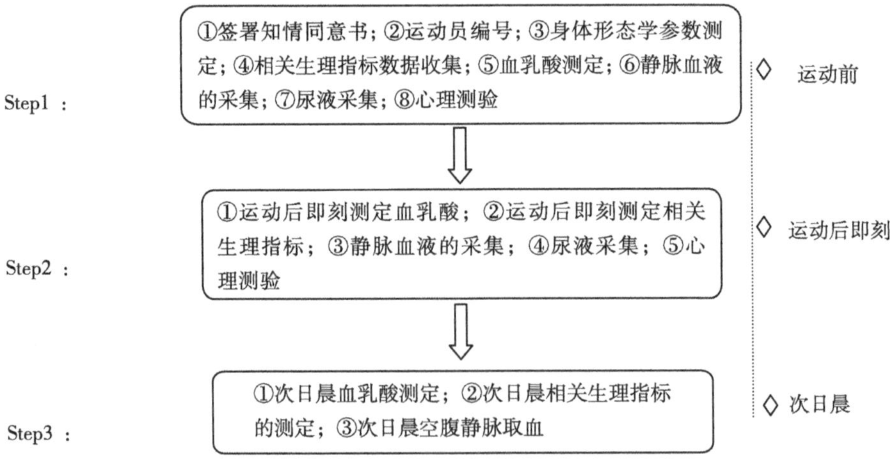

图2－2　实验流程

4. 实验方案

实验时间：2016 年 10 月。

实验地点：陕西师范大学田径场。

天气：阴天。

温度：25℃。

空气质量：良好。

试验计划：采用高强度间歇训练法，发展肌肉爆发力、动作速率和无氧耐力；训练内容为 200m ×3 为 1 大组，共 3 大组，运动强度为 95% HRmax；每部分结束后休息 10min，然后进行下部分内容。训练计划详见表 2－24。

表 2－24　训练计划

部分	内容	任务要求
开始部分（40min）	①慢跑 1 000m； ②进行轻微的拉伸； ③100m 的加速/变速跑，共 3 组	克服各内脏器官的惰性，调动其积极性，使机体各肌肉关节得到充分活动
基本部分（60min）	①采用间歇训练法，每 200m 为 1 小组，200m ×3 为 1 大组，共训练 3 大组，其中每小组间歇 1min，大组间歇 10min； ②运动强度为 95% HRmax	高强度间歇训练，心率在 190 次/分左右，可有效地提高 ATP－CP 与 LA 系统的混合供能能力及乳酸供能能力
结束部分（20min）	①慢跑 1 200m； ②意念放松，进行各个肌肉群的拉伸； ③进行半高抬腿、交换单腿高抬腿跳、后踢腿、后退跑等放松	慢跑调整呼吸，促进乳酸分解；运动后牵拉肌肉可提高身体柔韧性，预防运动损伤；有利于肌肉下次更好地收缩

5. 测试指标和仪器

（1）测试指标。

①生理指标：心率、血压、血氧饱和度、表面肌电图 sEMG、呼吸频率、心电、B 超等。

②生化指标：血乳酸、尿常规 11 项、血细胞常规指标等。

③心理指标：注意力、臂腿动觉、深度知觉、九洞平衡、凹槽平衡。

（2）使用仪器。

①生理指标的测定。收缩压、舒张压、心率采用无创伤性携带式血压监测仪

（美国 Spacelabs 90207）测试。血氧饱和度采用血氧饱和度监测仪进行测试。呼吸频率采用心电监护仪进行测试。表面肌电图 sEMG 的测试使用成都泰盟科技有限公司生产的四通道 BL－420E 生物机能实验系统；使用北京市天润伟业医用设备厂生产的 YH－1 型一次性 Ag/AgCl 皮肤表面电极，电极直径为 8mm，两电极中心相距 20mm；使用美国 BIOPAC 公司的 Acq Knowledge 3.0 软件对采集的图像进行分析处理。表面电极所贴位置为所测肌肉的肌腹部分最隆起处。股直肌：髂前下棘至髌骨上缘的 1/2 处；股外肌：股骨大转子到髌骨外缘下 1/3 上 2cm 处（股外肌肌腹最隆起处）。测试前用剃刀将电极安放位置的体毛刮净，再用酒精棉球处理局部皮肤后，用胶带固定带有导电膏的电极，防止电极滑动或脱落；测试时运动员进行 10s 的高抬腿运动，对其全过程进行表面肌电图的监测。心电使用心电监测仪进行测试。B 超采用深圳华声医疗技术有限公司生产的 C-VET 便携式彩色多普勒超声系统测定。

②生化指标的采集和测定。聘请专业医护人员采用日本京都 1710 血乳酸测定仪测定指尖血乳酸浓度。抽取右侧肘静脉血 4ml，血样采集后静置 40min，3000r/min 条件下离心，提取上层血清待用；血清和血细胞分别用 5ml 的离心管储存，随后采用五分类血细胞分析仪进行静脉全血的血细胞检验。尿液采用 10ml 的试管收集，随即立刻放进保温箱，所有样本采集结束后使用优利特 URIT-300 型尿液分析仪进行尿常规检测。

③客观心理指标测定。注意力测定；臂腿动觉测定采用动觉方位辨别仪（EP207）；深度知觉测定采用深度知觉测试仪（EP503A）；九洞平衡测定采用九洞仪（EP704）；凹槽平衡测定采用凹槽平衡试验仪（EP704A，华东师范大学科教仪器厂生产）。

（二）生物力学分析

1. 实验目的

（1）通过 3D 动作捕捉仪显示肌肉动态力学特征和动态肌肉延长，选择四项基本运动技能，揭示相关运动风险因素。

（2）通过影像分析识别有风险的肌肉（延长 > 120% 静息长度）拉伸动作，建立预防措施，应用于训练和动作技术等。

（3）通过 3D 动作捕捉和生物力学模型的建立，对青少年运动技能学习训练中的相关运动风险因素进行分析。

2. 实验对象

加拿大 Lethbridge 大学生物力学实验室通过 3D 动作捕捉对 7 名运动员足球运动中的脚背踢球动作（maximal instep kick）、棒球运动中的投球动作（baseball pitching）、健美操运动中的蹁、盖腿（fan kick）动作及跆拳道运动中的下踢动作（axe kick）进行动力学分析。

3. 实验过程

（1）通过 3D 动作捕捉仪获取实验目标影像，建立足球运动生物力学模型，其中三维运动学数据显示，张力弧大大增加了髋关节的活动范围和膝关节屈曲/伸展度。大范围活动造成一些肌肉拉长超过临界值（120%静息长度），造成肌肉纤维在不恰当的训练中过度拉长。

（2）为了研究棒球投球中背阔肌的可能损伤机制，通过生物力学建模研究初始位置、平衡点、脚部接触、最大值、肩外旋、球释放、内部旋转和调整位置的力学特征。

（3）3D 动作捕捉和生物力学建模，对健美操和武术运动中肌肉损伤情况进行分析。操类运动员中有 64% ~80%受伤位于身体下肢部位，武术运动的部分动作会使身体长时间处于侧面向下的状态及习惯性踢腿而导致运动肌肉损伤。本书专注于比较和讨论踢腿动作中髋关节、膝盖以及主要由这两个关节控制有关的肌肉在运动中的拉伸情况。通过 3D 分析揭示了髋关节屈曲/蹬腿伸展平均达到了 162.2°（162.6° ±8.4°）。频率、持续时间、负荷强度、恢复时间、适应负荷能力及营养状况等因素可以改善武术中肌肉的损伤率。3D 动作捕捉和生物力学建模可以用来揭示可区分的关节结构和相关的肌肉延长风险。相关资料如图 2－3 至图 2－11 所示。

图2－3 实地考察场域（陕西省青少年体育俱乐部）

图 2－4 实地发放调查问卷留存照片

图2－5　实验工作布置会

图2－6　陕西省青少年足球队测试现场照片

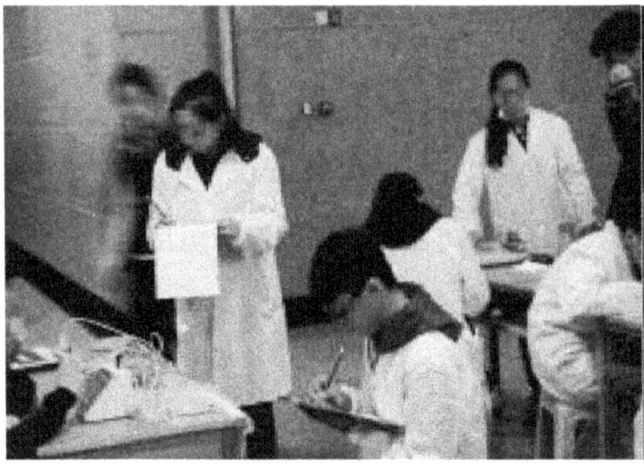

图2－7　收集整理生理、生化指标数据现场

图2－8　采集生理、生化指标现场

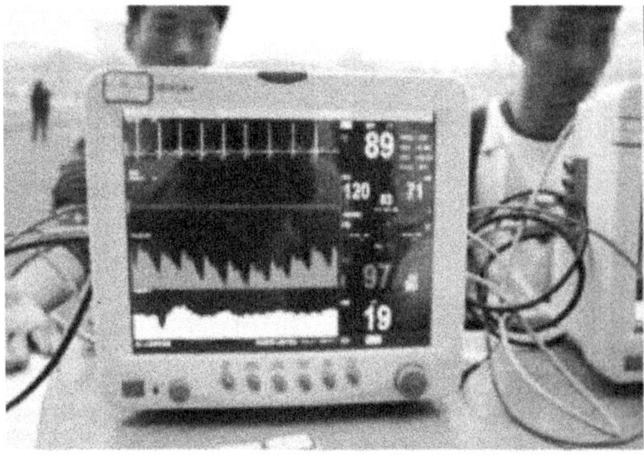

图2－9　心电监测仪测试

图2－10　彩超分析仪实物照

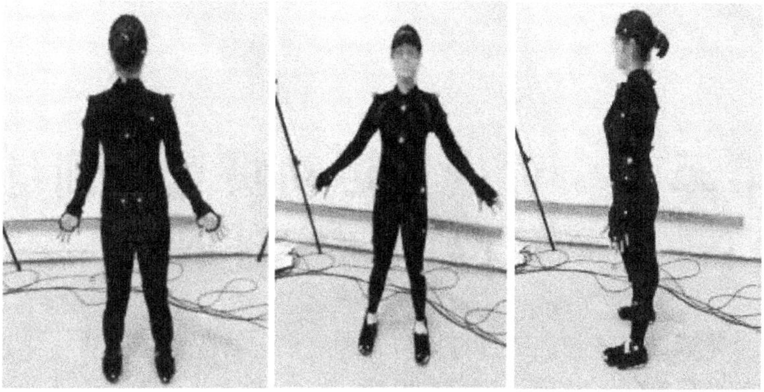

图 2－11　3D 运动成像实验现场

三、文献资料法

依据本书研究目的和研究内容，笔者在中国知网、学术谷歌及万方数据库等进行本书相关文献检索，以“青少年运动员”“损伤风险”“大强度训练”“运动性疲劳识别”“生理疲劳”“心理疲劳”“生化指标”“经验风险”“竞技风险”“竞技训练倦怠”“心理风险”“饮食紊乱症”“饮食风险”“肌肉过度拉长”等多个主题词检索相关研究文献，并在陕西师范大学图书馆、外文数据库 Springer 及 Web of Science 等核心数据库进行检索，设置检索标题词如“Sport * Risk *”“Risk * In Sport *”等，共检索相关索引文献 650 余篇，以全面了解国内外青少年运动员竞技训练风险的相关研究成果，增加本书的可信性和前瞻性。

四、数理统计法

本书所有实验数据均用 SPSS 20.0 进行统计分析，运动前与运动后、运动前与次日晨数据的对比分析采用配对样本 t 检验，各指标的相关性分析采用 Pearson 分析；差异显著性标准为 $P<0.05$，极显著性标准为 $P<0.01$；各数据均用平均数 ± 标准差（$\bar{x}\pm s$）来表示。

回收的所有有效调查问卷使用 Excel 进行收集与整理，并采用 SPSS 20.0 统计软件进行相关统计分析。

第三章　青少年运动员竞技训练风险的研究述评

在对青少年运动员竞技训练进行风险管理之前，首先需要对青少年运动员竞技训练风险的相关研究进行梳理。从宏观来看，青少年运动员竞技训练的发展离不开训练系统的支持。近年来，青少年体育的发展给青少年运动员竞技训练系统带来了风险和机遇，一方面，人力、资源等的快速涌入和市场化发展催生了多元化的“训练系统”；另一方面，青少年运动员培养体系的不完善使整个“训练系统”趋向于开放的能量耗散体。从微观来看，青少年运动员竞技训练系统的存在就是为了使青少年运动员获得更高的运动水平和竞技能力。运动员只有不断挑战极限，不断打破旧的训练适应，产生新的训练适应，才有可能提高运动成绩，大强度的训练是产生新的训练适应的必要手段，所以从微观角度来看运动疲劳是提高运动成绩的必经之路。同时，在这个开放的系统中，教练员作为青少年运动员培养五类责任主体的灵魂人物，同时也是青少年运动员竞技训练的主导者，其对竞技训练的控制和掌握能力，直接决定青少年运动员竞技训练能否可持续发展。青少年阶段的运动员具有青春期心理活动特性，同时长期处于运动训练中，其人格的形成受运动比赛以及各种生活事件的影响。因此，青少年运动员处于人格风险的高发期，更需要教练员慎重凭借经验对青少年运动员进行判断。

本书从青少年运动员竞技训练系统风险、青少年运动员运动性疲劳、教练员经验风险以及青少年运动员人格风险 4 个方面进行理论梳理，为后续青少年运动员竞技训练风险的应对奠定基础。

第一节　相关概念的探讨

一、青少年运动员的概念界定

在讨论青少年运动员竞技训练风险之前，首先对本书的核心研究对象——青少年运动员这一特殊群体进行概念上的明确。纵观文献，主要是中文文献，洪晓彬将青少年运动员界定为所有参与各种体育组织提供的运动计划的大学以下（中小学）的青少年。袁林将青少年运动员区分为专业和非专业两类：前者是年龄在16岁及以下，在国家体育总局注册的，技术水平需要达到一定高度，且需要参加由国家体育总局主办或协办的专业比赛的运动员；后者则是以体育相关技术为职业，并会带来经济效益的运动员，年龄界定同前者。由此可知，目前对青少年运动员的界定较为宽泛。因此，本书依据逻辑学理论，将青少年运动员这一概念分成青少年和运动员两个概念进行探讨。

对于青少年的界定，不同的学科有不同的划分标准，笔者在查阅了《发展心理学》《运动生理学》《运动解剖学》《法学》《实用体质学》等书籍后，发现青少年时期人的心理和生理均处于急剧变化的阶段，年龄为12~18岁，因此表现出这个年龄段的独特特征。对于运动员的界定，《现代汉语词典》将运动员界定为："参加体育运动竞赛的人。"

《运动训练学》将运动员定义为"运动训练活动的主体，竞技活动中竞技能力的直接体现者和运动成绩的创造者，又称选手"[1]。所以青少年运动员除了具有特殊的生理和心理特征之外，还具有较高的运动天赋和一定的运动技术水平，是竞技体育后备人才的重要组成部分。

自20世纪50年代起，我国依靠强有力的政策导向，建立了业余体校—省市专业队—国家队的三级训练体制，在这样一种独立运作、自成体系的运动员培养模式下，随着改革开放和市场经济体制改革的不断深入，青少年运动员的培养取得了一定的成就，同时也暴露了一系列问题[2]，如学训矛盾突出、文化教育缺失。从20世纪80年代开始，为解决学训矛盾和拓宽我国竞技体育后备人才培养渠道，国家提出了"体教结合"，在我国这种运动员特有的培养模式下，青少年运动员包括业余体校和体育传统项目学校中进行体育训练的青少年。

综上所述，在历史环境中，青少年运动员特指业余体校的青少年，经过制度的改革，青少年运动员这一群体不断扩大。本书将青少年运动员界定为：具有较高的运动天赋和一定的运动技术水平，依托于各种体育组织，长期系统地进行竞技训练

---

〔1〕 田麦久. 运动训练学［M］. 北京：高等教育出版社，2007：113-115.

〔2〕 洪晓彬. 美国青少年运动员培养模式研究［D］. 北京：北京体育大学，2012.

的青少年群体。同时为确保内容的完整性、可靠性及可操作性，本书将青少年运动员年龄控制在 14～16 岁。

二、青少年运动员竞技训练

在探讨青少年运动员的竞技训练之前，首先需要对青少年和青少年运动员的特征进行分析。青少年正处于生长发育过程中，与成人相比，他们的身体形态、结构和功能有许多不同特征。在运动系统中，青少年软骨组织多，骨组织和肌肉中含水分较多，无机盐较少，关节囊和关节内外的韧带松弛、薄弱，因此青少年骨弹性和关节灵活性好，不易骨折，但骨坚固性和关节稳定性差，在过大外力作用下骨易变形，关节易损伤[1]；在呼吸系统和心血管系统中，青少年呼吸道短而狭窄，肺泡数目较少，心肌纤维短而细，弹力纤维分布较少，心脏的重量和容积都比成人小，致使最大吸氧量和每分输出量皆小于成人[2]。

此外，青少年情绪变化极不稳定，往往从一个极端走向另一个极端，青少年在情绪变化时，其杏仁核、腹侧纹状体等皮层下边缘系统的活动与成人相比都更加强烈[3]。基于特殊的生理结构[4]，青少年作为社会中的一员，其价值观、人生观、世界观极易被周围环境所影响。综上所述，青少年具有特殊的生理、心理和社会特征，即青少年的三维特征，如图 3－1 所示。

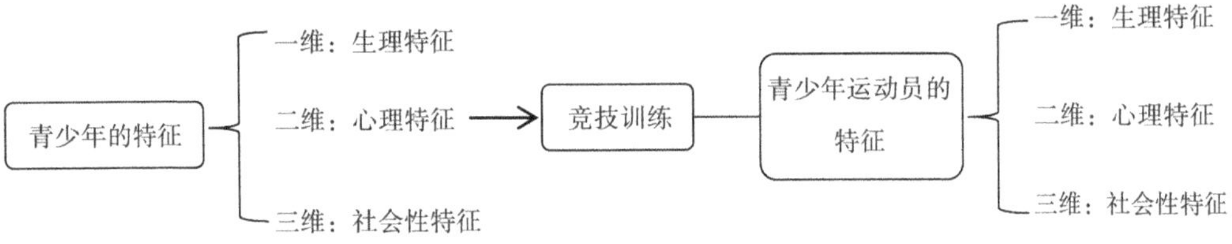

图 3－1　青少年与青少年运动员的三维特征结构图

在青少年普遍存在的三维特征基础上，青少年运动员的三维特征具有独特性，总结如下。一维：青少年运动员为获得更高的竞技能力和运动技术，必须承受不断

[1] 曲绵域，于长隆. 实用运动医学［M］. 北京：北京大学医学出版社，2003：129－132.

[2] 田野. 运动生理学高级教程［M］. 北京：高等教育出版社，2003：717－728.

[3] 林康广，陈玲玉，陈琨，等. 情感气质自评问卷青少年中文版的修订及信效度检验［J］. 中国神经精神疾病杂志，2016，42（6）：352－356.

[4] 杨雄. 青春期与性［D］. 上海：上海大学，2006.

的大强度负荷刺激，在这个过程中，必定一次次挑战身体极限[1]，加之青少年运动员特殊的身体形态和结构特征，都使其在竞技训练中的状态变化难以捉摸，极易引发伤病；二维：在青少年运动员特殊的身体结构系统的基础上，每次参加训练和比赛时，都要经历自我的多变心理过程，大大增加了心理负效应的产生概率；三维：青少年运动员作为社会中的一员，其与教练员的关系、与家长的关系、与队友的关系都会使其心理产生变化[2]，同时心理变化也会引起生理的变化，最终影响其竞技训练的整个过程。由于青少年运动员独特的三维特征的存在，其在竞技训练中的状态变化更加复杂，教练员以及竞技训练的管理人员应采用针对青少年运动员的科学化训练与管理。

竞技训练既是体育的核心，也是培养青少年运动员的主要内容。在界定青少年运动员竞技训练这一概念之前，首先要对体育发展的历史背景和历史任务进行阐述。

我国现行的运动员培养体系是以“三级训练网”体系为主，普通学校培养体系、企事业组织培养体系、家庭式培养体系、俱乐部培养体系和其他培养体系为辅的多元训练体系[3]。中国对体育的共识，是在特殊的历史条件和历史任务中形成的。要明确竞技训练的内涵，首要的是对 sport 这个含义复杂的概念进行语源上的探索和语义上的梳理。首先是 sport 的词源探索。sport 源自古罗马或拉丁语 despordreo，后被古法语借用，转成 desporter，lesport，disport 等词语，意为工作疲劳时，离开工作岗位，寻求娱乐、消遣的活动[4]。后又受英语习俗的影响，去掉前缀，变为 sport，此时它的含义包括：暂停或暂离工作，改变活动方式等，并主要突出户外活动。在《简明不列颠百科全书》中，把“sport and games”列为一个条目，释文为“泛指那些需要体力或技巧的娱乐性或竞赛性活动”。此外 sport 语义的变化，使其本质经过了户外活动，游戏（play），竞赛性游戏（game），在不同时期不同文化的冲击下，受不同社会生活和文化背景的多因素影响，sport 的本质变成了两种不同性质的社会活动[5]，包括高度组织化、制度化的 sport（运动竞技）和在广大群众中流行的业余或娱乐活动。而体育（Physical Education，PE）是指在学校进行的、

[1] 韩勇. 同场竞技运动员间伤害的侵权责任 [J]. 体育学刊，2013，20（1）：48－55.
[2] 理查德 · H. 考克斯. 运动心理学 [M]. 王树明，译. 上海：上海人民出版社，2015：106－111.
[3] 万炳军. 青少年运动员多元培养体系的协同与构建 [M]. 北京：科学出版社，2017.
[4] 韩丹. 关于斯泡特（Sport）语源和早期词义的探讨 [J]. 体育与科学，2006（1）：36－38，51.
[5] 韩丹. 关于斯泡特（Sport）概念源流及定义的研究：上 [J]. 体育与科学，2014，35（2）：66－73.

同教育目的和任务相结合的、以体育课为标识的各种身体活动、身体运动，完全纳入教育事业，成为国家教育的有机组成部分。所以 sport 和 PE（体育）是两个独立的社会活动领域和学术研究领域。青少年业余训练是以充分利用青少年儿童的业余时间培养竞技体育后备人才为主要形式，以体育系统为主、教育系统为依托、社会力量为补充，以不同年龄阶段青少年儿童的科学选材、基础训练、培养输送为根本任务的社会体育活动。

青少年运动员竞技训练既区别于以体育运动为职业的专业队训练，也区别于以健身、娱乐等为目的的一般性体育锻炼，是一种较为专业的专门性训练，一般每周至少训练 4 次课，每次 1.5～2 小时，且有专业教练员专门指导训练[1]。所以青少年运动员竞技训练具有竞争性、组织性、教育性、功利性和集群性的特征，同时又具有前文所论述的青少年运动员的三维特征。综上所述，在我国 sport 包含了 PE 的含义，在此背景下，将青少年运动员竞技训练界定为具有运动天赋的青少年儿童利用业余时间参与的、精英式的、具有高度的风险性和组织性的运动员人才培养活动。其在本质上区别于体育（Physical Education）和大众健身。

三、青少年运动员竞技训练风险

由于青少年运动员业余训练的特征及三维特征的存在，青少年运动员的竞技训练处于风险的发生与应对过程中，所以青少年运动员所从事的竞技训练是一个风险过程。

风险是指未来结果的不确定状态。吉登斯认为：风险是处于特定社会中的个体无法逃避的命运，就算主体不行动，也会面临着各种显性的或潜在的风险[2]。从这个意义上讲，风险是客观存在的[3]，且其导致的后果是随机的。青少年运动员竞技训练是一个整体，由若干运动员、教练员、科研人员、管理人员组成，每一个个体都起一定的作用，完成一定的任务，且相互联系，共同形成青少年竞技训练风险系统。在这个风险系统中，教练员和科研人员运用自身的学科知识和经验对运动员运动状态进

---

〔1〕 周战伟. 基于发展方式转变的上海市竞技体育后备人才培养研究［D］. 上海：上海体育学院，2016.

〔2〕 潘斌. 风险社会与责任伦理［J］. 伦理学研究，2006（3）：15－19.

〔3〕 庄友刚. 风险社会理论研究述评［J］. 哲学动态，2005（9）：57.

行评价和监控，运动员作为一个“社会人”与教练员、队员、家长的关系，这些风险因素相互交织，使竞技训练风险的产生变得更加复杂，同时风险是客观存在的，规避一种风险的过程很可能成为新风险的始作俑者〔1〕。例如，教练员为了更准确地了解运动员的运动状态，加入客观生理生化指标，但指标数值的变化与其经验产生冲突，此时经验风险与指标风险共同出现，为规避一种风险产生了更为复杂的风险。所以，青少年运动员竞技训练风险的产生是一个开放性的复杂控制过程。

青少年运动员竞技训练风险具有以下特征：①整体性和系统性。竞技训练是一个完整的系统，各类风险因素相互联系、相互作用，任何一个环节发生风险都有可能引起整个系统的崩溃，如教练员在训练中重视运动员的身体变化，而忽略其心理的变化，最终导致运动员退训或隐形退训。②不确定性和个体性。不确定性包括主观的不确定性和客观的不确定性，主观的不确定性是指主体无法对运行状态的结果做出准确的预测，客观的不确定性是指运行状态存在多种可能性，教练员作为竞技训练的主导〔2〕，对运动员运动疲劳的判断受其本身的价值观、学识等因素的影响，同时每名运动员都存在个体差异，均会影响教练员的判断，所以青少年运动员竞技训练具有不确定性和个体性的风险特征。③开放性和突变性。社会主义市场经济体制下，越来越多的主体加入竞技训练系统中来，如科研人员、管理人员等。在青少年运动员竞技训练实践中，教练员对自身经验和生理生化指标的不正确使用，导致不准确运动疲劳识别的产生，大大增加了运动损伤等风险事件的发生概率。④人为因素的广泛性和复杂性。青少年运动员在训练实践中，面对着比普通青少年更加复杂的社会关系，加之其三维特征的存在，极易导致风险事件的发生。所以青少年运动员竞技训练是一种非线性的风险过程。

风险给人类带来损失的同时，也给我们带来了新的发展机遇〔3〕，竞技训练也是一样，运动员在承受伤病、倦怠等风险结果的同时，也有获得优异运动成绩的可能。人的主观能动性在一定程度上可以减小风险发生的概率，而不能完全规避风险的发生。我们要运用科学的评价方法和手段，对运动疲劳进行准确的识别，为产生

〔1〕 刘岩，宋爽．风险社会的结构性困境与风险文化的建构：一种拓宽当代风险社会理论的视角［J］．学习与探索，2005（5）：121－123.

〔2〕 潘斌．社会风险论［D］．武汉：华中科技大学，2007.

〔3〕 刘魁．论后现代科技文明对人类深层信仰的影响：兼评贝克与吉登斯等人的风险社会理论［J］．南京理工大学学报：社会科学版，2007（6）：81－84.

新的训练适应，提高竞技能力打下良好的基础。综上所述，本书将青少年运动员竞技训练风险界定为：青少年运动员在教练员的指导下开展的运动训练实践活动中，对其竞技能力、运动成绩以及身心健康造成不利影响的各种事件发生的可能性。

四、青少年运动员竞技训练系统风险

（一）青少年运动员训练系统

关于“训练系统”的界定，国内还没有统一的说法。纵观各种训练系统的界定，发现其存在许多共同点：一是训练系统是一个开放的系统；二是训练系统不是孤立存在的，它由许许多多的要素（子系统）按一定规则排列构成；三是训练系统信息能量的交换普遍存在于系统内各要素与系统外介质。关于训练系统核心要素的构成，不同项目的学者从研究的角度给出了不同的结果，笔者对其进行了整理，见表3－1。

表3－1　训练系统核心要素一览表

作者	系统要素（子系统）
康聪[1]	训练组织、制度、人员、资源
马世军、王大平[2]	教练员、运动员、训练和比赛等
田麦久[3]	训练决策、科学支持、生活与物质保障、医学保障、训练实施
王福秋[4]	组织管理、竞赛训练、竞赛参赛
陈培友[5]	运动选材、运动训练、运动竞赛，实践主体、实践客体、信息三要素
韩丹[6]	运动训练目标模型、教练员中介控制、运动员训练本体
徐武[7]	教练员、运动员、训练信息

〔1〕 康聪．美国纽约州青少年运动员训练系统的个案研究及其对我国的启示［D］．西安：陕西师范大学，2016.

〔2〕 马世军，王大平．对少年投掷运动员训练系统分析［J］．哈尔滨体育学院学报，2001（1）：67－68，71.

〔3〕 田麦久．运动训练学［M］．北京：高等教育出版社，2013：31.

〔4〕 王福秋．中国自由式滑雪运动训练系统协同机制研究［D］．北京：北京体育大学，2012.

〔5〕 陈培友．举重运动训练辅助决策支持系统的设计与开发［D］．济宁：曲阜师范大学，2000.

〔6〕 韩丹．论运动训练系统的结构与功能之优化［J］．体育科学，1992（1）：7－10，93.

〔7〕 徐武．论运动训练系统结构及调控方法［J］．武汉体育学院学报，2001（4）：72－74.

对表 3－1 进行分析，可以发现“训练系统”主要包含以下几种要素：训练、比赛、训练目标、教练员、运动员、信息、制度等。对这些要素的不同理解与事件需求的差异，使得各位学者给出了具有较小差异的“训练系统”界定。因此基于系统论角度，综合青少年运动员的特殊性和训练实践活动，本书将青少年运动员的训练系统（为了使文章语言简练，下文均简称“训练系统”，其含义与此处一致）界定为：在一定培养目标的指导下，完成青少年阶段竞技训练的相关教育，由运动员、教练员、管理人员、家长、社会相关工作人员（如教师、队医等）五类责任人主体，在物质、制度与文化三类资源的保障下，围绕青少年运动员的训练、比赛、学习生活三方面内容互动构成的信息能量交互系统（图 3－2）。

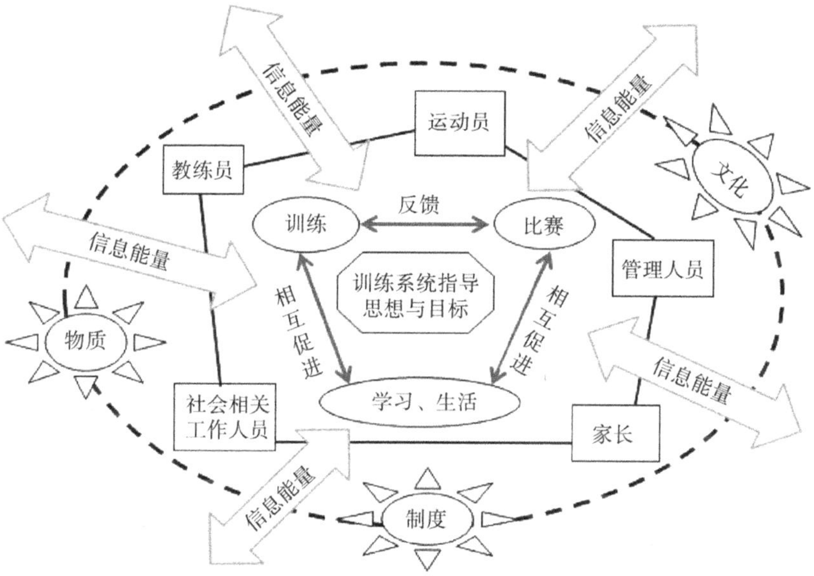

图 3－2 青少年运动员训练系统宏观组织模式图

在青少年运动员训练系统内，人员、物质、制度、文化在训练目标与指导思想的指导下，按照一定的组织原则、职能分类和规律进行排列，其微观组成结构如图 3－3。

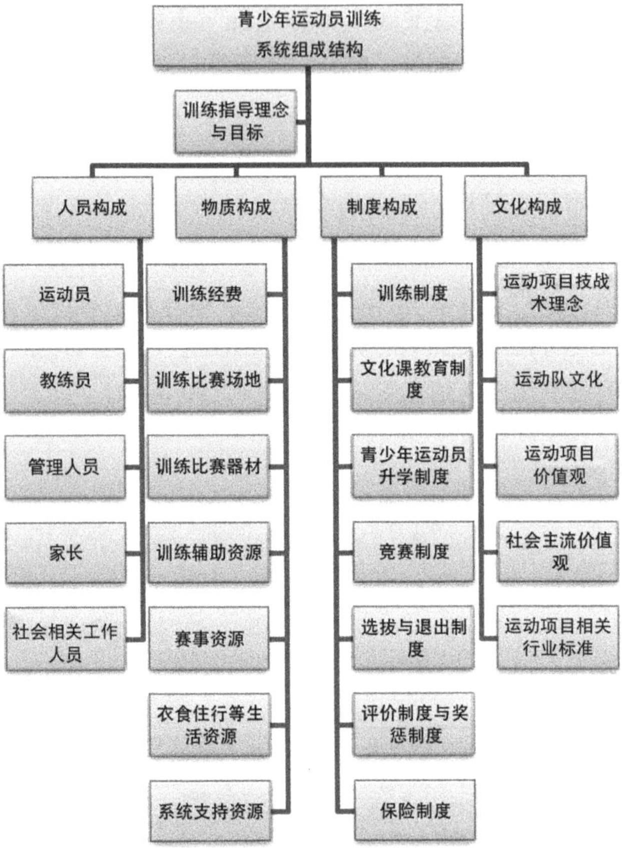

图3－3　青少年运动员训练系统微观组成结构图

（二）青少年运动员竞技训练系统风险

“风险”一词对应的英文词为“risk”，从词源学上考察，它在希腊语中为“kíνδυνος”，具有“根（确定性）”和“悬崖（不稳定性）”的双重含义[1]。风险最早的概念是指航海遇到礁石、风暴等事件或者灾害性自然现象。随着现代科学技术的发展，风险成为“指明自然终结和传统终结的概念。或者换句话说，在自然和传统失去它们的无限效力并依赖于人的决定的地方，才谈得上风险[2]”。尽管不同

〔1〕 潘斌. 社会预警的功能与运行机制研究［D］. 武汉：华中科技大学，2004.

〔2〕 乌尔里希·贝克，约翰内斯·维尔姆斯. 自由与资本主义：与著名的社会学家乌尔里希·贝克对话［M］. 路国林，译. 杭州：浙江人民出版社，2001：119.

学科、不同学者对风险的认识有很大差异，但也有许多共识：风险意味着不确定性，是一种潜在的危害，既客观存在，又依赖于人的认识与行动；风险具有属人性，一切脱离人的风险是不存在的。

运动员的发展是一个不确定性和整体性的过程，因此对于运动员的发展也必须采取整体视角。运动员发展过程是一个身体与心理潜力不断挖掘的过程，无论从情感还是精力、时间上均需投入较多的资源。在青少年运动员训练系统内，各子系统均具有较为显著的深度和广度，且各子系统间的相互联系和作用，共同构成了一个发展因素组成的训练系统。一个因素在不断负变量化积累中，会突发性导致质变，从而引起整个运动员训练系统的连锁反应，导致风险事件的发生，如专业化的训练理念和实施过程会导致生涯转型风险的发生，运动损伤的重复程度和严重程度会引起身体系统的崩溃，从而导致整个发展过程停滞或出现训练平台现象等。

本书中的“青少年运动员竞技训练系统风险”是指在青少年运动员训练系统内一切可能对运动员的成长产生影响的因素，以及在系统内一切由人的行为选择带来的后果，这些后果可能产生积极的影响，也可能产生消极的影响。

第二节　青少年运动员竞技训练系统风险的研究述评

一、关于青少年运动员发展风险的研究

青少年运动员训练系统的目标在于促进运动员的长远发展。青少年运动员的发展是多个系统协同作用的机制，在这一过程中充满了风险，在一定程度上青少年运动员的健康发展就是一个与风险斗争的过程。其主要集中在：学校风险管理问题，运动员文化课教育问题，饮食与环境、生活习惯风险，教练员与运动员关系问题，青少年运动员训练风险，运动员比赛风险，文化教育风险以及发展转型问题，国家政策给运动员带来的风险，训练倦怠与疲劳风险，损伤与停训风险等。国外对于青少年运动员发展风险的研究无论从时间还是深度、广度上都领先于国内。例如，Weathington B L 等在研究中发现，教练员与运动员之间的关系是影响运动员发展的一大因素，良好的关系不仅能促进运动员技战术的发展，对其人格养成与职业规划

也有很大裨益[1]。Stewart Vella 等也在研究中发现：教练员对自己身份的认知与运动员发展有相关性，教练员的言传身教会影响运动员性格养成、心理发展、能力培养以及信心树立等[2]。Corrado D 等研究认为"运动员参赛前应该进行体检，因为越是年轻的运动员越容易发生心脏骤停的风险，体检是避免这一现象的有效手段"[3]。Dawn Aquilina 在研究中指出：优秀运动员投入大量时间进行体育训练，很少花时间锻炼其他方面的能力，这使他们面临很大的风险[4]。Natalia Stambulova 等对于运动员的发展与转型提出了自己的看法：在运动员职业生涯转换中，来自父母、朋友、教练员、俱乐部经理、心理辅导教师的帮助非常重要[5]。Pustivšek S 等认为运动员的饮食习惯与管理对运动员的成长至关重要，进食障碍在运动员中广泛存在，严重影响训练计划的实施，有必要引进营养师进行针对性治疗[6]。Armes A. 在其毕业论文中根据 159 名精英运动员的数据编制了"运动员饮食失调与无序饮食习惯行为检测与诊断量表"，说明饮食失调对女性运动员与青少年运动员危害更大[7]。Myer G D 等对运动员早期专项化进行了细致的研究，认为运动员专项化是指运动员选择一项体育项目进行全年训练，每年不少于 8 个月。早期专项化训练的程度与受伤风险的概率成正相关[8]。国外对运动员发展风险的研究深入运动员发展的方方面面，并且在研究中采用定性与定量研究相结合的方法，从科学化视野对运动员健

〔1〕 WEATHINGTON B L, ALEXANDER A C, RODEBAUGH L L. Coaching influences on student - athletemotivation, stress, and skill. [J]. Athletic Insight the Online Journal of Sport Psychology, 2010, 2 (2): 89 - 105.

〔2〕 VELLA S, OADES L, CROWE T. The Role of the Coach in Facilitating Positive Youth Development: moving from Theory to Practice [J]. Journal of Applied Sport Psychology, 2011, 23 (1): 33 - 48.

〔3〕 CORRADO D, SCHMIED C, BASSO C, et al. Risk of sports: do we need a pre - participation screening for comp etitive and leisure athletes? [J]. European Heart Journal, 2011, 32 (8): 934.

〔4〕 AQUILINA D. A study of the relationship between elite athletes' educational development and sporting performance. [J]. International Journal of the History of Sport, 2013, 30 (4): 374 - 392.

〔5〕 STAMBULOVA N, ALFERMANN D, STATLER T, et al. I SSP Position stand: Career development and transitions of athletes [J]. International Journal of Sport & Exercise Psy chology, 2009, 7 (4): 395 - 412.

〔6〕 PUSTIVŠEK S, HADŽLC'V, DERIŠEVIC'E. Risk fators for eating disorders amongmale adolescent athletes. [J]. Slovenian Journal of Public Health, 2015, 54 (1): 58 - 65.

〔7〕 ARMES A. Disordered Eating Habits and Behaviors Among Elite Collegiate Athletes [J]. Uknowledge, 2013: 1 - 51.

〔8〕 MYER G D, NEERU J, DIFIORI J P, et al. Sport Specialization, Part I: Does Early Sports Specialization Increase Negative Outcomes and Reduce the Opportunity for Success in Young Athletes? [J]. Sports Health, 2015, 7 (5): 437.

康发展做了较为全面的考察与分析。

二、关于运动风险评估与管理研究的现状

人们很早就认识到体育风险的存在，在我国有许多专家学者对运动风险评估进行了探究。其中石岩教授编制的《运动员参赛风险检查表》客观提出了风险集群内容由参赛选手风险、对手风险和比赛环境风险三大类组成[1]。刘晓军探究运动风险评价理论体系时，认为其核心在于选择最优秀的风险因素评估方法，建立完善的指标体系[2]。在运动风险指标体系的建构上，路东升博士基于田径运动员的特征，构建了一套完整的三级指标风险识别体系：在这个体系中人员与制度风险占90.34%；二级指标中，运动员、教练员、管理员成为风险产生的重要源头[3]。这几名学者在运动员风险评价指标的构建上各有特色，为本书提供了一些科学的研究方法与思路。

综上所述，国内关于青少年运动员训练系统风险的现状与规避措施的研究有很多，针对运动员发展现状的研究也是层出不穷，为本书中的青少年运动员竞技训练系统风险的应对提供了一定的理论基础。国外针对与运动员发展相关的各个领域均进行了风险研究，在后续对青少年运动员竞技训练系统风险进行研究时，要充分考虑国内外青少年运动员面临的文化、制度、环境、政策差异使得训练系统的构成存在差异，并针对青少年运动员竞技训练系统存在的风险，提出可操作性的应对方式。

第三节　青少年运动员运动性疲劳的相关研究

第五届国际运动生物化学会议将“运动性疲劳”定义为：机体不能将它的机能保持在某一特定水平，或者不能维持某一预定的运动强度。Polo. Capur 认为，疲劳不但是运动医学研究的重点，更是当代运动训练学要解决的核心问题[4]，因此有关运动性疲劳及与疲劳相关领域，在当下和将来一段时间，在国内和国外都是研究

---

〔1〕 石岩. 我国优势项目高水平运动员参赛风险的识别、评估与应对［D］. 北京：北京体育大学，2004.

〔2〕 刘晓军. 运动风险评价理论体系的构建［D］. 北京：北京体育大学，2010.

〔3〕 路东升. 我国田径专业竞技训练风险管理研究［D］. 北京：北京体育大学，2015.

〔4〕 金再活. 运动疲劳研究综述［J］. 辽宁师专学报：自然科学版，2006，8（3）：56－59.

的热点、难点。目前运动性疲劳的主要研究领域为运动性心理疲劳、运动性生理疲劳，有部分学者还对运动性神经疲劳和内脏疲劳做了研究。

以张力为教授为主的研究团队，在运动性心理疲劳方面进行了较为系统的研究，如从生理疲劳、心理疲劳、心理耗竭的角度出发，分析了运动性心理疲劳的性质、成因、诊断及控制〔1〕。张力为团队还从心理学研究的 7 大方向——概念解构、作用功能、测量方法、发生机制、行为控制、相关因素、群体差异，探讨运动性心理疲劳的具体研究问题〔2〕。同时，张力为团队对运动员心理疲劳的监控方法、运动员心理疲劳与运动动机之间的关系、运动员心理疲劳的定性探索等进行了较为细致的研究。例如，周喜华对运动员心理疲劳与运动动机之间的关系进行研究，认为赛前心境量表可以作为预测青少年运动员心理疲劳的有效工具。同时他认为，青少年运动员低成就感因子有显著性差异，原因与青少年运动员的运动等级和文化水平的高低有紧密联系〔3〕。孙文勇认为训练年限越长、运动水平越高的青少年运动员的自我效能水平越长，运动水平心理疲劳水平也较高，流畅心理状态也更明显；运动员的自我效能、心理疲劳可以作为青少年运动员流畅心理状态的重要预测因子〔4〕。

虽然目前对运动性心理疲劳的理论研究和应用研究已经较为成熟，但是青少年运动员属于一个较为特殊的运动员群体，因其年龄小、心理承受能力低、心智发育不成熟、人生三观有待健全等，需要我们有针对性地区别对待及研究。

目前，国内关于运动性生理疲劳的研究主要侧重于生理疲劳的发生机制、疲劳的影响及影响因素、疲劳的消除、训练与疲劳的关系，鲜有疲劳的判断，尤其是运动性疾病的经验诊断。本次调查研究范围定位在田径、重竞技、三大球中部分具有代表性的项目。

田径项目如短跑、中长跑、投掷等，机体以无氧代谢功能为主。在训练中运动员需要在短时间内快速供能和快速代谢，并且机体需要持续重复大强度的训练。而

---

〔1〕 张力为，林岭，赵福兰．运动性心理疲劳：性质、成因、诊断及控制［J］．体育科学，2006，26（11）：49－56.

〔2〕 张力为．心理学研究的七个方向：以运动性心理疲劳为例［J］．体育科学，2010，30（10）：3－12.

〔3〕 周喜华．青少年运动员心理疲劳与竞技动机、赛前心境的关系研究［J］．中国健康心理学杂志，2012，20（7）：1064－1067.

〔4〕 孙文勇．青少年田径运动员自我效能、心理疲劳与流畅心理状态的关系研究［D］．北京：北京体育大学，2011.

青少年运动员与成人相比肌肉横截面积小，且肌肉纤维较细，间质组织多、含水量多、蛋白质少，故其肌肉的收缩力与耐力差，在长期的训练过程中机体更容易疲劳〔1〕。

重竞技运动项目如跆拳道、柔道、摔跤、拳击，其生理疲劳分为两种：肌肉疲劳和中枢疲劳。在跆拳道和拳击运动训练中，其步法、腿法、拳法、躲闪、反击、迎击、组合打法等技术动作的专项练习和组合练习或者比赛练习，需要运动员具有较好的体力、耐力、爆发力。运动员在长期的体能训练中机体一直处于大强度的运动状态下，能量代谢主要来源于体内的 ATP（三磷酸腺苷）、CP（磷酸肌酸），然而在无氧代谢供能状态下，ATP、CP 供应不足，使得 HL（肝脂酶）、尿酸、尿素、肌酸等物质在体内大量堆积，导致肌肉活动发生障碍进而产生疲劳〔2〕。在拳击和跆拳道比赛过程中，进攻及防守节奏快，且要准确有力地击中目标，同时还要考虑到技战术的调整，观察进攻和防守的时机，观察对手进攻防守的特点，需要时刻保持高度警惕，因此运动员大脑神经高度紧张，神经耗能占较大比重，会引起中枢疲劳。

足球、篮球项目与重竞技相比，在场地上会有更长时间的、反复性的、冲刺性的短跑，且攻防动作剧烈，因此，这种运动项目的供能以磷酸原系统和有氧供能系统为主。陈明认为足球项目在运动过程中要承受成功与失败、环境和社会等情况的刺激，因此生理和心理两方面的疲劳是同时存在的〔3〕。篮球比赛攻守对抗激烈，要求运动员除快速跑动外，注意力还必须高度集中，反应敏捷，这就导致大脑皮层过度紧张，因此受大脑皮层调节控制的各内脏器官功能也会失调，引起运动性生理疲劳和心理疲劳〔4〕。李清正等人通过实验证明，运动员在进行大强度训练的时候，生理、生化及心理指标的诊断结果表明运动员除出现生理疲劳趋势外，也出现了心理疲劳的趋势〔5〕。因此，教练员在判断技能主导类项目和同场对抗类项目运动员疲劳的时候，应当综合性判断。训练负荷、生理负荷会导致运动员的生理疲劳，心

---

〔1〕 白志刚．浅析中长跑运动员训练中疲劳的产生和消除［J］．吉林体育学院学报，2004（4）：49－50.

〔2〕 徐中秋，杨萍．竞技健美操训练疲劳的产生分析与恢复手段［J］．首都体育学院学报，2003，13（4）：45－48.

〔3〕 陈明．足球运动员的体能训练与疲劳消除［J］．北京体育大学学报，2006，29（2）：206－208.

〔4〕 叶冬茂．篮球运动员疲劳的诊断及其恢复方法［J］．湖北体育科技，2003，22（2）：185－187.

〔5〕 李清正，徐新保，李增民．不同训练周期中运动员疲劳诊断的研究［J］．体育科学，2013，33（7）：29－33.

理负荷则会导致心理疲劳，由于训练中这几种负荷同时存在，因此，生理疲劳和心理疲劳通常同时存在、相互影响[1]。

运动性生理疲劳的研究同心理疲劳的研究一样，存在对青少年运动员运动性疲劳研究的短板，即运动员运动性生理疲劳的总体研究较为深刻系统，而关于青少年运动员群体的运动性生理疲劳的研究却处在薄弱状态。

第四节　教练员经验相关研究述评

一、关于“教练员经验”的相关研究

关于教练员的经验，首先我们应该明白什么是经验。在哲学中经验包含三个层面的意思：一是经历、体验；二是人们对客观事物表面现象的初步认识；三是历史证明的结论，或实践得来的技能与知识[2]。但该解释偏向于人的主观的、直接的、感性的经验。要全面解释经验的含义，还应当站在客观的、间接的、理性的角度。所谓经验，既包括直接的和间接的、感性的和理性的经验，又包括与其他人交流或学习过程中获得的经验，如阅历、体验、体会、经历、教训，或“experiene，go through，undergo，suffer，exhasting”等，有客观经历的、有过反思体会的、理性和感性的结合，同样称之为经验。例如，《辞海》中对“经验”的界定为：人们在与客观事物直接接触的过程中，通过感觉器官获得的关于客观事物的现象和外部联系的认识，即感性经验，以及人们在日常生活中把感性经验进行概括和总结，以及其与客观事物接触的过程称为经验[3]。因此，本书中“教练员经验”指的是，教练员在判断青少年运动员运动性疲劳的过程中，通过感觉器官获得的关于判断运动性疲劳的直接的、感性的经验，以及在长期的判断运动性疲劳过程中获得的间接的、理性的经验。在运动训练中，教练员的训练经验连接着教练员、运动员与训练体系的各个方面，甚至可以将其称作维持训练体系正常运作的营养输送带，因此，经验

〔1〕张力为，林岭，赵福兰．运动性心理疲劳：性质、成因、诊断及控制［J］．体育科学，2006，26(11)：49－56.

〔2〕张涛．论教师的教学经验［D］．开封：河南大学，2008.

〔3〕辞海编辑委员会．辞海［S］．上海：上海辞书出版社，1979：2664.

在运动训练中的重要地位毋庸置疑。本书对教练员经验的研究进行了以下两个方面的分析。

一方面，对教练员经验的积极性进行分析。在体育学领域，关于教练员经验风险的研究主要是教练员的经验对运动训练与体育教学的推动作用和优势经验推广。首先，教练员经验的丰富程度与青少年运动员的训练安全系数、训练成才率有着正向相关关系。教练员依据运动员的表现及时调整训练计划、训练目标、训练内容，制定和实施训练方法，分配技战术，调整赛前运动员紧张情绪。其次，教练员的经验影响运动员运动生涯的长短，也决定青少年运动员未来的发展路径。例如，教练员选择、分配、判断运动强度和运动量的经验，处理运动损伤、运动疲劳、厌训情绪的经验，合理搭配营养、饮食、作息的经验等，可减少运动损伤，延长运动寿命。最后，教练员的执教经验还会对青少年的性格养成和人格培养有一定的影响。有着较为丰富执教经验的教练员，会帮助青少年获得更大的成就感，提升自信，改善与教练员和队友的关系，同时降低训练焦躁和焦虑状况[1]，培养青少年运动员积极向上的性格；在长期的训练过程中，完备的教练员执教经验所表现出来的执教风格如果断兼稳重、细腻又不拘一格等，又会影响青少年运动员人格的形成。

另一方面，对教练员经验的批判性进行分析。教练员的经验主要来源于自身长期的训练实践，以及自身在运动员阶段获得训练经验[2]，教练员的经验获得渠道单一，许多经验都是心口相传。因此，在运动训练中依据经验判断运动疲劳的概率非常高，但在实际操作中，经验的运用却存在一定的弊端。首先，训练经验只是揭露了训练方法与训练结果之间表面的、简单的因果关系，而训练系统内部各种因素之间的本质的、必然的联系，应然的、实然的结果却不能用“经验”一语概括，以避免难以深入理解训练方法与训练结果之间内在的本质的联系[3]。其次，经验解决不了身体条件的不足，即我们可以通过经验，改变运动员身体灵活性差、平衡能力差、热身不足、疲劳等危险因素，却改变不了运动员的肌肉成分、年龄、种族、

---

〔1〕 姚磊. 我国优秀田径运动员的运动损伤流行病学调查与分析［J］. 北京体育大学学报，2007，30（3）：363－366.

〔2〕 MALLETT C，TRUDEL P，LYLE J，et al. Formal vs. informal coach education［J］. International Journal of Sports Science and Coaching，2009（4）：325－335.

〔3〕 吴声洸. 经验训练和科学训练的知识基础及关系［J］. 山东体育学院学报，2000（3）：6－9.

旧伤、疾病等危险因素[1]。

二、教练员经验与数据识别的关系辨析

在运动训练领域中，数据识别疲劳是教练员用经验识别疲劳的对立统一面。所谓数据识别疲劳，是指在运动训练理论和实践中，运用以运动生理、运动生化为主的数据指标，评定运动性疲劳的一类方法。因此它相对于教练员的经验来说，具有一定程度的科学性。尤其是在现代体育数据化和智能化的大背景下，数据已成为指导训练的科学依据。因此，在事事“唯数字”“唯科学”的时代背景下，科学数据俨然已经成为判断一个事物的标准，而忽视了经验在这方面的基准作用。

因此，要探寻教练员经验与数据识别的关系，我们首先要从源头上厘清经验与科学（数据类代表的高层次表达）的关系。对于经验与科学两者之间的关系，我们需要从理论和实践两个方面明晰。

在理论上，科学理论来源于经验又高于经验[2]。科学理论与经验知识具有明显的区别，科学理论是具体中的抽象，是特殊中的一般，是在经验知识的基础上概括总结而成的逻辑体系，它通过一系列严密的验证和描述，再现客观事物的本质及其发展的规律性。邓运龙认为，要准确辨析“经验”“科学”两者之间的关系，需要从语义、认识、发展这3个角度进行辨析[3]。从语义角度来讲，“科学”是建立在系统化的理性认识基础之上，是反映思维、自然、社会等客观规律的知识体系；“经验”是感性认识，是对事物表面现象的初步认识。从认识角度来讲，科学训练是受理性认识支配的训练行为，经验训练是受感性认识支配的训练行为，因此可以将支配训练行为的是理性认识还是感性认识作为区分科学训练和经验训练的一个标识[4]。从发展角度来说，科学是经验发展的结果，经验是科学得以继续发展的重要基础，二者互为表里、相互促进。但是对于这种理性训练等于科学训练、感性训练等于经验训练的划分合理性却存在异议，这是因为经验训练中有科学成分存在，

[1] LIU H, GARRETT W E, MOORMAN C T, et al. Injury rate, mechanism, and risk factors of hamstring strain injuries in sports: A review of the literature [J]. Journal of Sport & Health Science, 2012 (2): 92 - 101.

[2] 黄金鹏，林永森. 训练经验是训练科学的基石 [J]. 体育与科学，1998 (6): 29 - 31.

[3] 邓运龙. 认识经验训练 发展理性训练 [J]. 体育科学，2004 (9): 41 - 47.

[4] 田心铭. 认识的反思 [M]. 北京：人民出版社，2000.

而科学的运动训练理论则必须是建立在具有精确经验基础之上的[1]，如若将两者分开来译则会犯形而上学的错误。例如，在康德哲学中，将经验判断分为客观有效的经验判断和主观有效的知觉判断，他认为，遵循客观规律并且有效的判断才是经验判断；而知觉判断是一种仅仅在主观上有效的判断[2]。因此，按照该理论，有关教练员识别青少年运动员运动性疲劳的经验判断也分为客观有效的经验判断和主观有效的知觉判断。客观有效的经验判断，是指教练员在遵循青少年运动员训练周期发展规律，机体负荷承受能力的共性基础之上，做出的青少年运动员运动性疲劳与否，疲劳的性质、部位、程度等方面的有效判断；主观有效的知觉判断，是指教练员仅依照自己所学知识及训练常识而不遵循青少年运动员运动性疲劳的客观规律，做出的判断。哲学讲：不唯书，不唯上，只唯实。因此，这种脱离了青少年运动员客观主体的知觉判断是片面的判断，是存在风险的判断。

在实践上，科学以理论或数据形式指导或规范着人类合理使用经验手段。运用科学方法测量运动性疲劳的时候，实验结果并不是以直观的方式显现的，而是通过人工概念系统的推理和运算得出来的[3]。例如，人类可以依据现代生命科学知识和生物技术，通过一系列的数据将疲劳的客观生命体征进行罗列，囊入人工概念系统的推理或运算等多元学科知识，将其上升为运动人体科学领域的指导性理论或疲劳判断指标。然而对于什么是“数据识别”，学术界却没有较为统一的概念。贝尔纳认为，科学“不能用定义来诠释”“必须用广泛的阐明性的叙述来作为唯一的表达方法”[4]。伏尔科夫认为，科学本身不是知识，而是产生知识的社会活动，是一种科学生产[5]。除对科学是知识体系还是知识体系的加工过程有分歧之外，科学的维度划分也在不断变化，一方面分为常见的社会科学、自然科学、思维科学，各类科学互相渗透互相影响，另一方面科学知识还在分化，产生出新学科和边缘科学，对世界的研究和认识日益深化[6]。因此，随着科学知识的分化和泛化，数据识别的含义也随之不断地变化、丰富及完善。

---

〔1〕 陈嘉映. 经验科学［C］//中国现代外国哲学学会. 第二届分析哲学讨论会论文集. 2006：3－8.
〔2〕 蒋永福，吴可，岳长龄. 东西方哲学大辞典［M］. 南昌：江西人民出版社，2000：94.
〔3〕 皮亚杰. 人文科学认识论［M］. 郑文彬，译，北京：中央编译出版社，1999.
〔4〕 J. D. 贝尔纳. 历史上的科学［M］. 北京：科学出版社，1981.
〔5〕 夏禹龙. 科学学基础［M］. 北京：科学出版社，1983.
〔6〕 彭克宏. 社会科学大词典［M］. 北京：中国国际广播出版社，1989.

最后，经验与科学必须相互依存发展，辩证应用。前面我们已经说明了两者之间相互依存的关系，但两者是有本质区别的，即经验是个体的、感性的、或然的和积累的，科学是普遍的、理性的、可证伪的和突变的。正是这些本质上的区别使经验与科学共同指导着包括训练在内的一切人类实践活动[1]。运动训练中运用生理生化指标虽然可以有效地检测疲劳，但是其检测具有滞后性，待疲劳发现时运动员的机体早已处于疲劳状态，不能起到及早预防的作用[2]。运用经验可以及时判断运动员在训练中的状态，其具有及时性，但是其准确性还有待提高。其次，经验只是一种抽象的“理论假设”，运动中的许多问题它解释不了。因此，经验这种感性的判断方式，可以表明某种判断方法在以前的训练中具有相当不错的训练效果，可以被继续运用，但却不能提供该方法为何有效的解释[3]。陈昌曙将其归因为经验判断属于认识的低级水平，人们需要总结经验使之上升为理论，所以说经验知识本身还不是科学[4]，在经验上升为科学的训练理论之前还需我们辩证地选择应用经验。

因此，教练员的经验识别与数据识别之间的关系，也同样遵循着经验和科学两者之间的关系——经验是数据识别的基础和来源，数据又指导和规范着教练员使用经验方法识别运动性疲劳。王洪耀等认为，竞技体育教练员既要兼备两个要点，一是经验性知识丰富，二是理论知识先进，又要摆正二者之间的关系，既对立统一，又彼此促进[5]，如此才能高效应对烦琐的训练工作。因此，对于经验识别和数据识别没有明确的界限，教练员在识别运动员疲劳时，可以综合多方面的因素，将二者辩证应用。

---

〔1〕 万炳军．运动员“绿色”训练理念：基于技术哲学的人文关怀［J］．体育科学，2012，32（7）：78－84.

〔2〕 金再活．运动疲劳研究综述［J］．辽宁师专学报：自然科学版，2006，8（3）：56－59.

〔3〕 夏禹龙．科学学基础［M］．北京：科学出版社，1983.

〔4〕 陈昌曙．论经验［J］．社会科学辑刊，1986（4）：3－11.

〔5〕 王洪耀，范秦海，金东涛．论教练员经验与理论知识的辩证关系［J］．西安体育学院学报，2009，26（5）：610－612.

第五节 青少年运动员人格风险相关研究

一、大五人格理论

大五人格理论主要表现了不同人格类型在个体上的一致性。塔佩斯学者运用词汇学方法在 16PF 的基础上进行细化和总结，精简出下列 5 种人格因素，包括外向性、宜人性、情绪性、谨慎性和开放性。而小五人格是在大五人格的基础上进行优化，其维度和理论基础完全依附于大五人格，故有了后续的小五人格量表。人格五因素具体表现见表 3－2。

表 3－2 大五人格类型一览表

高分者主要表现	名称	低分者主要表现
热情、活跃、健谈、乐群、积极	外向性	冷淡、冷静、谨慎、沉默、无精打采
信任、直率、利他、依从、谦虚	宜人性	多疑、心思多、易怒、粗鲁、愤世嫉俗
焦虑、敌对、压抑、冲动、脆弱	情绪性	平静、放松、果敢、安全、自我陶醉
公正、条理、尽职、成就、自律、谨慎	谨慎性	懒惰、粗心、无目标、意志弱、不可靠
好奇、创新、想象、审美、求异	开放性	现实、习俗、无意识和兴趣、不善分析

二、青少年运动员人格综述

（一）青少年运动员人格与普通青少年人格的关系

青少年运动员人格与普通青少年人格的关系如图 3－4 所示。

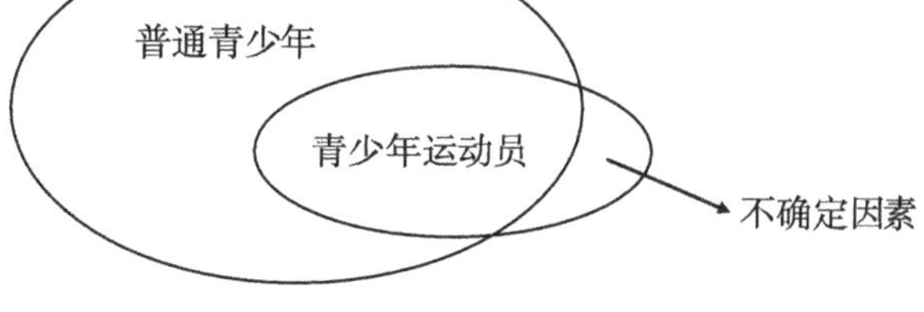

图 3－4 青少年运动员人格与普通青少年人格的关系

青少年运动员的人格特征几乎包括青少年人格的全部特征。由于受不同环境的影响，两者人格并不是绝对的一致。这是由于青少年运动员与普通青少年接受不同教育的培养方式，人格会产生一定的差异。经过查阅大量文献，青少年运动员人格发展现状汇总如下：青少年运动员热情、直爽，注意力、反应力、心理韧性都较普通青少年稍高，权力欲望明显高于同龄普通青少年，具有退缩较明显和攻击性较强的两种截然不同的反应〔1〕〔2〕。

（二）运动项目与青少年运动员人格之间存在的风险研究

不同的运动项目导致运动风险发生的部位、程度甚至频率都是不一样的，这是由运动项目本身的特性所造成的。当然，不同的运动项目也会影响运动员的人格发展趋向。人格包括气质与性格。而性格受环境影响较大，特别是青少年运动员特殊的训练环境，促使其成熟早、眼界广、交往能力强，也较同龄青少年更加吃苦耐劳。经过查阅大量文献发现，同一项目不同级别，甚至不同位置的运动员人格差异也比较大。

三、青少年运动员人格特质与竞技训练风险事件的研究现状

（一）国内研究现状

现阶段，随着科技的快速发展，运动员竞技训练的压力也越来越大。刘爱杰、李少丹指出，我国目前的训练方法落后于实践，对运动项目本质认识得不彻底，对运动项目规律把握得不全面〔3〕，这也是竞技训练风险事件发生的主要原因之一。再加上青少年运动员对风险认知的意识比较差，好斗、不服输的个性，极易诱发竞技训练风险事件。而运动损伤事件就是竞技训练风险事件的主要表现形式之一。王国勇等认为："运动损伤不仅仅局限于运动训练、比赛过程，也应包括运动后发生的损伤及并发症。"〔4〕尽管人格与竞技训练风险事件的相关研究比较匮乏，但关于体育运动能促进人格的发展已成为事实。

纵观国内体育运动对青少年人格成长研究的相关历史，20 世纪 50 年代开始陆续有文章发表，研究的层面大都比较浅显，主要包括情绪、自尊、意志力、人际关

〔1〕 安燕．对运动员人格特征的研究［J］．山西师大体育学院学报，2009（3）：141－144.

〔2〕 徐平，周强．少年运动员人格特征初探［J］．山东师范大学学报：人文社会科学版，2009（2）：76－80.

〔3〕 刘爱杰，李少丹．我国运动训练方法创新的思考［J］．中国体育教练员，2007，9（15）：4－7.

〔4〕 王国勇，沈越，蔡颖敏．健身、健美操指导手册［M］．上海：上海财经大学出版社，2001.

系、学业水平、社会适应等方面的研究，主要论证了体育运动对人格的部分分支（如认知、自尊、焦虑等）的发展有积极作用。但是人格特质和竞技训练风险事件的研究寥寥无几，特别是关于两者的关系还处于初步的探索阶段。郭玉江通过对优秀运动员心理健康现状及相关因素的研究发现，大部分优秀运动员训练动机及态度方面是积极向上的，更重视兴趣及个人才能的发挥。心理压力过大及身体伤病是影响训练积极性的主要因素[1]。可见，人格因素在竞技训练风险事件方面有重要作用。王笑妍也指出，积极情绪和消极情绪对风险决策的冒险性和风险倾向性影响显著，积极情绪状态下倾向于风险偏好，消极情绪状态下倾向于风险规避；情绪和人格对于风险决策的冒险得分和风险偏好得分有交互作用[2]。此外，有学者针对不同运动员的运动项目分析运动员人格特质出现的危害，陈伟源等人对优秀射击运动员在抑郁和恐怖因子、心理疲劳与强迫症状、人际关系等方面进行调查发现，优秀射击运动员常见的心理症状主要是强迫症状和精神病性症状，高于全国正常成人常模，且不同性别运动员心理健康状况的差异无统计学意义[3]。总之，大多数研究都强调了青少年运动员处于人格易发生风险的高峰期，重复验证了人格对青少年运动员具有重要作用，可用于运动选材、教练管理等方面，特别是运动员特殊环境下的竞技训练风险难以把控，大量文献也指出了一些常见风险因素，如运动倦怠、运动损伤等。但是对于人格与竞技训练风险事件的关系问题还仅限于初步探索阶段，这也需要在后续的研究中进行深入调查及佐证。因此，在未来研究上，国家也需拓宽人格研究领域，进行多学科交叉，并针对影响青少年人格的影响因素，有效推进体育运动中的人格研究进程。

（二）国外研究现状

纵观国外体育运动对青少年人格成长研究的相关历史，20 世纪 20 年代开始陆续有文章发表[4]。国外体育与人格的研究起步相对较早，并形成了一定的理论基础和建树，也基本证实了体育对人格发展具有促进作用，虽然体育对人格分支（如

---

〔1〕 郭玉江. 优秀运动员心理健康现状及相关因素研究［D］. 郑州：郑州大学，2008.

〔2〕 王笑妍. 人格和情绪对大学生风险决策的影响［J］. 中国健康心理学杂志，2014，22（12）：1804－1807.

〔3〕 陈伟源，张卫刚，卢塞军. 贵州省射击运动员心理健康现状及相关影响因素［J］. 贵阳医学院学报，2014（6）：831－833.

〔4〕 安燕. 对运动员人格特征的研究［J］. 山西师大体育学院学报，2009（3）：141－144.

智力）还未证实有明显的促进作用，但并未有任何负作用。同样，人格特质对竞技高风险运动员也有影响，高风险运动员善于冒险，外向性强，善于寻求刺激。Jack等人调查了166个运动员的多样化样本的感觉寻求倾向，基于冲动—感觉—寻求理论的实证支持，探讨高风险（如悬挂滑翔、登山等）和低风险（如高尔夫球、健美操等）运动员的感觉寻求。结果发现高感觉的寻求者比低感觉的寻求者更容易被高风险运动吸引，并且感觉寻求与隐性有关。从现有外文文献来看，基于个体水平的体力活动研究主要集中在自尊、自我效能感、乐趣、认知能力、信念、态度等不同维度〔1〕。William等通过系统梳理相关文献发现，干预措施，包括对个体过去表现的反馈、与他人表现相比较的反馈等间接经验，对自我效能感产生的积极影响最大〔2〕。可见，国外对人格与竞技训练风险事件的研究已经受到关注，但是处于初步的探索阶段。

国外关于青少年运动员人格特质与竞技训练风险关系的研究还处于初步的探索阶段，主要体现在青少年或者运动员的心理健康影响因素及运动项目对运动员人格的影响。换言之，已有相关研究证实青少年运动员人格与运动项目的选择有密切的关系，这一点主要体现在高、低风险〔3〕的运动项目与人格的密切联系。

---

〔1〕 韩慧，郑家鲲．西方国家青少年体力活动相关研究述评：基于社会生态学视角的分析［J］．体育科学，2016（5）：62－70，77．

〔2〕 WILLAMS S L，FRENCH D P. What are themost effective intervention techniques for changing physical activity self－efficacy and physical activity behavior and are they the same?［J］. Heal Edu Res 2011，26（2）：308－322.

〔3〕 JACK S J，RONAN K R. Sensation seeking among high－and low－risk sports participants［J］. Personality &Individual Differences［J］. 1998，25（6）：1063－1083.

第四章　青少年运动员竞技训练风险的主要研究思路和切入点

个体必须依附于现实环境才能生存，青少年运动员的发展离不开训练系统的支持。在这个系统中，国家竞技训练改革的每一件小事，都有可能对整个训练系统产生较大的影响，这是由于我们正处于风险社会中，青少年运动员培养系统既孕育着风险又内含着发展，风险具有关联性、发展性与潜伏性。此外，从微观来看，导致青少年运动员竞技训练风险事件产生的风险因素众多，且相互影响、相互作用。在运动训练实践中，竞技训练的主要目的就是提高运动成绩，运动员只有不断承受大强度训练负荷的刺激，产生运动疲劳，才有可能打破原有的训练适应，产生新的训练适应，并提高竞技能力。青少年运动员作为一个“社会人”，在竞技训练过程中，长期尝试复杂的运动技术，对其生理和心理都是一项极大的挑战，除此之外，家长的期望、教练员对运动员运动状态的判断、场地器材以及天气的突然变化等直接影响运动员的运动疲劳识别，所以运动疲劳识别是整个竞技训练过程的关键保障环节。

本章分别从宏观和微观两个层面对青少年运动员竞技训练风险的风险主体及关键风险因素进行甄别和厘清，后续再在此基础上进一步提出相对应的风险应对措施。

第一节　训练系统风险产生的主体与风险分类

一、训练系统风险产生的主体

竞技训练的发展离不开社会的发展，当前训练系统中对青少年运动员提供支持的社会资源有青少年竞技训练开展地区经济水平、制度政策、教育理念等。一个地区教育政策、国民体育素养在一定程度上决定了当地青少年竞技训练的发展，青少年竞技训练的开展离不开地方财政与人民群众的支持，教育政策的改变决定着青少年竞技训练发展的出路。青少年运动员竞技训练承担了兴体强国的重担，这给青少年运动员带来了深沉的期望与压力〔1〕。青少年竞技训练的发展过度依赖于社会环境，对于竞技训练的发展并非好事。由于训练系统的自组织作用，这些外在的环境一旦发生波动对青少年运动员而言，整个训练系统内的参数都会“涨落”，这在一定程度上给风险的产生提供了条件。在风险的产生过程中青少年运动员训练系统的主要责任人构成了风险产生的主体。

在青少年运动员的培养过程中由于受到整个训练系统的整体干预，青少年运动员成为系统生成的产物。在我国现有的青少年运动员培养体系中，青少年运动员训练系统是指在一定培养目标的指导下，完成青少年阶段竞技训练的相关教育，由运动员、教练员、管理人员、家长、社会相关人员五类责任人主体，在物质与制度两类资源的保障下，围绕青少年运动员的训练、比赛、生活三方面内容互动构成的信息能量交互系统。在风险社会中，“系统”的参与者既是利益的享有者，亦是风险的产生与承担者。风险具有属人性〔2〕。社会的发展实质是人的发展，只有人才能成为风险的主体。在青少年运动员训练系统中，物质（场地资源等）、制度（显性条例与隐性约束）、文化都是依托于人（运动员、教练员、管理人员、家长、社会相关人员）而产生和发展的，因此，训练系统中人力资源才是风险产生的主体。

二、训练系统风险的类型

系统论认为，系统内每一个个体既是独立的又是统一的。在青少年运动员训练系统中，依据青少年男子足球运动员训练系统在实际操作中存在的风险事件，将风险分为以下几类。

（一）青少年男子足球运动员文化教育风险

青少年运动员的文化水平制约着他们日后的发展，他们的文化水平与现行的运动员教育方针密切相关。国家非常重视青少年运动员的文化教育，国家体育总局、教育部等部门印发的《关于进一步加强运动员文化教育和运动员保障工作的指导意见》指出，竞技后备人才必须接受足够的文化教育。但现实状况告诉我们，对青少

〔1〕 何强．校园足球热的冷思考［J］．体育学刊．2015（22）：5－10．

〔2〕 任平．跨越风险社会：风险社会的历史唯物主义研究［M］．北京：人民出版社，2008．

年运动员的文化教育差强人意。青少年时期的运动员必须接受以下两个层面的教育：一是成人教育，二是成才教育。针对青少年运动员的教育，成人远比成才重要[1]，目前我国青少年运动员文化教育相对落后。

（二）资源分配风险

训练资源的地区性差异是导致青少年运动员发展地区差异的一个因素。训练资源东西部的差距表现在场地器材、教练员水平、青少年运动员福利补助、参与比赛次数等方面。不一样的资源引起各地区间训练水平的差异，对于青少年运动员的发展有潜在风险。我国运动员与教练员文化课水平普遍偏低是不争的事实，在学习上进行运动员的培养需要重新制订文化课学习计划与大纲，但是学校不会为几个青少年运动员特意制订文化知识学习计划，并配备体育专业文化教师，这就将专业运动员的风险带给了青少年运动员。

充足的资金投入是竞技训练不可或缺的。体育的发展必须以物质为基础，我国现在的基础设施以及配套设施服务远远满足不了14亿人口的运动需求，而运动场地属于公共基础设施，基础设施的投入有赖于国家财政与民间资本的流入，体育场馆的兴建，相关服务业的繁荣会增加许多与体育相关的就业岗位，能在一定程度上激发青少年运动员参与训练的兴趣。在经济低迷的时代，国家公共基础建设的投入会相应减少，而民间资本也会回笼资金，体育产业不景气对青少年运动员运动兴趣也会产生影响，这也是一种风险。

（三）教练员执教能力风险

在青少年运动员培养的过程中，教练员执教能力是极为关键的。由于青少年的特殊性，训练系统的教练员必须身兼许多角色：父母、教师、朋友、医生、前辈等，全方位地关注他们的生理、心理状态以及比赛、训练、生活、学习等各方面发展现状，以便更好地维护训练系统的有序运行。目前，在国内青少年运动员的培养上，许多教练员知识陈旧或是照本宣科，忽视了群体的差异性，学校教练员培训资源的匮乏，以及对学校教练员绩效考核的定量化、锦标化使得整体训练急功近利，过早地开发学生潜力，给青少年运动员发展带来风险。此外，一些训练理论本身具有风险性，如超量恢复理论具有潜在风险，超量恢复只适用于短期水平提高，由于每个

---

[1] 韩晓云. 关于青少年运动员人格特征和成人教育［J］. 执教论坛，2012（5）：74－77.

人的机体都存在极限阈值，经常的超量恢复很可能带来不可逆的损伤，给青少年运动员的运动生涯带来职业前景风险。

（四）生理和心理损伤风险

竞技训练的高风险性，加之正处于青春期的青少年运动员情绪变化不稳定，易做出一些非理性的行为，此外，由于长期以来训练理念的落后与不合理，导致我国运动员呈现出高损伤、低成材率的现象，损伤已成为阻碍青少年运动员发展的一大障碍。在青少年时代使学生在训练中掌握更全面的体育技能能有效降低“运动伤病”的发生率。竞技体育本身就是大浪淘沙似地选拔人才，我们必须清醒地认识到青少年运动员作为国家的后备人才，应该接受充足的成人教育，即人格与文化教育，完善职业技能的培养，使其具备在社会上应对择业风险的能力。

青少年运动员常见的心理问题有倦怠、抑郁、焦虑等。相对于生理损伤的外显性，心理问题的内隐性使得青少年运动员心理层面的问题很容易被忽视。有研究表明：30%的运动损伤是由心理因素诱发的，这些因素主要有个性、生活应激源、情绪、疲劳、成就动机和社会支持[1]。其中，成就动机是青少年运动员参与训练的驱动力，不同动机的运动员在场上表现出不同的行为选择，成就动机高的队员由于内心期待高于普通队员，在训练与比赛中对疼痛、疲劳的忍耐程度比较高，日积月累的疲劳容易造成慢性损伤的发生[2]。

（五）参赛风险

青少年运动员体育人才选拔与退出机制会造成一定的风险。我国多年来实行多级训练网络培养体制，呈现“金字塔”形，业余青少年运动员处于最底层的基础阶段，这种制度下青少年运动员就只有层层选拔才能得到一个好的出路，而且这种制度仅适用于向职业运动员发展的群体。这种制度下青少年运动员出路单一，而且中途退出没有保障机制，这给青少年运动员增加了风险系数。

（六）饮食、交通、住宿等生活安全风险

近年来食品安全问题一直是国人讨论的话题，而青少年运动员都是群居，所以

---

〔1〕 钟汉华，田文林，王宏．运动损伤的心理因素与预防［J］．山西师大体育学院学报，2002（4）：22－24.

〔2〕 路燕，梁枢．运动损伤心理因素研究综述及其思考［J］．南京体育学院学报：自然科学版，2012，11（1）：154－157.

学校厨师的专业水准是一个巨大的安全隐患，近年来，各学校争相推出一些“黑色混搭料理”，很容易爆发集体食物中毒事件。此外，一些青少年运动员由于自身原因，对个别食材过敏，但学校餐厅不可能考虑每个人的口味，也会对青少年运动员的个体造成风险；随着食品制作工艺的发展，越来越多的小吃零食涌入校园，它们的消费群体多是中小学生，这些小吃零食多使用添加剂，对于发育期的青少年运动员来说有潜在的健康风险。

交通安全是学生群体的另一风险隐患。不少学校位于市区，交通便利，这让规则意识淡薄且活泼好动的青少年运动员极易发生交通事故。

处于中学时期的青少年运动员的早恋问题也是一大风险。积极阳光的早恋能促进青少年运动员的发展，但是消极的早恋会消磨青少年运动员的意识，青春期的他们极易做出出格行为，给彼此的身体心灵带来伤害，造成学习、训练的退步下滑。

（七）青少年运动员管理、升学等制度风险

宏观调控政策在一定程度上能左右竞技训练的发展，过度的政策关注会使得青少年运动员倍感压力，政策在保护一部分权利的同时也限制了他们的自由发展。另一方面，竞技体育改革是通过竞技体育撬动学校体育乃至教育的改革[1]。由此可见，青少年运动员承受了来自政策改革的风险。

国内现行教育制度会造成一定的风险。在我国，中小学“应试教育”理念仍占据主导地位。在高考教育制度下，我国的教育评价标准单一，“唯分数”化严重，教师与学校功利思想占主导。青少年运动员作为一个特殊群体，对他们的考核评价不能再按照以往的以考试成绩来定优劣，这部分群体的评价标准未出台以前，青少年运动员将一直处在错误的评价机制中，这是极具风险的事件。

国内现行体育保险制度缺失与青少年运动员法律保障不到位会造成一定的风险。众所周知，竞技体育具有高风险性的特征，青少年运动员由于风险识别能力差，在参与运动过程中潜伏着相当大的风险危害。我国鲜有针对业余队员与学生群体的保险服务[2]，而一些与学生健康相关的保险，也是学校与学生自愿购买并存的现状，体育保险的缺位无疑加大了风险对青少年运动员的危害性。中小学的青少年运动员

〔1〕 刘米娜．“足球梦”与“中国梦”——《体育与科学》学术工作坊“足球改革与社会变革”论坛综述［J］．体育与科学，2015，36（4）：1－5，13．

〔2〕 王荷英．学校体育活动中运动伤害保险制度研究［J］．体育文化导刊，2012（10）：78－81．

属于义务教育阶段的未成年群体，各方面发育尚不成熟，极易受到伤害，国家针对这部分学生制定了相关的法律予以保护，但是当前法制推进慢，社会上许多个体与组织侵害未成年人的利益而得不到有效制止。

（八）早期专项化训练的风险

青少年运动员竞技训练不仅仅是训练，还有制度和行政业绩的痕迹，为了有良好的政绩，专项化训练有可能会转化为某一项目的专一化训练。这对于青少年运动员而言便有“拔苗助长”的潜在风险。有研究发现，对体重要求高的项目能影响运动员的发育，此外常参加运动的青少年的身高均值在标准差范围内有不正常的下降现象[1]。过早的专业化训练不仅影响学生的身体发育，还对他们的健康有诸多伤害，人对负荷的承受是有限度的，过大的负荷会使运动员的机体发生劣变性，增加运动损伤的发生概率，甚至过早地结束其运动寿命。

教育塑造人格，青少年运动员接受的单一常规化训练也会使他们过早地接受运动员的社会角色，经常以运动员角色的规范来要求自己，进而排斥其他角色要求，这对于一个人的长远发展是不利的。目前，能否使青少年运动员的一般体能训练和其他竞技能力训练协调发展，训练与科学文化教育、社会多技能生存协同发展，已然成为训练早期专项化的风险因子。

第二节　运动性疲劳识别是竞技训练风险控制的关键点

一、运动性疲劳识别是青少年运动员竞技训练的关键环节

风险因素的存在和增加导致了风险事件[2]，风险事件一旦发生便会导致损失，所以风险因素在风险事件发生的过程中起到了风险源的作用，构成风险因素的条件越多，损失的可能就越大[3]。在竞技训练中，导致风险事件产生的风险因素众多，大致可分为环境因素和人为因素两大类，其中环境因素包括场地、器材、天气、医

〔1〕 金爱晶，NAUGHTON G，王耀光，等. 青少年运动员早期专业化训练的生理学问题［J］. 体育科学，2000（6）：29－33，50.

〔2〕 徐姝. 政府公共服务外包中的风险管理研究［J］. 中国行政管理，2011（6）：54－57.

〔3〕 路东升. 我国田径专业竞技训练风险管理研究［D］. 北京：北京体育大学，2015.

疗等因素，人为因素又分为个体因素和运动条件因素两类。个体因素包括发育、体质、认知等方面风险，运动条件因素包括运动组织、运动强度、运动项目等风险因素[1]。这些风险因素相互影响，相互叠加，共同影响青少年运动员的竞技训练。在竞技训练实践中，拓展教练员专业知识的深度及宽度，就是提升运动训练的科学化水平。在青少年运动员竞技训练中，除了全面提升教练员本身的科学素养以外，还需要科研人员作为协助者，通过生理、生化、心理以及技术等的数据分析，共同服务运动员。同时，加强运动员自身文化知识的学习和思想教育的管理，使其能够在面对长期的竞技训练压力和突发状况时，调节心理状态，避免心理疲劳的产生。不论是教练员素质的提升，还是运动员知识文化的学习，种种措施都是为了青少年运动员能够在运动训练实践中避免运动损伤、退训或隐形退训以及表现不佳等诸如此类风险事件的发生。

竞技训练风险事件不是突然发生的，而是一个风险过程，训练课是竞技训练的基本组成部分，在一堂大强度训练课中，青少年运动员本身尚未发育成熟的器官系统承受着高强度的训练负荷，同时尝试复杂的运动技术，这对于发育期的身体是一项极大的挑战，除此之外，家长的期望、教练员对运动员运动状态的判断、场地器材的安全性以及天气状况等直接影响运动员的运动性疲劳识别，所以运动性疲劳识别是整个竞技训练过程的关键保障环节。

竞技训练的主要目的是提高运动成绩，运动员只有不断挑战极限，不断打破旧的训练适应，产生新的训练适应，才有可能提高运动成绩。20 世纪 50 年代，塞利提出了训练适应理论，当运动员受到负荷刺激时，首先进入“报警状态”，参与运动的各器官进入工作状态，如心血管系统、呼吸系统、神经—肌肉系统。随着负荷的增强，各器官系统与外来的刺激对抗，在机体与运动负荷的对抗中，运动能力被提升，发生适应性变化，这时运动员达到运动疲劳[2]，所以从这个角度来看，运动性疲劳是提高运动成绩的必经之路，同时也是产生竞技训练风险事件的前奏。所以对运动性疲劳风险的管理在一定程度上就是对竞技训练风险的管理。风险管理主

〔1〕 李晓亮. “运动风险”概念的剖析与界定［J］. 哈尔滨体育学院学报，2011，29（6）：20－24.

〔2〕 陈小平. 运动训练生物学基础模型的演变：从超量恢复学说到运动适应理论［J］. 体育科学，2017，37（1）：3－13.

要包括风险识别、风险评估、风险应对和监督反馈四个主体部分[1]，只有通过风险识别，才能进一步在此基础上寻求风险发生的因素，所以运动性疲劳识别的准确与否直接决定风险事件产生的概率。如图 4－1 所示，教练员合理运用自己的经验以及客观生理生化指标等手段，能帮助其进行准确的运动性疲劳识别，最大程度上减小非功能性的过度训练、损伤甚至疾病等的发生[2]，并促使运动员形成良性运动疲劳；但青少年运动员特殊的生理结构，以及以这种生理结构为基础产生的心理机制，也就是青少年运动员的三维特征的存在，使青少年运动员的疲劳识别变得更加复杂。当运动性疲劳识别出现误区时，可能会出现两种结果：一是施加于运动员的训练负荷不足以使其机体产生新的训练负荷适应，这会导致运动员的运动成绩停滞不前甚至倒退[3]，而在运动训练实践中，运动能力的下降被看作过度训练最明显的指标，这就可能会导致教练员将这种假性过度训练误认为过度训练，接着运用针对过度训练的方法进行调整，将不可避免地导致风险的产生；二是使运动员承受超过本身极限的负荷，运动性疲劳发展至过度训练，就可能导致运动员不得不停止训练，甚至退训。

虽然风险管理理论较早地被应用于竞技训练中，但国外对竞技训练的风险管理研究主要侧重于对运动员损伤风险、管理者和教练员的责任及疏忽风险的管理，以及包括体育保险在内的各种风险应对措施的研究，都是对竞技训练单一风险事件或单一主体的研究，并未立足于整个竞技训练过程。这些研究与运动性疲劳相关，但未将运动性疲劳置于整个竞技训练中进行分析。我国对竞技训练风险管理的研究则侧重于对运动员参赛风险的研究[4]，与体育比赛紧密相关，但竞技训练整个过程却是以运动训练为主体而开展的活动。本书站在整体的角度，为竞技训练风险管理提供新的视角，为科学合理的决策提供参考依据。

---

〔1〕 蔡玉婵，王瑞东，李汉华，等．尿液常规检验项目的风险管理［J］．检验医学，2017，32（11）：949－953＋946．

〔2〕 ROBSONANSLEY P J，GLEESONM，ANSLEY L. Fatiguemanagement in the preparation of Olympic athletes［J］. Journal of Sports Sciences，2009，27（13）：1409－1420．

〔3〕 KREIDER R B，FRY A C，O'TOOLE M L，等．运动员过度训练［M］．王然，译．北京：北京体育大学出版社，2013．

〔4〕 路东升．我国田径专业竞技训练风险管理研究［D］．北京：北京体育大学，2015．

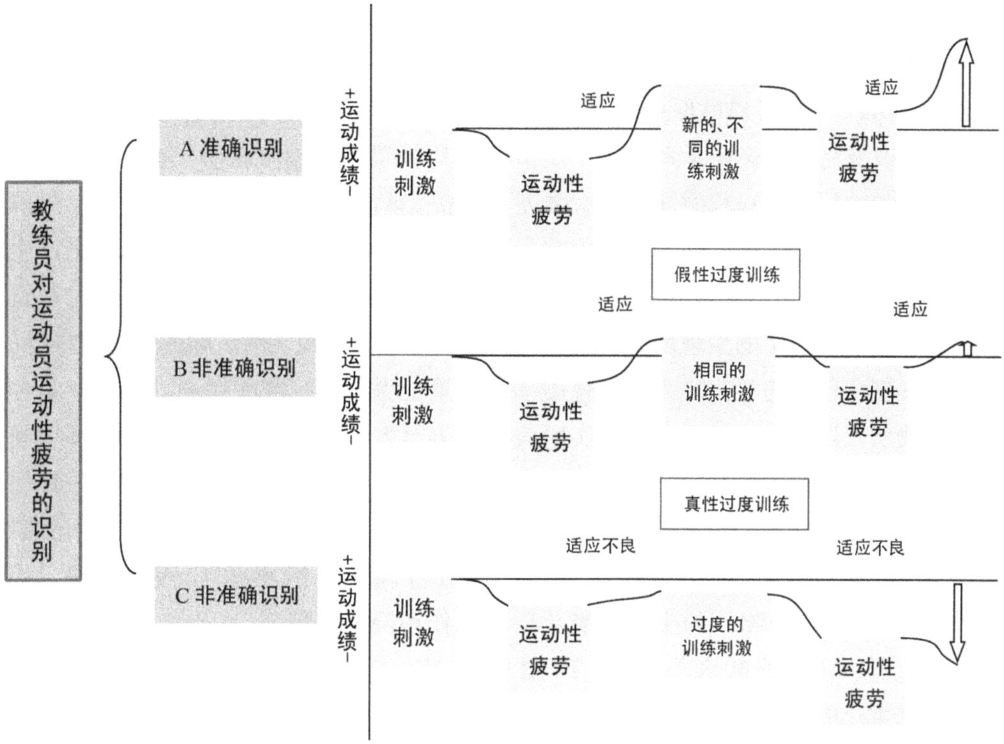

图 4-1 运动性疲劳识别的三种结果示意图〔1〕

综上所述，本书将运动性疲劳识别作为青少年运动员竞技训练的关键因素，对竞技训练的整个过程进行风险研究，将整个竞技训练过程贯穿起来，综合全面地评价竞技训练风险，为运动训练实践提供理论基础。

二、大强度训练是竞技训练活动产生运动疲劳的必要手段

大强度训练是竞技训练的核心，是产生训练适应的转折，是对某一个阶段一般性训练的检验，所以大强度训练产生运动性疲劳是一种临界性的转折点，有良性和恶性两种方向。不论何种运动项目，运动员体能和技能等的全面提升，均需要大强度训练刺激产生的适当运动性疲劳，这种适当的运动性疲劳反映在人体运动性疲劳

〔1〕 IRISSURIN V. 板块周期：运动训练的创新突破［M］. 王乔君，毕业，陈飞飞，译. 北京：北京体育大学出版社，2011.

的生理和生化反应中。例如，人体运动中能量输出的基本过程分为无氧和有氧代谢两个过程，但在一堂大强度训练课中，绝不是单一供能系统供能。高功率输出的供能系统有 ATP - CP（磷酸原系统）和糖酵解系统，其中短时间极量运动后收缩肌代谢因素的改变将直接影响运动能力，磷酸肌酸的耗竭和肌细胞内 H^+ 浓度的升高是导致疲劳的主要原因；长时间次最大强度运动中，ATP 再合成，肌糖原通过无氧酵解的方式生成乳酸，同时使二磷酸腺苷（ADP）再生成 ATP，伴随高功率输出产生的高乳酸水平是供能系统的特征，当体内供能物质耗尽，必定产生疲劳。这些都是竞技训练过程中正常的生理反应，也是提高运动成绩的必经之路。除无氧代谢以外，训练中，氧化代谢途径也是维持高强度输出的重要手段。三羧酸循环（TAC）是各种能量物质代谢的中枢代谢途径，实验表明中等至大强度运动时，三羧酸循环中间产物（TACI）总浓度持续升高至峰值，这一过程非常迅速，在运动开始后几分钟便可达到峰值，时间延长至疲劳时，糖的耗竭造成 PEP（磷酸烯醇丙酮酸）和丙酮酸水平下降，从而导致 TACI 水平下降。TACI 水平降低，造成 TAC 流速减慢，使 NADH（脱氢酶复合物）的生成和氧化磷酸化作用降低，造成 ADP 和 AMP（磷酸腺苷）上升，磷酸肌酸水平下降，Pi 增多，AMP 脱氨基加快，导致疲劳〔1〕。所以，生理生化的变化是识别运动性疲劳的关键提示，客观生理指标和生化指标的应用可以规避竞技训练风险事件的产生。

从运动适应理论的生物学基础来看，大强度训练是运动员建立新的训练适应，提升竞技水平的关键“身心刺激”，运动员只有不断承受系统性和非线性渐进式、节奏式的大强度负荷刺激，才能打破原有的训练负荷适应〔2〕，发展到一个新的负荷适应高度，为运动员的体能、技能和心理能力等的进一步发展奠定基础。“大强度”是相对于运动员承受的极限负荷和原训练负荷而言的，这里的“大”指的是运动员在一次训练课上总的运动量较大，单个练习（次数、组数、距离）对机体刺激的强度和广度较高，甚至达到机体能承受负荷的极限值。大强度训练遵循“负荷—疲劳—恢复—适应”的机制，促进运动员身心产生新的、更高的训练适应。正如 Selye 的适应综合征理论所指出的，大负荷训练是导致疲劳的一种应激，而运动能力

---

〔1〕 田野. 运动生理学高级教程［M］. 北京：高等教育出版社，2003：190 - 202.

〔2〕 冯瑞. 竞技能力系统“能量流”平衡与稳态探析［J］. 北京体育大学学报，2009，25（9）：22 - 24.

提高则是一种适应[1]。由此来看，大强度训练的直接目的是引起运动员合理、适当的疲劳，这一疲劳是由大负荷刺激产生的身心整体疲劳，且能通过后期的恢复性和调整性训练获得恢复，以达到新的训练适应的目的。所以，大强度训练的“合理化运动性疲劳”是大强度之“大”的界定标准，那么对运动员在训练中和训练后疲劳的判定就显得至关重要。客观指标本身可以作为识别运动性疲劳的因素，但同时也是风险源，青少年运动员的生物发育特征、心理特征及其与周围环境的关系等，都对大强度运动性疲劳识别提出了挑战。我们必须清醒地认识到，疲劳既是运动员提高运动能力和运动成绩的必由之路，又是制约运动成绩提高的瓶颈。正是基于这一问题，大强度训练及其所带来的疲劳恢复问题是现代运动训练学研究的核心问题[2]。

大强度训练并不是持续的，而是周期性、阶段性地进行。鉴于青少年运动员竞技训练三维特征的存在，大强度训练对于青少年而言身体各机能系统反应更为强烈，更易产生训练适应。同时，青少年运动员由于三维特征的存在，易受社会环境的影响，教练员对其运动性疲劳的判断更为困难，所以，与成年人相比风险事件发生的概率更高。

三、竞技训练三维疲劳的提出

从 Mosso 开始，人们对疲劳的探索至今已经有 100 多年的历史了[3]。随着对运动训练科学化的不断探索，人们对运动疲劳机制的认识经历了从简单到复杂、从局部到系统的过程。如图 4－2 所示，早期的疲劳生成机制主要有能量耗竭假说和代谢产物堆积假说，而且不同的运动强度和时间，消耗的能源物质和产生的代谢产物均有不同[4]。但在 1982 年美国波士顿第五届国际运动生物化学学术会议之后，运动疲劳作为一个独立的研究领域产生了[5]。至今已经经历了 30 多年的探讨，并且在过去劳动疲劳机制的研究成果基础上，进行了更多针对运动性疲劳机制的更深层

---

〔1〕 KREIDER R B，FRY A C，O'TOOLE M L，等．运动员过度训练［M］．王然，译．北京：北京体育大学出版社，2013．

〔2〕 田麦久．运动训练学［M］．北京：高等教育出版社，2006：105．

〔3〕 ASMUSSEN E．Muscle fatigue［J］．Medicine & Science in Sports，1979，11（4）：313．

〔4〕 贾丹兵，李乃民．疲劳学［M］．北京：学苑出版社，2009：627－637．

〔5〕 冯炜权．对运动疲劳机理的再认识［J］．北京体育大学学报，2003，26（4）：433－437．

次、更多元的研究。例如，由离子代谢紊乱和自由基的产生导致外周运动性疲劳机制的假说，因脑中 γ 氨基丁酸、酪氨酸、5-羟色胺含量升高，进而导致中枢神经产生保护性抑制〔1〕。除此之外，研究者还将中枢与外周相互联系，提出了多因素导致疲劳的假说，如外周疲劳—肌肉疲劳链、突变理论、身体系统控制最佳化假设模型等。

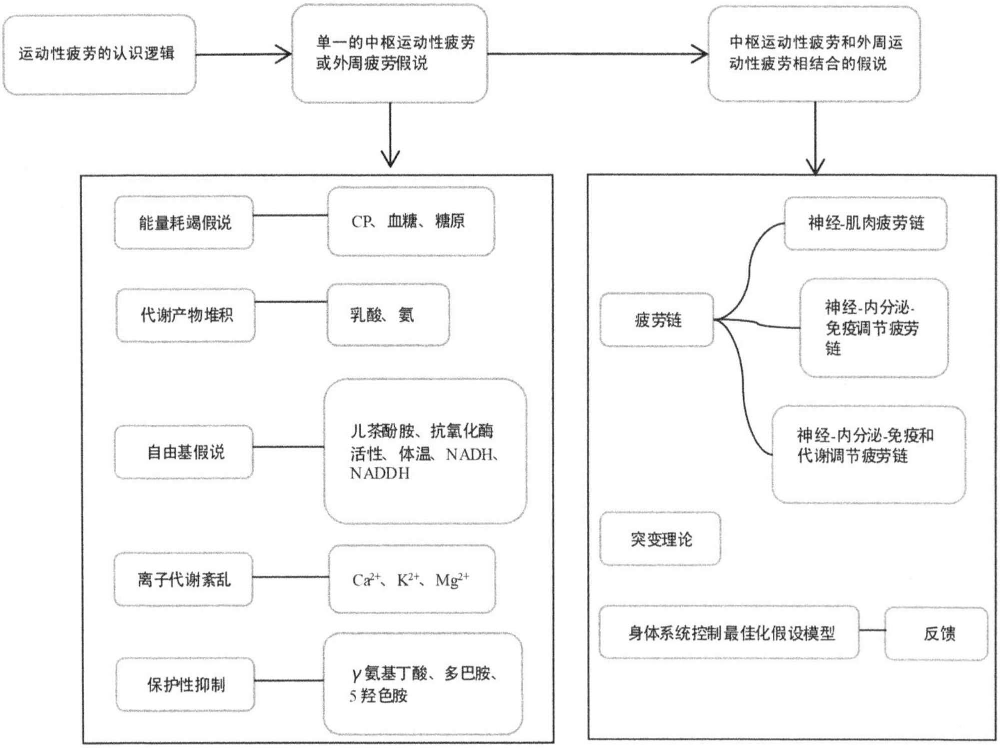

图 4－2　运动性疲劳认识逻辑示意图

在竞技训练中，除生理资源被不断消耗得不到恢复而产生运动性疲劳之外，运动员在面对内源性压力和外源性压力时，心理机能下降得不到恢复也会产生运动性心理疲劳〔2〕。但作为生物性个体的运动员，其高级层面的心理活动都是建立在较

〔1〕 MEEUSEN R, ROELANDS B. Fatigue: Is it all neurochemistry? [J]. European Journal of Sport Science, 2017 (6): 1.

〔2〕 张连成，李四化，刘羽. 运动性心理疲劳的理论研究进展述评 [J]. 体育学刊，2014 (1): 98－103.

为低级层面的生理活动基础之上的，无论是作为因还是作为果，任何高级心理活动的变化都能追根溯源到最基础的生理活动变化[1]。心理疲劳是伴随着大强度训练引起的生理疲劳而出现的，训练负荷长时间超过机体所能承受的范围，违反了人体的生理规律，此时身体状况恶化，竞技水平下降，伤病增加，对训练和比赛害怕和厌烦，同时，自信心受到打击，对自己的能力产生置疑等现象也随之出现。这种疲劳源于机体客观的生理改变，只有通过暂时终止训练的自然恢复，或者转换训练方式来消除。恢复期通常较长，而且有可能在身体机能已经恢复、生理疲劳减轻的情况下自信程度和训练热情不能回升到原有水平，严重时造成不可逆的后果[2]。心理疲劳与生理疲劳既有联系，又有区别。生理疲劳达到一定程度会引起心理疲劳，心理疲劳的产生可以影响生理疲劳的变化，使生理生化指标值的变化不符合运动员的实际情况。此外，无论是教练员，还是运动员本身均是从个体角度对这些指标值的变化进行判断，这一判断过程除了依靠自身的个体信息参考和前期经验的积累之外，还受到本体价值、心理倾向以及管理制度等方面的影响，因此往往在面对客观指标数值变化的时候，教练员会选择自己的经验，这时可能与生物指标的结论形成识别疲劳的冲突，正是在这一冲突过程中，产生了风险事件，即识别疲劳不准确。因此，我们要重新理解疲劳，从多角度认识竞技训练中的运动性疲劳。

随着后备人才培养体制和机制的改革，更多的人力资源和物质资源进入青少年运动员的竞技训练系统中，这是一个更加复杂开放的系统[3]，竞技训练日益成为青少年运动员生活和发展的一部分，而不是全部。例如，随着体教结合的不断进行，为适应社会主义市场经济的发展，青少年运动员不仅要刻苦训练，还需要学习在青少年阶段必须掌握的知识与技能，这些知识和技能能为青少年运动员的进一步发展奠定基础。运动员，尤其是青少年运动员还在成长的关键期，各种生活事件对其竞技训练都会产生正面或负面的影响，进一步对共同训练产生的运动性疲劳形成影响。

因此，心理疲劳的产生使竞技训练中的疲劳整体识别变得更为复杂。运动员是

---

〔1〕 林岭，张力为．可以用生理生化指标检测评价运动性心理疲劳吗？［J］．中国运动医学杂志，2005（6）：92－96．

〔2〕 刘方琳，张力为．运动员心理疲劳的定性探索［J］．体育科学，2004，24（11）：37－44．

〔3〕 仇乃民，李少丹．复杂性思维视域中的运动训练科学研究：反思与重构［J］．天津体育学院学报，2013，28（6）：513－518．

具有一定的运动天赋，一定运动水平的“社会人”[1]。人的高级社会心理活动是指导包括竞技训练在内的各种活动的自我行动基础，但这种自我行动基础是由长期社会生活事件积累的认知经验开始的，尤其对于青少年运动员，他们本身经历与经验不足，加之中国青少年运动员的培养方式使青少年运动员的社会价值、身份地位、社会事件对其的影响更深刻，如中国体育人承受着西方人无法感受到的偏见[2]，尤其对于心理社会认知较低、易受外界影响的青少年运动员来说，社会适应和就业受到严重限制，这使他们的社会价值难以实现。对青少年运动员社会身份的偏见所导致的自我行动的阻力，封闭训练环境带来的自我压力等，都会形成一定的心理认知，从而影响竞技训练效果[3]，长此以往会产生由竞技训练风险事件与社会事件相互叠加的风险后果。如图 4－3 所示，心理疲劳和生理疲劳已经不能全面地涵盖竞技训练中青少年运动员的疲劳现象，所以在本书中用“社会性疲劳”一词来解释社会环境因素对青少年运动员运动疲劳的影响机制。综上所述，青少年运动员运动性疲劳的产生机制具有三维特征，即生理、心理、社会 3 个维度的疲劳观，由此来看，三维疲劳的提出，是对运动性疲劳产生机制的更全面的解释。

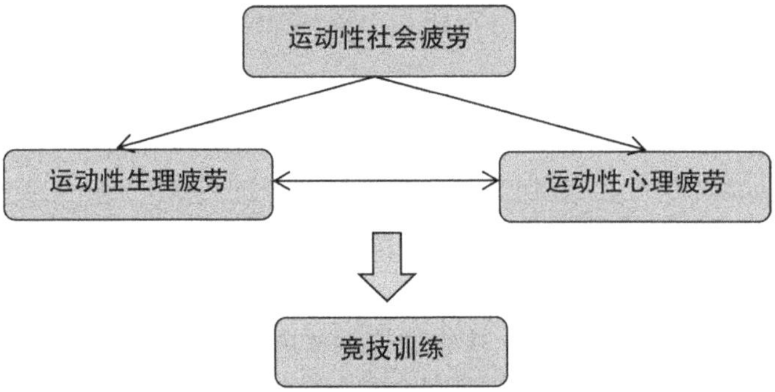

图 4－3　运动性三维疲劳示意图

四、关键风险因素研究思路的提出及其可行性

风险因素是复杂的，但是对于风险治理来说，必须抓住关键风险因素。从前文

---

〔1〕 田文波．改革开放以来社会变迁与运动员生活秩序的重建［J］．成都体育学院学报，2017，43（2）：48－53.

〔2〕 路云亭．中国体育人的“原罪”身份：基于文化学原理的中国武人后裔生存处境考察［J］．民俗研究，2017（4）：127－136，160.

〔3〕 王进．当代体育社会心理探索［M］．杭州：浙江大学出版社，2013.

来看，“运动性疲劳识别”是识别竞技训练风险的前提和关键，因此，从这个角度讲，在众多风险因素中，与疲劳识别相关的因素为关键风险因素。那么，依据竞技训练实践过程来看，影响运动性疲劳识别的主要因素有：第一，运动性生物因素。运动训练实践中，对运动员施加训练刺激，会引起机体发生变化，运用客观的生理生化指标对运动员的身体机能进行评定，可以测量运动员机体对训练刺激的反应，同时也可以辅助教练员评价训练效果。第二，教练员经验。教练员主导竞技训练的整个过程，其经验和专业知识水平的高低影响训练科学化的程度，最终决定运动员运动疲劳识别的准确与否。第三，运动员身体因素。运动员自身的健康状态对竞技训练风险事件的影响极为关键，如具有潜在性心血管疾病的运动员，长期承受大强度的训练刺激，会大大增加急性心脏病发生的概率，甚至导致猝死事件的产生[1]。第四，运动员心理因素。青少年运动员本身经历不足，认知不成熟，心理状态不稳定[2]，各种生活事件和社会环境很容易影响他们的情绪和状态，进而对竞技训练产生影响。第五，饮食习惯和管理。青少年运动员既处于生长期，又要经常参加运动训练，对营养有双重需求[3]，但青少年运动员自律性差，饮食习惯不健康、不规律，不仅会影响竞技训练，同时还会对运动员的身体造成严重的损害。第六，环境类因素。良好的自然环境是竞技训练活动开展的必要前提，运动员在恶劣的自然环境中训练，如高温、寒冷或 PM 2.5 过高等，竞技训练风险事件的发生概率会大大升高。

如图 4－4 所示，对风险因素群的识别决定着青少年运动员运动性疲劳识别的准确性。对各类风险因素进行准确的识别，能使机体产生适度的运动性疲劳，但青少年运动员具有特殊的三维特征，所以进行竞技训练风险识别时，必须以三维疲劳作为中介风险因素，这样才有可能打破原有的训练适应，产生新的训练适应，最终提高运动成绩。但是，风险因素的相互交织，还有可能导致运动性疲劳风险因素的非准确识别，最终对运动员造成损伤。由于风险的重复性，在风险事件发生后，可对风险因素进行再识别。综上所述，对运动性疲劳的识别决定了竞技训练的最终

〔1〕 童文娟，周建中. 运动员潜在心血管疾病筛查面临的挑战［J］. 心血管病学进展，2016，37（5）：546－549.

〔2〕 石风华，陈天舒，周廷勇. 北京青少年运动员思想状况研究［J］. 体育文化导刊，2008（7）：13－15.

〔3〕 张博. 淮南市篮球青少年后备人才培养途径的研究［D］. 北京：首都体育学院，2013.

结果。

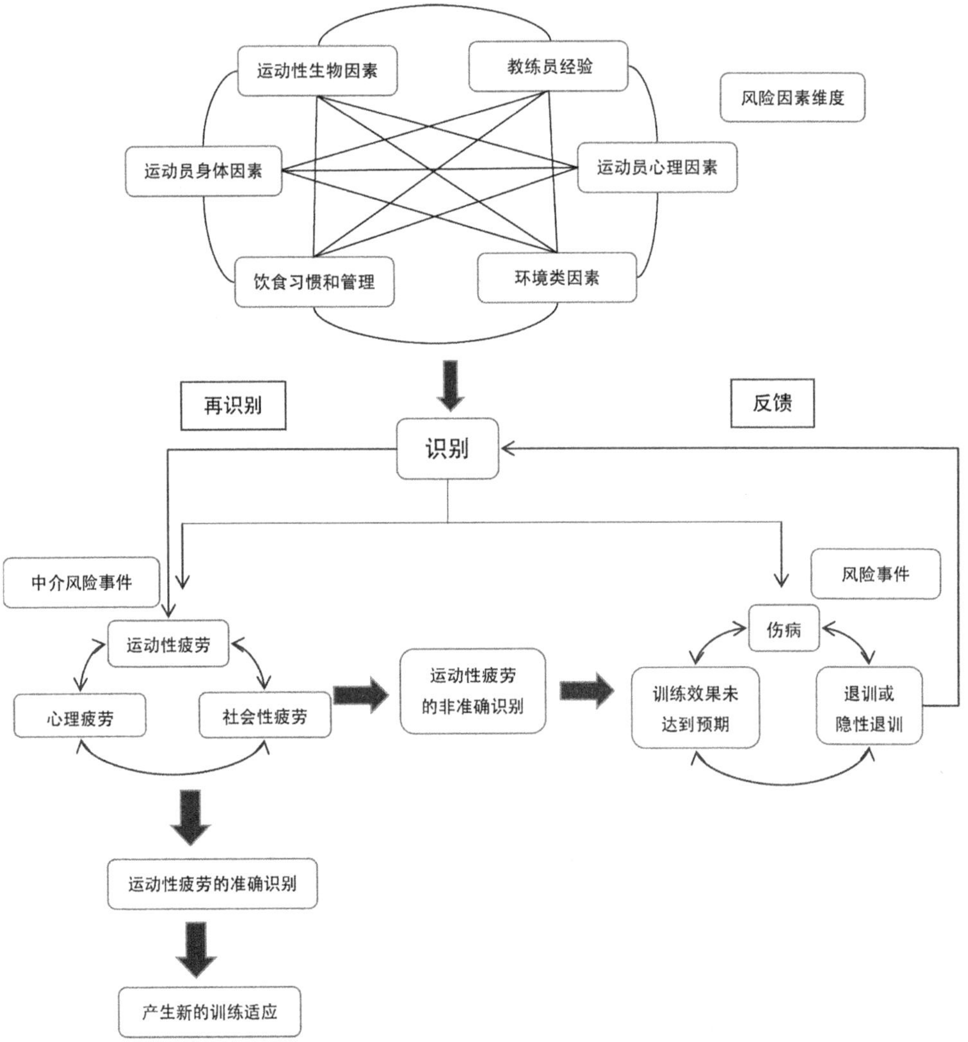

图 4－4　青少年运动员竞技训练风险机制

风险因素的识别是竞技训练风险管理的开始[1]，而青少年竞技训练是以运动性疲劳识别为起点，教练员为主导，运动员为主体所进行的活动，本书站在竞技训

〔1〕 刘钧．风险管理概论［M］．2 版．北京：清华大学出版社，2008．

练整体的角度，将各种复杂的风险因素归类为6个风险研究维度：运动性生物因素、教练员训练经验因素、运动员身体因素、运动员心理因素、饮食习惯和管理因素以及环境类因素。

综上所述，本书通过定性或定量分析，对运动性疲劳识别的关键因素进行可操作性的干预或控制，为青少年运动员竞技训练风险应对提供新的方法和手段。

第三节 关键风险因素的梳理及其模型的构建

一、竞技训练风险因素的厘清

本书关键风险因素的梳理是建立在大量文献资料与专家访谈基础上的，主要采用了风险专家调查列举法。

第一步，通过和一线教练员、体能训练师、队医、体育专业专家等的访问与交谈，初步梳理出青少年运动员竞技训练的各类风险因素，在参考相关文献的基础上，依据运动员训练系统的构成部分，确立各类竞技训练风险（运动损伤、表现不佳、退训或隐性退训）的相关因素。

第二步，通过对各类风险因素专家调查问卷结果进行统计处理，依据每项因素的重要性及可操作性，并结合专家访谈中不同专家所给出的建议，筛选出三大类竞技训练风险事件的共有因素共33项。

第三步，将33项共有因素分为5大类：运动员身体因素、运动员心理因素、环境类因素、饮食习惯和管理、教练员经验。同时，结合本书的关键切入点——对竞技训练中运动性疲劳的识别，将运动性生物因素（判断疲劳的生理生化指标）确定为第6大类因素。

（一）运动性生物因素

对于作为生物性个体的运动员来说，生物因素是竞技训练风险的首要因素，也是核心因素。这里的生物因素是指用来判断运动性疲劳的生理生化指标。在训练实践中，人们运用血乳酸、尿胆原、尿蛋白、心率、血氧饱和度等指标来判断运动性疲劳的深度。但关于运动性疲劳产生的机制，目前还未形成科学定论。另一个问题就是这些生理生化指标具有敏感性、特异性、易受干扰性、滞后性等特点，很容易影响指标测试的有效性和可重复性。因此，用生理生化指标监控训练过程或者判断运动性疲劳存在一定的风险。

（二）教练员经验

教练员是指导与控制运动训练过程的主体。教练员通过观察运动员的行为及表现、测量生理生化指标等评价运动员训练时的负荷强度和负荷量，判断运动员的疲劳程度和恢复情况，从而帮助他们了解训练效果，正确评价和调整竞技比赛与运动训练方案。而教练员对训练的指导与控制往往是根据自己的经验来进行的。由此可见，教练员的经验在运动性疲劳的判断和训练的调整、控制过程中是至关重要且不可替代的。然而，教练员的经验受制于主观认知、知识结构水平及思维方式。尤其是青少年运动员的竞技训练，缺少具有丰富经验的教练员资源，很多基层教练员的训练经验处于“自我丰富和反思”的路径上。教练员经验的局限性、或然性使运动员的训练处于困境与危机中。如果教练员对疲劳判断准确，同时能正确地调整和控制训练负荷和训练量，就能使运动员产生良好的训练适应，并且提高运动能力。反之，就不能产生良好的训练适应，不能取得预期的训练效果，甚至导致过度疲劳和损伤。

（三）运动员身体因素

运动员是竞技训练的主体，承受着竞技训练过程中的各种风险，从这个角度来讲，运动员是竞技训练风险的承担者。同时，运动员本身也是产生竞技训练风险的一个原因。例如，生病期间参加训练，尤其是大强度训练，可能导致运动员免疫力降低，病情加重；女性经期参加训练，可能会使训练效果达不到预期，甚至对运动员身体造成直接伤害，影响运动员的情绪和参训积极性。由此可见，运动员本身既是竞技训练风险的承担者，也是直接诱因。此外，青少年运动员作为运动员群体的后备力量，正处于身心发展的关键和敏感期，相对成年运动员来说，他们面临更大的风险和挑战。首先，竞技训练会引起人体机制的改变，在训练过程中，因疲劳导致免疫力下降，更易感染病毒，引起疾病；其次，大部分基层体校的住宿条件、卫生状态不佳，管理水平不高，这些问题都是运动员易患疾病的风险源；最后，青少年运动员在自我管理、对个人身体状态的认识方面还不成熟，自控能力较弱，各种饮食、生活习惯均会影响运动员的身体健康状态，为竞技训练引起的普通疾病的发生埋下风险隐患，或造成各种慢性疾病，甚至带来不可估量的风险，如运动中猝死现象。

（四）运动员心理因素

在运动中心理因素对运动员有至关重要的影响。良好的心理状态可以促使运动员在训练和比赛中发挥更高水平。心理状态不稳定不仅会使运动员表现不佳，还有可能导致运动员在运动中的严重损伤。对于青少年运动员来说，由于他们的社会阅历浅，心智相对不成熟，生活环境因素很容易影响他们的心理和情绪，进而影响他们的训练。如果应对得当，会起到减负的效果，反之，则会起到加压的效果。

（五）饮食习惯和管理

随着我国经济的迅猛发展和社会进步，生活水平提高的同时也带来身体观和饮食观的变化。人们渐渐意识到，运动员的所食所饮与其健康、身体重量、身体成分、运动中能量供给、运动后恢复时间、大赛中运动成绩等都有着紧密的联系。例如，大强度的运动训练除了可以提高运动成绩，也有可能会因为增加了脱水的可能性和加大了对营养素的需求而对身体健康造成负面的影响。再如，参加要求身材苗条的体育项目的男女运动员常常面对保持轻体重的压力，特别是体操和舞蹈等项目的女运动员表现尤为明显。为了变瘦，这些运动员可能会采取一些不利于自己身体健康的饮食方式。在大多数情况下，这种行为不会给身体带来太大危害，但如果任其发展，则极有可能导致饮食紊乱症。有调查表明，这一病症的高发年龄一般在 12 ~25 岁，青少年运动员是罹患饮食紊乱症的高危人群，青少年运动员的患病概率要高于一般同龄人群 30% 左右。研究饮食紊乱对青少年运动员的危害和青少年运动员群体的饮食现状，对于厘清饮食紊乱的应对思路、减少青少年运动员的训练风险具有重要的现实意义。

（六）环境类因素

本书的环境类因素主要指的是运动员在训练中的自然环境与社会环境。环境含“包围”或“环绕”之意。从哲学思维角度来看，环境就是指以某一事物主体为中心而存在的相对客体。青少年运动员作为竞技训练实践的主体，其所处环境主要包含自然环境和社会环境两个维度。自然环境为运动员提供了基础的生存和训练条件，如适宜的温度、湿度、空气质量等；社会环境为运动员提供了支撑生活和训练的物质和社会关系基础，如训练器材、训练的组织形式和制度资源等。青少年运动员运动训练环境条件对运动训练和竞技比赛结果起着基础性作用。一方面，适宜的运动环境是运动员进行体育活动的前提条件；另一方面，良好的训练环境、先进的场地器材设施等可大幅度降低运动员训练过程中的损伤风险，有效保障和提高运动训练效果。青少年运动员作为体育群体中的特殊人群，其训练环境对训练成效起着极为关键的支撑作用，但当前较为严重的雾霾和场地、器材不足或过于老化等情况造成的自然环境风险和场地器材风险较为严峻。分析运动员面临的自然环境风险和场地器材风险，有利于厘清训练中规避、降低和转移风险的思路，减轻运动训练过程中运动员面临的环境威胁。（图 4－5）

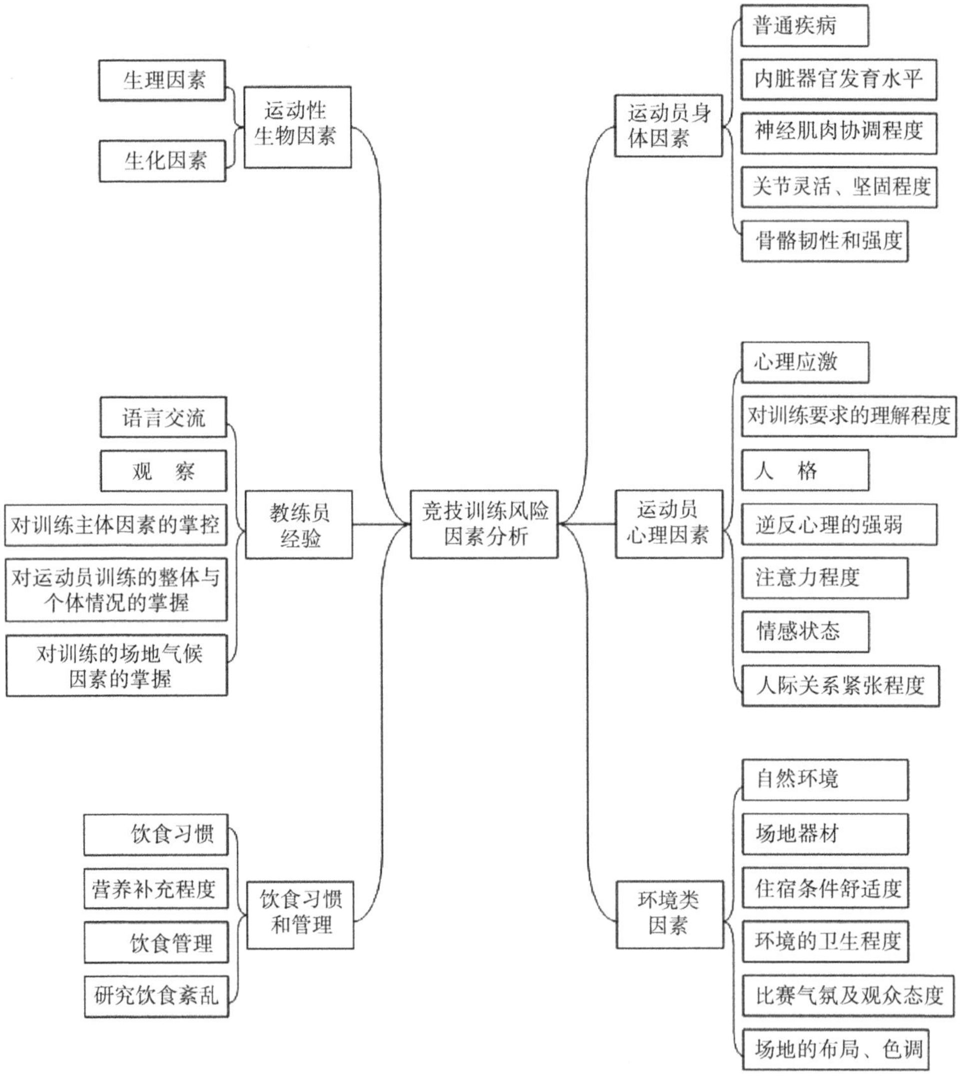

图 4－5　竞技训练风险因素模型

二、竞技训练风险因素的特征

（一）潜在性

青少年运动员竞技训练是一个多因素作用的过程，风险本身存在于各种因素中，综合因素条件下风险发生的可能性更大。首先，风险因素本身的可识别程度低，处在风险之中需要面对诸多不可控、不可预知的因素，我们对竞技训练风险因素的认知尚存局限性；其次，轻型伤病和普通疾病的潜伏性，也体现了风险因素的潜在性；最后，青少年运动员身心尚未发育成熟，对风险因素的认知尚不明朗，大部分青少年运动员训练年限较短，使得风险因素更具潜在性。

（二）复杂性

由于各竞技训练风险因素之间关系较为复杂，主要包括独立、相关、因果和影响等关系，从而造成竞技训练风险因素的复杂性特征。例如，生理因素和心理因素既独立又相关；饮食习惯和管理会影响运动员的身体健康状态；教练员经验又和其他因素交织在一起。正是这种复杂性，使我们对青少年运动员竞技训练风险的把握和应对陷入了困境。因此，我们应该全面掌握各种风险因素，并从整体角度分析各风险因素，才能准确地认识和应对青少年运动员竞技训练风险。

（三）迁移性

迁移性主要表现在运动员通过心理认知能够将训练环境之外的因素或能量迁移至训练中，反之亦然，造成对运动员承受训练负荷的影响。换句话说，运动员会将自己的情绪、思考和感觉带到竞技训练中，从而影响他们的生理表现（运动表现）；生理上的体验反过来也会直接、快速地影响运动员情绪、思考和行为。这种生理和心理之间的交互作用体现了各因素之间的迁移性。迁移有正向，也有负向，积极的影响称为正迁移，消极的影响称为负迁移。在训练实践中，负迁移比较常见，如训练和比赛中注意力不集中和逆反心理，都是负迁移的表现。

（四）突变性

突变性是在潜在性、复杂性和迁移性 3 个特性的共同机制下，通过大强度训练负荷刺激，因某一个或者某一类因素（也可能是潜在的因素）的影响而呈现出的运动员训练风险事件即刻发生的特征。随着竞技体育后备人才培养体系的不断改革，更多的人力和物力资源加入青少年运动员竞技训练系统中，使青少年运动员竞技训练成为一个更开放、更复杂的系统。在这个系统中，学训矛盾、各种人际关系的冲突以及后备人才匮乏等一系列问题需要解决，青少年运动员竞技训练系统始终处于动态不平衡的有序发展中。此外，竞技训练是一种非线性的风险过程[1]，系统中的每个个体都是使风险过程充满不确定的因素，所以青少年运动员竞技训练系统具有耗散结构的特征[2]。系统不断受到外界的影响产生无数的“小涨落”，当涨落到一定程度时，就会引起整个系统的突然性变化。

第四节　关键风险因素的甄别及其维度诠释

本书依据竞技训练系统的构成，结合青少年运动员竞技训练风险识别的关键点——对运动性疲劳的判断，将 6 大类风险因素分为 3 个维度：结果性风险维度、过程性风险维度和支撑性风险维度。如图 4－6 所示。

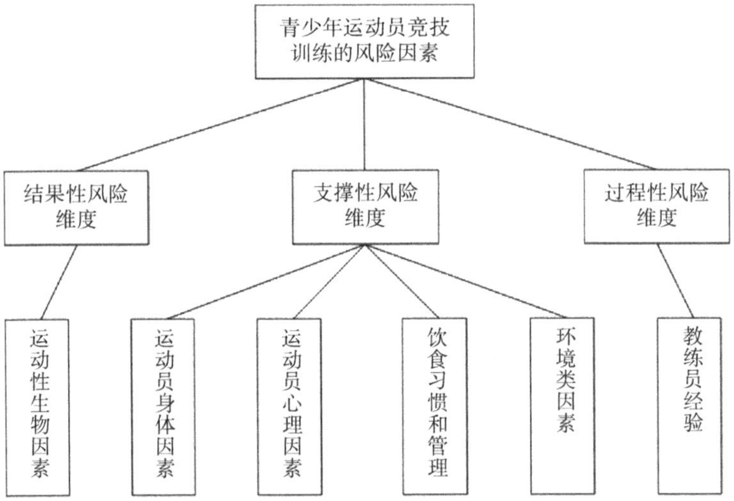

图 4－6　竞技训练风险因素的多维分级模型

〔1〕 梁慧敏. 陕西省青少年运动员运动损伤现状及其风险因素的研究［D］. 西安：陕西师范大学，2016.

〔2〕 叶进，王灵凤，邹驯智. 运用耗散结构理论提升政府社会风险管理水平［J］. 甘肃社会科学，2008（1）：196－198.

结果性风险维度是指在竞技训练活动结束后，为了控制或评价训练效果而进行的生理生化监控。也就是通过生理生化指标测得的、反映运动员机体疲劳程度的、间接导致风险事件发生的运动性生物因素，是识别风险的核心因素。结果性风险维度主要是以量化的方式对训练强度、疲劳与恢复进行测试，以了解运动员的训练效果，并为教练员制订进一步的训练计划提供反馈信息。

过程性风险维度的“过程”是相对于“结果”而言的，主要指贯穿整个训练过程的教练员经验，是判断运动性疲劳的主体，也是关键性风险因素。这一维度以教练员为主导，是对运动员训练过程中的训练效果、训练计划、疲劳与恢复以及情绪等进行判断和调整的过程。

支撑性风险维度指竞技训练风险事件发生的前提条件，是可直接导致风险发生的一类因素，是风险发生与发展的必要因素。支撑性风险维度包括运动员身体因素、运动员心理因素、饮食习惯和管理以及环境类因素等。

第五章　结果性风险维度

本章是青少年运动员竞技训练风险应对中非常重要的一部分，我们将介绍和讨论训练监控中常用的生理和生化指标。通过对一次性大强度训练课前、课后以及次日晨各项生理、生化指标的测定，并对所获得的数据进行一系列分析，说明生物学指标评价运动性疲劳是有风险的。这些风险存在于生物学指标本身的敏感性、易受干扰性、提前性与滞后性、特异性、双相性、非完全规律性以及个体差异性等。教练员及科研人员等在运用这些生理、生化指标时，必须全面考虑到这些风险，避免对运动员的疲劳状态做出错误的判断，科学、准确地控制训练过程。

第一节　运动训练的生理生化监控指标与方法

运动员参与运动训练时，体内代谢过程加快，代谢产物增加，内环境发生暂时性变化，使血液、尿液中某些成分发生改变，甚至出现某些暂时性的异常变化。同时，这些成分的改变或出现，可能会引起人体生命活动和各器官机能发生变化。因此，常以血液、尿液中某些成分的变化，以及生理变化，作为评定运动负荷和身体状态的重要依据。表 5－1 是本书选取的生理、生化指标及简要评价方法。

表 5－1　生理、生化监控指标与简要评价方法

指标	简要评价方法	是否容易获取	是否常用
心率	基础心率突然加快或减慢，提示有过度疲劳或疾病的存在。 运动后心率的恢复速度和程度，可衡量运动员对训练负荷的适应水平或身体机能状况	是	是
血压	安静时血压升高 20% 左右，并持续两天以上时，可能是机能下降或过度疲劳的表现；运动时脉压增加的程度比平时小或出现梯形反应、无休止音及收缩压突然下降达 20mmHg，预示运动员机能不良	是	是

续表

指标	简要评价方法	是否容易获取	是否常用
血氧饱和度	血氧饱和度是反映机体供氧程度的重要指标。人体在安静状态下，血氧饱和度约为96%～98%。在大强度训练后，血氧饱和度会有所下降	否	是
呼吸频率	呼吸频率对运动强度和运动性疲劳的判断也具有重要的参考价值。此外，情绪变化也可以影响呼吸频率。因此，可以将呼吸频率作为监控运动员的身体和心理状态的指标之一	是	是
股直肌、股外侧肌 IEMG	可以用来判断肌肉的功能状况，随着肌肉疲劳的发生，IEMG线性增加	否	否
血乳酸	运动后血乳酸升高幅度大，表示运动强度大，训练适应后升高幅度减小。一般认为，在相同负荷练习后血乳酸升高或清除时间延长是运动性疲劳的表征之一	是	是
血液中白细胞、中性粒细胞、淋巴细胞数目	大负荷训练后，白细胞、中性粒细胞、淋巴细胞数目表现为非常显著的下降，表明运动员的免疫功能发生紊乱；如高于正常参考范围，机体有感染的可能；下降50%以上为过度训练或免疫能力降低的表现	否	是
红细胞系（红细胞数目、红细胞压积等）	大负荷训练后数值下降程度与疲劳水平正相关。另外，可利用辅助血红蛋白指标对贫血进行诊断与分析	否	是
血红蛋白浓度	既能够反映训练负荷强度，也可以反映负荷量，连续测定恢复期值可以监测一个小周期训练负荷的变化。一个小周期训练后如果下降明显说明运动员不能适应训练负荷；下降超过20%为过度训练的表现之一	否	是
尿蛋白	训练后测定，既能够反映负荷强度，也可以反映负荷量。在大运动量训练期，如果晨尿中蛋白含量较高或超出正常范围，可能是过度疲劳或过度训练的表现	是	是
尿胆原、尿隐血、尿胆红素	当运动负荷增大、身体有疲劳感、机能状态不佳时，含量升高，属于辅助性指标	是	是
尿酮体	训练后测定，大负荷训练后升高，属于辅助性指标	是	是

注：引自冯连世，2006。

第二节　生理指标的监控结果

一、青少年运动员一次性大强度训练后及次日晨生理指标的变化

运动前后生理指标的配对样本 t 检验（表 5 -2）表明，运动前后心率、呼吸频率、股外侧肌 IEMG 的前后测数据有显著差异，而收缩压、舒张压、血氧饱和度和股直肌 IEMG 的前后测数据并没有显著差异；运动后、次日晨的配对样本 t 检验显示，次日晨的相关生理数据与运动前相比，没有显著差异。在以往的研究中，血压和血氧饱和度的变化均与运动强度有关，本书则发现：收缩压在运动前已经有 63% 的运动员在 120mmHg 以上，处于临界高血压的范围，但运动后 42% 的运动员收缩压呈现下降趋势，其中最高下降 16mmHg。在运动前血氧饱和度差异较大，数值变化在 94% ~99%，青少年运动员由于在发育期，血红蛋白含量（Hb）有所差异，因此，载氧能力亦有所不同，这一差异在运动后表现得更为突出。青少年运动员处于身体形态、机能发展的关键期，具有独特的生理特点，所以生理指标的变化不论从数值上还是趋势上，都存在较大的个体差异。

表 5 -2　受试者训练前后及次日晨各生理指标变化一览表　　$n=37$

指标	训练前	训练后	次日晨	Sig（运动前后）	Sig（运动前与次日晨）
心率/（次/分）	76.49 ±9.75	171.63 ±10.73	77.59 ±5.79	0.000 **	0.362
收缩压/mmHg	122.84 ±10.34	122.68 ±12.41	120.44 ±11.25	0.951	0.841
舒张压/mmHg	73.26 ±10.10	70.11 ±8.92	75.56 ±9.56	0.255	0.345
血氧饱和度/%	95.95 ±2.93	94.37 ±3.45	96.87 ±3.21	0.184	0.215
呼吸频率/（次/分）	19.16 ±6.52	26.32 ±7.96	18.26 ±7.10	0.007 **	0.562
股直肌 IEMG/（$mV \cdot s^{-1}$）	0.80 ±0.58	0.57 ±0.60	0.76 ±0.54	0.224	0.785
股外侧肌 IEMG/（$mV \cdot s^{-1}$）	1.03 ±0.71	0.43 ±0.44	1.03 ±0.69	0.001 **	0.652

注：* 在 0.05 水平上差异极显著；* * 在 0.01 水平上差异极显著。

心率是反映体内代谢情况一个非常灵敏的生理指标，它以其实用性、易测性等

特点在运动训练实践中充当着非常特殊的角色，它是运动时体内综合反应的“窗口”，是反映训练和比赛过程中实时运动强度的“速度仪”，是保护机体安全的“保险杠”[1]。因此，心率也成为教练员判断运动员运动性疲劳的常用指标。教练员不仅利用心率对训练过程进行全程实时监控，以此为基础实施“精确训练法”[2][3]，同时还利用心率对运动员体能和伤病的恢复进行全面监控。

虽然心率在监控运动训练过程中有很明显的优势，但在评价运动心率变化时，一定要充分考虑并注意排除运动肌群、身体出汗与失水、心理焦虑与紧张、环境温度与衣着、海拔高度、水中环境等因素的影响，并注意年龄、性别以及日间差异等因素的作用。这些影响因素在青少年运动员身上表现得更为明显。由表 5－3 可知，在训练课开始前，有 35% 的运动员安静心率高于 80 次/分；在每组训练结束到下组训练开始前，部分运动员的心率恢复较慢（高于 120 次/分）；次日清晨，有 30% 的运动员心率没有恢复至正常水平（高于 80 次/分）。

表 5－3　训练课中心率的恢复情况　　次/分

编号	第一大组		第二大组		第三大组		训练课前	次日清晨
	训练后即刻	下次训练前	训练后即刻	下次训练前	训练后即刻	下次训练前		
1	175	120	168	125	167	130	79	77
2	168	120	157	124	155	128	76	80
3	176	118	168	125	166	130	77	79
4	180	122	176	127	172	130	101	85
5	165	120	153	123	147	126	81	83
6	167	115	158	117	155	120	94	68
7	190	130	184	135	181	145	78	79
8	168	113	150	115	148	119	61	65
9	186	129	178	132	176	135	87	86
10	176	125	162	127	160	130	85	80

[1] 苏志雄，郝选明. 心率监测在运动训练中的作用及影响因素 [J]. 成都体育学院学报，2002，28（2）：89－91.

[2] HOWLEY，EDWARD T. Precision Heart Rate Training [J]. Medicine & Science in Sports & Exercise，1998，30（12）：1751－1752.

[3] ANDERSON O. Precision training [J]. Runners World，1995.

续表

编号	第一大组		第二大组		第三大组		训练课前	次日清晨
	训练后即刻	下次训练前	训练后即刻	下次训练前	训练后即刻	下次训练前		
11	188	128	178	130	177	134	86	89
12	170	114	158	115	155	120	61	78
13	190	120	180	125	179	128	89	85
14	175	120	161	123	159	128	77	81
15	160	110	143	115	141	117	63	75
16	175	124	162	128	161	130	73	76
17	165	111	144	115	141	120	79	81
18	178	128	165	130	161	132	69	73
19	163	117	146	120	144	123	54	69
20	174	120	160	123	158	130	75	78
21	172	121	162	124	161	128	83	82
22	180	120	170	121	169	125	85	80
23	175	112	158	115	156	118	73	79
24	182	123	172	125	171	129	66	72
25	185	125	180	130	178`	135	67	70
26	175	121	155	127	150	130	75	76
27	173	110	157	114	156	118	81	83
28	182	120	177	124	175	126	79	82
29	175	125	161	127	159	131	70	74
30	180	120	166	122	160	127	72	74
31	179	120	166	125	165	130	88	83
32	180	118	176	126	175	130	83	79
33	175	116	162	119	153	122	65	63
34	183	120	178	124	176	128	69	72
35	170	110	166	114	164	120	72	77
36	170	114	150	117	149	120	77	79
37	175	122	162	125	161	128	80	79

二、青少年运动员一次性大强度训练后生理指标的相关性

根据运动前后相关性分析（表 5－4）可知，生理指标内部相关性不明显，仅有少部分指标之间存在相关性。收缩压和舒张压显著相关，血氧饱和度和呼吸频率显著相关，股外侧肌与股内侧肌、股直肌的 IEMG 分别相关。运动后血氧饱和度和呼

吸频率显著相关，这主要是因为运动中通过每分通气量（VE）的增加满足代谢需要，这是潮气量和呼吸频率（FB）共同作用的结果，随着运动强度的逐渐增加，VE 的增加主要依靠 FB，呼吸系统摄入的氧气经血液运送到肌肉组织以供代谢，动脉管壁不能进行气体交换，此时氧分压基本不变。氧气在血液中主要是与血红蛋白结合形成氧合血红蛋白，肺泡内的氧分压变化会对血氧饱和度产生影响，因此，由于呼吸系统和循环系统的相互影响，血氧饱和度和呼吸频率表现出显著相关。同时有文献表明，心率、血压和运动强度均保持良好的线性关系，但在本次实验中并未发现，这提示我们，训练中血氧饱和度和呼吸频率的监控可以互换。像心率（教练员的常用指标）这种与其他指标相关性不高的指标，单一用来评价运动性疲劳是片面的、不科学的。

表 5－4　运动后各生理指标相关性分析

	1	2	3	4	5	6	7	8
1 心率								
2 收缩压	0.114							
3 舒张压	0.115	0.672**						
4 血氧饱和度	0.007	−0.091	0.089					
5 呼吸频率	0.438	0.013	−0.130	−0.595**				
6 股直肌	−0.237	0.139	0.212	0.295	−0.282			
7 股内侧肌	0.185	0.195	0.416	0.063	0.040	0.425		
8 股外侧肌	0.031	0.218	0.417	0.134	0.018	0.671**	0.826**	

注：**在置信度（双侧）为 0.01 时，相关性是显著的；*在置信度（双侧）为 0.05 时，相关性是显著的。

第三节　生化指标的监控结果

一、青少年运动员一次性大强度训练后及次日晨生化指标的变化

血液生化指标运动前后配对样本 t 检验结果表明：在一次性大强度训练后，除了嗜碱性粒细胞数目外，其他指标均发生了显著性的变化。这一结果也表明血液生化指标在大强度的刺激下，具有良好的敏感性。运动前与次日晨的配对样本 t 检验

结果表明：除了淋巴细胞以外，其他指标都能在次日晨得到恢复。淋巴细胞属于免疫细胞，训练后及次日晨的异常变化可能与大强度训练期间的免疫性抑制有关。(表5-5)

表5-5 受试者血液常规测试结果一览表

血液指标	训练前	训练后	次日晨	Sig（训练前后）	Sig（训练前与次日晨）
血乳酸/（$mmol \cdot L^{-1}$）	2.62±1.94	17.19±4.93	2.26±0.81	0.000**	0.549
白细胞数目/（$\times 10^9 \cdot L^{-1}$）	5.68±1.22	10.12±2.42	6.63±1.52	0.000**	0.091
中性粒细胞数目/（$\times 10^9 \cdot L^{-1}$）	2.90±0.87	4.81±1.48	3.15±0.96	0.000**	0.674
淋巴细胞数目/（$\times 10^9 \cdot L^{-1}$）	2.13±0.73	4.54±1.97	3.03±1.02	0.000**	0.002**
红细胞数目/（$\times 10^{12} \cdot L^{-1}$）	4.77±0.46	5.03±0.40	4.71±0.29	0.000**	0.083
血红蛋白浓度/（$g \cdot L^{-1}$）	149.30±15.12	155.85±15.18	145.07±11.14	0.000**	0.156
红细胞压积/%	46.37±5.04	49.26±5.01	45.41±3.73	0.000**	0.065

注：*在0.05水平上差异极显著；**在0.01水平上差异极显著。

尿液指标的测试结果显示：在一次性大强度训练后，有8名运动员尿蛋白含量呈阳性，且在次日晨有6名运动员可以恢复，2名运动员不能完全恢复；有10名运动员的尿胆原含量减少；有2名运动员的尿酮体呈阳性，并且次日晨恢复；有3名运动员的尿胆红素呈阳性，次日晨检测到2名运动员的尿胆红素呈阳性；白细胞、尿隐血无显著性变化。(表5-6)

表5-6 受试运动员尿液常规测试结果一览表 $n=37$

尿液指标	训练前					训练后					次日晨				
	−	±	+	++	+++	−	±	+	++	+++	−	±	+	++	+++
尿蛋白	37	0	0	0	0	22	7	2	6	0	35	2	0	0	0
尿胆原	0	14	23	0	0	0	24	13	0	0	0	27	10	0	0
尿酮体	37	0	0	0	0	30	5	2	0	0	34	3	0	0	0
白细胞	22	15	0	0	0	32	5	0	0	0	33	4	0	0	0
尿隐血	33	0	2	2	0	32	0	3	0	2	35	1	1	0	0
胆红素	37	0	0	0	0	34	0	3	0	0	35	0	2	0	0

注：+表示阳性，−表示阴性，±表示弱阳性。

二、青少年运动员一次性大强度训练后生化指标的相关性

血液生化指标间相关性分析结果表明，反映血液携氧能力的指标——红细胞系和血红蛋白浓度之间存在较强的相关性；反映机体免疫能力的指标——嗜碱性粒细胞、淋巴细胞、中性粒细胞、白细胞之间存在较强的相关性；但这两类指标之间不存在相关性，血乳酸与这两类指标之间也不存在相关性。这些结果说明生化指标具有很强的特异性，用血乳酸判断运动员的疲劳状态时，不能有效监测到血液携氧能力和免疫能力的疲劳（血液携氧能力下降）。（表5－7）

表5－7　运动后血液生化指标相关性分析

	1	2	3	4	5	6	7	8
1 红细胞压积								
2 血红蛋白浓度	0.928**							
3 红细胞数目	0.878**	0.875**						
4 嗜碱性粒细胞数目	0.173	0.263	0.307					
5 淋巴细胞数目	－0.202	－0.274	－0.180	－0.733**				
6 中性粒细胞数目	0.059	0.107	0.033	0.000	0.168			
7 白细胞数目	－0.123	－0.168	－0.122	－0.475*	0.779**	0.697**		
8 血乳酸	－0.135	－0.094	－0.057	0.062	－0.158	0.182	－0.032	

注：**在置信度（双侧）为0.01时，相关性是显著的；*在置信度（双侧）为0.05时，相关性是显著的。

第四节　生理生化指标识别运动性疲劳的风险分析

一、指标的敏感性风险

指标的敏感性是指在大强度训练前后指标变化的幅度（前后差异性）。变化幅度大，表明该指标敏感，反之，则不敏感。从本次实验的数据来看，通过大强度训练的刺激，相对于生化指标而言，部分生理指标没有出现显著性变化（$P>0.05$），敏感性较弱，如血压、血氧饱和度等生理指标。用这些敏感性较弱的指标来监控运动训练或者判断运动性疲劳，很有可能无法实时监测到运动性疲劳，甚至会对训练

效果做出错误的评价，从而造成竞技训练风险。（表5－8）

表5－8　受试者训练前后各生理、生化指标变化一览表

指标	训练前（$\bar{x}+s$）	训练后（$\bar{x}\pm s$）	Sig
心率/（次/分）	76.49±9.75	171.63±10.73	0.000**
收缩压/mmHg	122.84±10.34	122.68±12.41	0.951
舒张压/mmHg	73.26±10.10	70.11±8.92	0.255
血氧饱和度/%	95.95±2.93	94.37±3.45	0.184
呼吸频率/（次/分）	19.16±6.52	26.32±7.96	0.007**
股直肌 IEMG/（$mV\cdot s^{-1}$）	0.80±0.58	0.57±0.60	0.224
股外侧肌 IEMG/（$mV\cdot s^{-1}$）	1.03±0.71	0.43±0.44	0.001**
血乳酸/（$mmol\cdot L^{-1}$）	2.62±1.94	17.19±4.93	0.000**
白细胞数目/（$\times10^{9}\cdot L^{-1}$）	5.68±1.22	10.12±2.42	0.000**
中性粒细胞数目/（$\times10^{9}\cdot L^{-1}$）	2.90±0.87	4.81±1.48	0.000**
淋巴细胞数目/（$\times10^{9}\cdot L^{-1}$）	2.13±0.73	4.54±1.97	0.000**
红细胞数目/（$\times10^{12}\cdot L^{-1}$）	4.77±0.46	5.03±0.40	0.000**
血红蛋白浓度/（$g\cdot L^{-1}$）	149.30±15.12	155.85±15.18	0.000**
红细胞压积/%	46.37±5.04	49.26±5.01	0.000**

注：＊在0.05水平上差异极显著；＊＊在0.01水平上差异极显著。

二、指标的易受干扰性风险

易受干扰性是指生理生化指标在实际应用中容易受运动员生活方式和其他潜在因素的影响。这些因素很容易影响指标测试的可重复性，尤其是生化指标。例如，训练前饮酒、熬夜、服用药物等，会使所测得的生化数据有偏差，从而无法根据所得的生化数据正确地调整和控制训练过程，进而造成竞技训练风险。此外，每个监控指标的变化受运动员本身特征和训练状态影响的同时，也受测试的仪器、时间、试剂、应用药品和营养品的影响，有些指标受年龄的影响等。

从实验前所测得的生理生化指标来看（详见本章第二、三节），有部分运动员的数据异于正常水平，有3名运动员在训练前血压偏高，有2名运动员训练前尿液中白细胞数目偏多，5名运动员训练前心率偏高。这也提示我们，在使用这些指标监控运动性疲劳时，应选取一些抗干扰性较强的指标。同时，全面考虑到可能引起所测指标变化（或异常）的一切其他因素，避免对运动员的疲劳做出错误判断。

三、指标的提前性和滞后性风险

评价指标的变化可能提前于运动状态的变化，也可能滞后于运动状态的变化。如果对运动员的监控不是连续进行，对测试的数据不能武断地下结论。指标的滞后性主要表现在3个方面：其一，生物学指标的提取和测量往往比较烦琐，对器材设备要求较高，且教练员不能第一时间获得相关数据；其二，生物学指标的应用还存在“人为的滞后性”特点，如反馈渠道不畅通，教练员与队医及科研人员的默契度不高等；其三，一部分生化指标，如血尿素、尿蛋白、血清肌酸激酶等，在训练后即刻变化不大，在训练后数十分钟甚至几小时才能检测到指标的显著变化。指标的这种滞后性会使教练员不能对运动员的疲劳状态做出及时准确的判断，进而导致竞技训练风险事件的发生。

四、指标的特异性风险

指标的特异性是指一种指标区别于另一种指标的数值大小，亦即指标间的相关性。相关性越强，特异性越小；相关性越弱，特异性越大。特异性表明了不同指标的生物学机制不同。例如，血红蛋白反映血液携氧能力；心率反映呼吸系统疲劳程度。从本次实验的数据来看，生理生化指标内部相关性较弱，仅有少部分指标具有统计学上的相关性，这也说明了生理生化指标的特异性很强。因此，用单一指标来评价训练效果或者监控训练过程是不全面且存在风险的。这提示我们在选择监控指标时，应该多选取不同类型的指标，以对训练效果进行更加全面的评价。

五、指标的双相性风险

双相性是指在运动训练中部分生化指标（这里主要是白细胞、中性粒细胞、淋巴细胞）具有在训练后即刻升高、次日晨降低且低于训练前水平的特征。这一特征可能与大强度训练所引起的免疫性抑制有关。运动性免疫抑制是指过度负荷导致机体免疫机能下降的现象。本次实验所测得的免疫指标也印证了这一特征。(图 5 - 1)

为防止运动性免疫抑制的发生，教练员应在注重个体差异性的同时，从多方面合理评价运动训练负荷，防止过度训练的发生，以提高运动员的免疫力，挖掘运动员的最大潜能，延长运动员的运动寿命。一旦运动员发生了运动性免疫抑制，教练员及医务监督人员应有针对性地采取合理的调理措施来促进运动员免疫机能的恢复，当运动员免疫功能得到充分恢复后，再进行适量的运动训练。

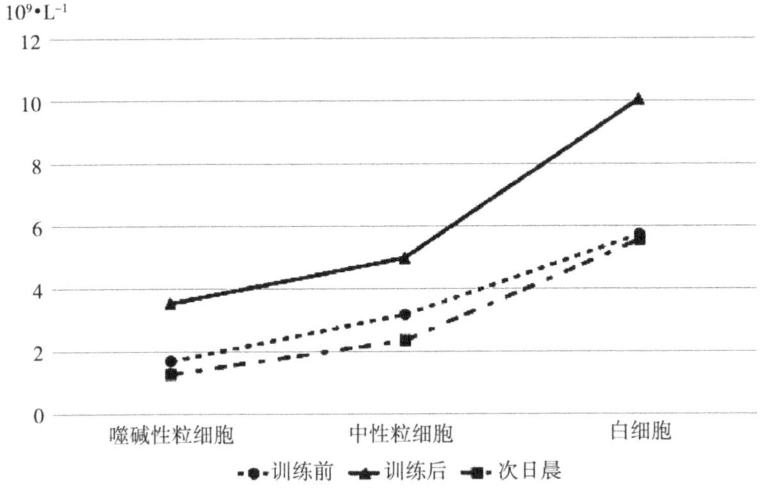

图 5－1　大强度训练期间免疫细胞的变化情况

六、指标的非完全规律性风险

在训练周期内，血尿素水平的动态变化一般有以下几种类型：①在训练中血尿素含量不变；②在训练期开始上升，然后逐渐恢复正常；③在训练中始终升高。血尿素水平的这种动态变化提示我们，在运用血尿素这一指标评定人体的机能状态和疲劳程度时，应在训练前、中、后连续测定，这样才能对当前的训练状态做出一个相对准确的评价。

另外，在应用已经定量的诊断指标时，不能完全照搬。例如，某运动员按照前期的监控数据，连续 3 周肌酸激酶高于上限值 271U/L、血红蛋白低于 10^9g/L 会伴随过度训练的出现。当下一次测试时，血红蛋白的变化是 106、125、107，该如何判断？这样的变化会在实际监控中经常出现，应该结合其他指标综合判定。

七、指标的个体差异性风险

研究表明，尿蛋白是评定运动中人体机能特别是运动强度的灵敏指标。由于尿液的收集属无损伤法，简便易行，便于推广，因此，尿蛋白测定在运动训练实践中应用得越来越广泛。但运动性蛋白尿有较大的个体差异，有些人在运动后易出现，数量又较多；有些人则不易出现，出现时数量也较少。这种个体差异与训练水平关系不大，可能与遗传因素有关。

在运用血红蛋白指标进行身体机能监测时，也需要注意指标的个体差异性，特别需要指出的是，有些运动员的 Hb 值一直处于低位，但是运动水平并不低。

不同的个体参加同一运动项目时，运动中的乳酸生成量不同，运动后人体内乳酸的清除速率也不同，这与运动负荷和个体代谢能力的差异性密切相关。

此外，在训练实践中教练员还会依据运动员的外在表现（如出冷汗、腿软、打哈欠、呼吸困难等）和生理指标对运动员进行运动性疲劳的判断。生理指标测试的简易性和获得的即时性使之在运动训练实践中得到广泛应用，其也是与运动训练实践关系最为密切的客观指标。其中，心率、血氧饱和度和呼吸频率都是最常使用的判断运动员疲劳的生理指标。而这些指标只能反映运动员即时性的短期疲劳，不能准确地监测到运动员长期的慢性疲劳。因而在训练中，经常会有运动员由于长期的慢性疲劳的积累而出现损伤，甚至退训。

第六章　过程性风险维度

在运动训练中，运用经验识别运动性疲劳，是教练员最常用的一种方法和手段。长期以来，不论是在国内还是在国外，经验在训练中所带来的便捷和高效，都逐渐弱化了人们对经验的风险认识，由经验性误判所带来的风险事件在运动训练中常有发生。尤其是青少年阶段的运动员，由于他们所独具的青春期心理活动特性，以及区别于成年运动员的生理机制，更需要教练员慎重使用经验判断运动疲劳，掌控好经验判断的度，以规避由此导致的训练风险。

第一节　教练员识别运动性疲劳的基本方法

一、经验类方法

经验类方法主要依据语言交流、观察、对训练主体因素的掌控、对运动员训练的整体与个体情况的掌握、对训练的场地气候因素的掌握这五个方面来综合判断运动性疲劳（因问卷调查内容较多，因此筛选出认同率较高的部分）。

（一）语言交流

语言交流是教练员最常用的一种疲劳判断方法和训练方法，其交流的内容、交流的频率、交流的质量都与疲劳判断的精确度紧密相关。

由图 6－1 可知（1～17 底坐标代表物参照表 6－2），语言交流内容最为重要的是训练负荷，其次是训练内容、训练任务、身体伤病情况；交流较少的是全年比赛节奏的安排情况、身体疾病情况、饮食情况。而教练员对语言交流内容的了解程度最高的是身体疾病情况，其次是训练负荷、训练内容；了解最少的是训练设备的舒适度。

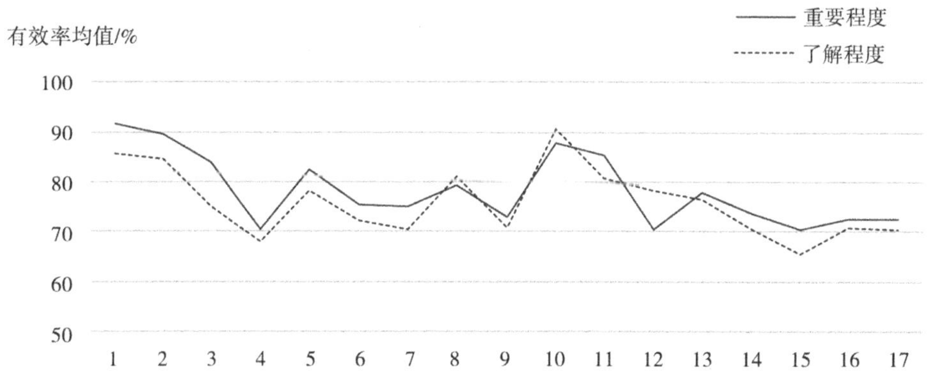

图 6－1　对教练员语言交流内容的重要性与了解程度的对比分析

由表 6－1 可知，就“语言交流”而言，对教练员语言交流内容的重要性与理解程度进行配对样本 t 检验，得出 $P=0.015$，$P<0.05$。因此，就本次调查而言，以“语言交流”来判断运动性疲劳的统计结果，具有显著性统计学差异。

表 6－1　教练员语言交流内容的重要性与了解程度的配对样本 t 检验

成对样本检验							
	成对差分				t	df	Sig.（双侧）
	差值	标准误	95% 置信区间				
			下限	上限			
内容的重要程度—经验科学知识的了解程度	2.50882	3.78481	0.56285	4.45480	2.733	17	0.015

由表 6－2 可知，不仅差异存在于组间，组内也同样存在显著性差异。例如，教练员评价交流内容的重要程度这一组内的差异体现为全年比赛节奏的安排情况（$P=0.002$）、大强度训练后的及时恢复状况（$P=0.013$）、身体伤病的情况（$P=0.021$）、睡眠情况的反馈（$P=0.049$）这 4 个方面。而教练员对语言交流内容对应的科学知识的了解程度的组内差异表现为：训练负荷的适应情况、训练内容的适应情况、全年比赛节奏的安排情况、比赛环境适应情况、大强度训练后的及时恢复状况、身体伤病的情况、疲劳最易发生部位的反馈、训练器械设备的舒适度、训练服装的舒适度、训练场地的舒适度。

表 6-2 语言交流相关内容的重要程度和内容了解程度的单样本检验

语言交流相关内容	教练员评价交流内容的重要程度 P 值	教练员对语言交流内容对应的科学知识的了解程度 P 值
(1) 训练负荷的适应情况	0.416	0.000***
(2) 训练内容的适应情况	0.080	0.003*
(3) 训练任务安排情况	0.892	0.483
(4) 全年比赛节奏的安排情况	0.002*	0.049*
(5) 比赛环境适应情况	0.116	0.033*
(6) 专项运动成绩波动问题	0.072	0.072
(7) 训练课上的情绪波动	0.072	0.100
(8) 大强度训练后的及时恢复状况	0.013*	0.049*
(9) 身体局部的不适状况	0.218	0.416
(10) 身体伤病的情况	0.021*	0.021*
(11) 睡眠情况的反馈	0.049*	0.218
(12) 饮食情况的反馈	0.157	0.218
(13) 整体疲劳的发生程度	0.080	0.072
(14) 疲劳最易发生部位的反馈	0.218	0.021*
(15) 训练器械设备的舒适度	0.817	0.002*
(16) 训练服装的舒适度	0.817	0.002*
(17) 训练场地的舒适度	0.416	0.000***

注：*表示 $P<0.05$，具有统计学差异；**表示 $P<0.01$，具有显著性统计学差异；***表示 $P<0.001$，具有极显著的统计学差异。

（二）观察

观察法可以通过速度、力量、耐力、协调、呼吸、唇色、肤色、心情等较为系统地观察运动员的训练整体状态。观察法既包括信息的输入，又包括对原始信息进行初步处理、识别的主动认知过程。

由图 6-2 可知，用观察法判断运动性疲劳，其精确认可度最高的有两个，分别是速度及脸色异常；认可度最低的是柔韧。对这类科学知识的了解程度最高的有两个，分别是完成动作的能力及大量出汗；最低的是体重变化、唇色异常。精确认可度和了解程度落差最大的是唇色异常。

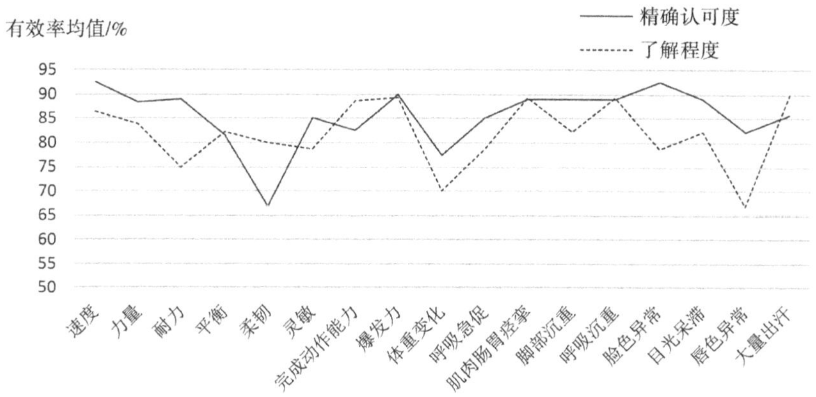

图 6－2　教练员对观察法的精确认可度及科学知识的了解程度对比分析

由表 6－3 可知，将观察法的精确认可度和对该类科学知识的了解程度进行配对样本 t 检验，得出 $P=0.485$，$P>0.05$。因此，就本调查来看，利用观察法来判断运动性疲劳的统计结果，不具有统计学差异。

表 6－3　教练员对观察法的精确认可度及科学知识的了解程度的配对样本 t 检验

成对样本检验							
	成对差分				t	df	Sig.（双侧）
	差值	标准误	95% 置信区间				
			下限	上限			
精确认可度—科学知识的了解程度	1.295 00	8.136 95	－2.513 21	5.103 21	0.712	16	0.485

由表 6－4 可知，教练员用观察法判断运动性疲劳的精确程度方面：完成动作能力下降、唇色异常，$P<0.05$，具有统计学差异；平衡能力下降、反应迟钝，$P<0.01$，具有显著性统计学差异。在教练员对此类科学知识的了解程度方面：速度下降、力量下降、耐力下降、柔韧性下降、完成动作能力下降、爆发力下降、唇色异常，$P<0.05$，均具有统计学差异。

表 6－4　教练员对观察法的精确认可度及科学知识的了解程度的单独样本检验

观察内容	判断疲劳的精确程度（Sig）	教练员对此类科学知识的了解程度（Sig）
（1）速度下降	0.731	0.013*
（2）力量下降	0.165	0.011*

续表

观察内容	判断疲劳的精确程度（Sig）	教练员应此类经验科学知识的了解程度（Sig）
（3）耐力下降	0.206	0.045*
（4）平衡能力下降	0.007**	0.062
（5）柔韧性下降	0.067	0.030*
（6）完成动作能力下降	0.026*	0.011*
（7）爆发力下降	0.281	0.017*
（8）体重变化	0.839	0.424
（9）呼吸急促	0.861	1.000
（10）肌肉和肠胃痉挛	0.147	0.184
（11）脚步沉重	0.165	0.702
（12）呼吸沉重	0.363	0.702
（13）脸色异常	0.067	0.129
（14）目光呆滞	0.206	0.103
（15）唇色异常	0.020*	0.046*
（16）大量出汗	0.861	0.264
（17）反应迟钝	0.007**	0.118

注：*表示 $P<0.05$，具有统计学差异；**表示 $P<0.01$，具有显著性统计学差异；***表示 $P<0.001$，具有极显著的统计学差异。

（三）对训练主体因素的掌控

在训练中，训练负荷、训练内容、训练时间、饮食营养、心理情绪、休息睡眠这六种因素构成训练的主体因素。图 6－3 是教练员对这六项训练主体因素判断运动性疲劳的精确认可度和了解程度的对比分析。

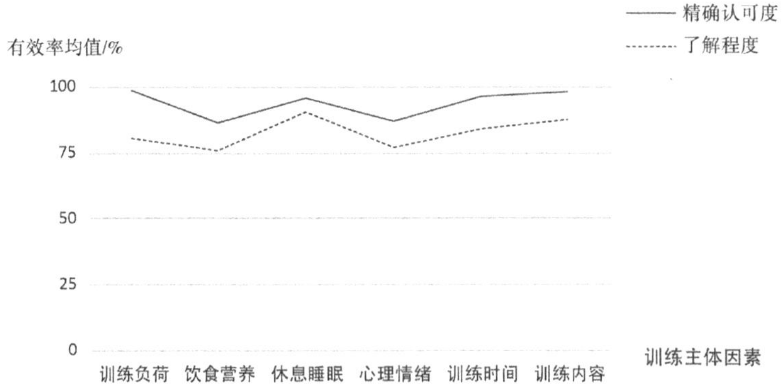

图 6－3　教练员对训练主体因素判断疲劳的精确认可度和了解程度的对比分析

由图 6－3 可知，从教练员判断运动性疲劳的六个主体因素的对比分析来看，这六个方面均具有一定的差异，总体来看精确认可程度有效率均值高于教练员对该类科学知识了解程度的有效率均值。

由表 6－5 可知，利用“对训练主体因素的掌控”判断运动性疲劳，将“精确认可度和了解程度”进行配对样本 t 检验，检测出 $P=0.001$。因此就本调查来看，利用“对训练主体因素的掌控”判断运动性疲劳的统计结果，具有极显著性的统计学差异。

表 6－5　训练主体因素的配对样本 t 检验

成对样本检验							
	成对差分				t	df	Sig.（双侧）
	差值	标准误	95%置信区间				
			下限	上限			
精确认可度—了解程度	11.185	4.315 52	6.656 13	15.713 87	6.349	5	0.001**

（四）对运动员训练的整体与个体情况的掌握

运动员整体与个体的差异，普遍与特殊的差异，要求教练员综合掌握与区别对待。

由图 6－4 可知，在精确认可度方面：运动员的负荷承受能力是教练员认为判断运动性疲劳精确度最高的一项指标；最低的有两项，分别是运动员的语言表达习惯及不同项目运动性疲劳反应。在对此类科学知识的了解程度方面：了解程度最高的有两项，分别是运动员的负荷承受能力及运动员的性格特征；了解程度最低的一项是心理疲劳反应。精确度和了解程度差异最大的一项是心理疲劳反应。

由表 6－6 可知，在利用“运动员训练的整体与个体情况的掌握”判断运动性疲劳方面，将“精确认可程度和了解程度”进行配对样本 t 检验，得出 $P=0.650$，$P>0.05$。因此就本书调查来看，利用“运动员训练的整体与个体情况的掌握”判断运动性疲劳的结果，不具有统计学差异。

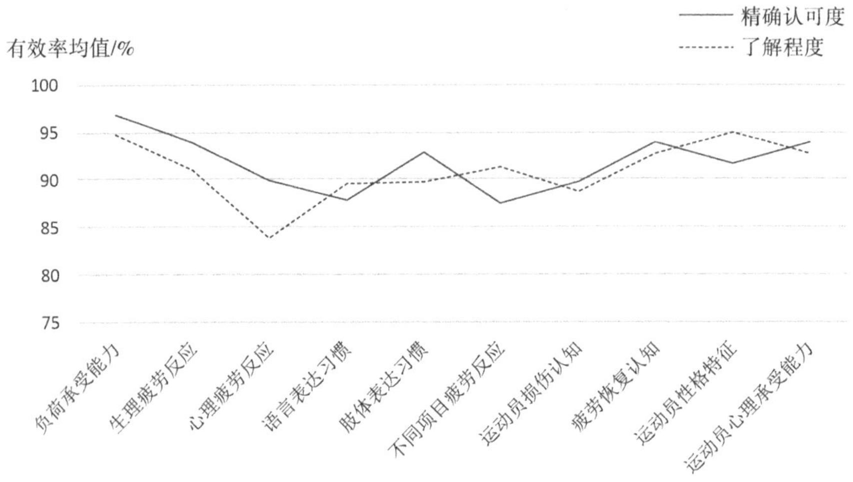

图 6－4　教练员对“运动员训练的整体与个体情况”判断疲劳的精确认可度和了解程度的对比分析

表 6－6　精确认可度和了解程度的配对样本 t 检验

成对样本检验							
	成对差分				t	df	Sig.（双侧）
	差值	标准误	95%置信区间				
			下限	上限			
精确认可—了解程度	－0.433 00	2.922 01	－2.523 28	1.657 28	－0.469	9	0.650

（五）对训练的场地气候因素的掌握

场地气候因素包括温度、湿度、光线、场地、器材五个方面。作为客观存在的因素，这五种因素容易被忽视。

由图 6－5 可知，利用场地气候因素判断运动性疲劳，精确度最高的是温度，器材次之。而在对这些科学知识的了解程度方面，了解程度最高的是温度、场地；了解程度最低的是光线。精确认可度与了解程度悬殊最大的则是温度这一项。

由表 6－7 可知，在“运用场地气候因素”判断运动性疲劳方面，进行配对样本 t 检验，得出 $P=0.287$，$P>0.05$。因此就本调查来看，“运用场地气候因素”判断运动性疲劳的统计结果不具有统计学差异。

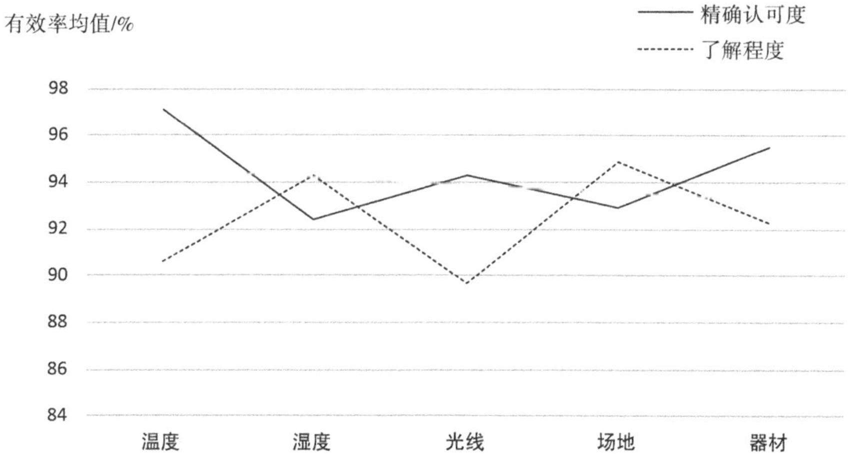

图 6-5　教练员对依据"场地气候"判断疲劳的精确认可度和该类科学知识的了解程度对比分析

表 6-7　精确认可程度和了解程度的配对样本 t 检验

成对样本检验							
	成对差分				t	df	Sig.（双侧）
	差值	标准误	95%置信区间				
			下限	上限			
精确认可度—了解程度	2.114 0	3.851 32	-2.668 04	6.896 04	1.227	4	0.287

二、数据类方法

在运动性疲劳研究领域，所谓的数据类判断方法，即运用生理学、心理学的知识判断运动性疲劳，因此本书的调研选择了判断运动性疲劳常用的生理生化指标及心理指标。

（一）生理指标

生理指标选用了最常用的心率、血压、肌力、肌围、血氧饱和度等项，同时这也是教练员较为了解的几项指标。

由图 6-6 可知，教练员对生理指标判断疲劳的精确认可度最高的是心率，其次是血压和血氧饱和度，精确认可度最低的是肌围。对此类科学知识的了解程度最高的是心率，其次是血压和血氧饱和度，了解程度最低的是肌围。从本次调研结果来看，生理指标的精确认可度普遍低于对生理指标科学知识的了解程度。

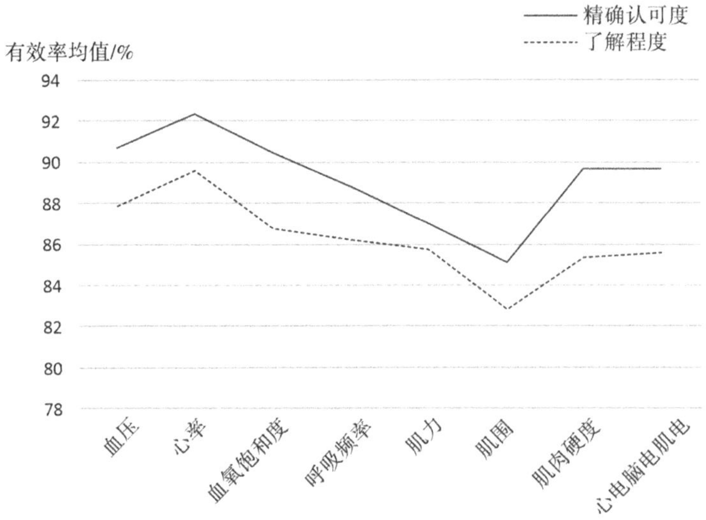

图 6－6　生理指标判断疲劳的精确认可度和了解程度的对比分析

由表 6－8 可知，对运用“生理指标”判断疲劳的精确认可度和了解程度进行配对样本 t 检验，得出 $P=0.002$，$P<0.01$。因此，就本次调查来看，教练员运用“生理指标”判断运动性疲劳的统计结果，具有显著的统计学差异。

表 6－8　生理指标判断疲劳的精确认可度和了解程度的配对样本 t 检验

成对样本检验							
	成对差分				t	df	Sig.（双侧）
	差值	标准误	95%置信区间				
			下限	上限			
精确认可度—了解程度	3.622	2.305 4	1.850 07	5.394 38	4.713	8	0.002**

（二）生化指标

生化指标选取运动医学领域常用的血乳酸、血红蛋白、血睾酮等指标。

由图 6－7 可知，教练员对生化指标识别运动性疲劳的精确认可度最高的是血乳酸，其次是血睾酮，精确认可度最低的是血氨，其次是皮质醇。对生化指标判断运动性疲劳的了解程度最高的是血乳酸，其次是血红蛋白、尿蛋白；了解程度最低的指标是血氨，其次是皮质醇。

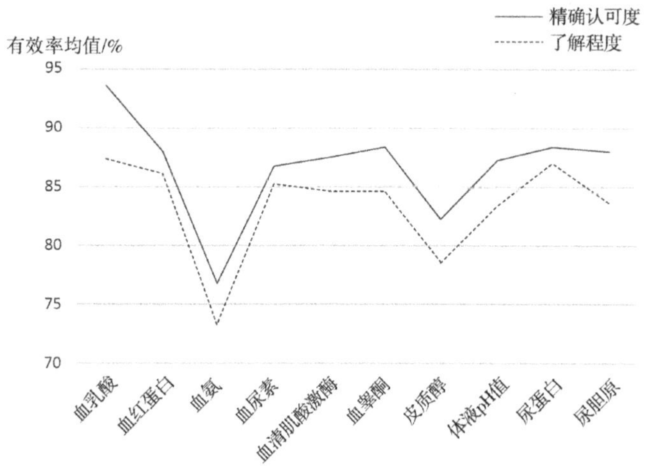

图 6－7 生化指标判断疲劳的精确认可度和了解程度的对比分析

由表 6－9 可知，将运用“生化指标”判断运动性疲劳的精确认可度和了解程度进行配对样本 t 检验，$P=0.002$，$P<0.01$。因此，就本次调查来看，教练员运用“生化指标”判断运动性疲劳的统计结果，具有显著的统计学差异。

表 6－9 生化指标判断疲劳的精确认可度和了解程度的配对样本 t 检验

成对样本检验							
	成对差分				t	df	Sig.（双侧）
	差值	标准误	95%置信区间				
			下限	上限			
精确认可度—了解程度	2.660 00	1.983 29	1.241 24	4.078 76	4.241	9	0.002**

（三）心理指标

心理指标筛选了教练员常用的测量手段以及心理学测量时用到的方法，如反应力、注意力、思维、情绪、精神等。

由图 6－8 可知，教练员对心理指标判断运动员运动性疲劳的精确认可度最高的是精神恍惚，其次是注意涣散、反应迟钝和动作迟缓；认可度最低的是沮丧，其次是闪光融合频率。对心理指标的了解程度最高的是注意涣散，其次是情绪烦躁；了解程度最低的是闪光融合频率和两点域。

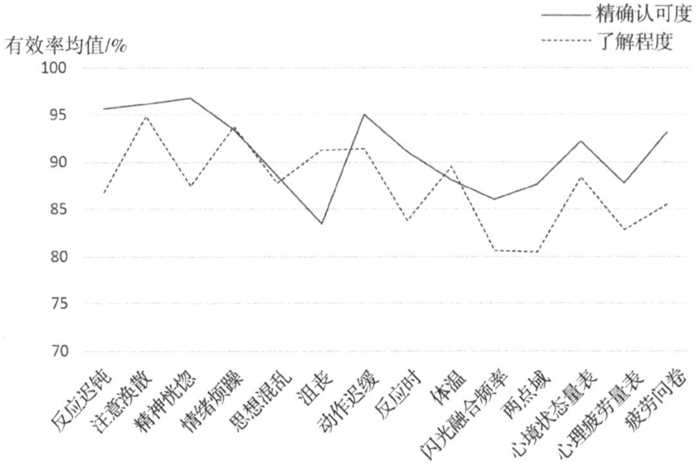

图 6－8　心理指标判断疲劳的精确认可度和了解程度的对比分析

由表 6－10 可知，对运用“心理指标”判断运动性疲劳的精确认可度和了解程度进行配对样本 t 检验，得出 $P=0.014$，$P<0.05$。因此，就本调查来看，教练员运用“心理指标”判断运动性疲劳的统计结果具有统计学差异。

表 6－10　心理指标判断疲劳的精确认可度和了解程度的配对样本 t 检验

成对样本检验							
	成对差分				t	df	Sig.（双侧）
	差值	标准误	95%置信区间				
			下限	上限			
精确认可度—了解程度	3.602 86	4.762 38	0.853 14	6.352 57	2.831	13	0.014*

综上所述，具体见表 6－11，不论是经验判断还是数据判断运动性疲劳，两者均具有统计学意义上的差异。即不论是使用经验判断运动性疲劳还是使用数据指标判断运动性疲劳，都存在判断误差，而这种误差就会成为一类风险因素，导致运动员因此遭受运动损伤、运动性疲劳等风险。

表 6－11　经验类和数据类判断运动性疲劳的显著性状态一览表

所测问题	数据分析结果（sig）	比较 P 值
语言交流	0.015	$P<0.05$*
观察	0.485	$P>0.05$
对训练主体因素的掌控	0.001	$P<0.01$**

续表

所测问题	数据分析结果（sig）	比较 P 值
对运动员训练整体与个体情况的掌握	0.650	$P>0.05$
对训练的场地气候因素的掌握	0.287	$P>0.05$
生理	0.002	$P<0.01$ **
生化	0.002	$P<0.01$ **
心理	0.014	$P<0.01$ **

注：* 表示 $P<0.05$，具有统计学差异；* * 表示 $P<0.01$，具有显著性统计学差异；* * * 表示 $P<0.001$，具有极显著的统计学差异。

第二节 识别疲劳的经验类判断方法和数据类判断方法的分析

一、教练员疲劳判断与运动员疲劳自判的对比

训练前只有编码为 17、19、28 的运动员感到中度的运动疲劳，教练员对这 3 位运动员的判断也是处于中度疲劳状态。后经调查，这 3 位运动员为重点培育对象，在训练前一天进行了一场为时 60 分钟的专项（5 000m）素质练习，因此机体处于中度疲劳状态。其余运动员不具有疲劳自觉状态，教练员对其的判断也是不具有疲劳状态。

表 6－12 是训练后筛选出来的运动员疲劳自判状态，以及教练员在训练后对每名运动员的运动性疲劳状态判断。

表 6－12　运动员及教练员的疲劳判断对比

编码	教练员疲劳判断	运动员疲劳自判	判断方法
8	不疲劳	厌训、心理疲劳	经验、POMS 量表
17	大腿肌群中度疲劳	大腿前侧肌群中度疲劳	经验、生理生化
19	大腿肌群中度疲劳	大腿前侧和后侧肌群中度疲劳	经验、生理生化
22	不疲劳	恶心、心理疲劳	经验、心理测量数据
25	大腿肌群中度疲劳	大腿及小腿肌肉中度疲劳	经验、生理生化
28	中度疲劳	呕吐、腹部不适（经期反应）	经验
35	中度疲劳	呼吸急促、脸色苍白（贫血、低血糖）	经验、生理生化
46	轻微疲劳	膝关节不适（伤病）	经验
61	轻微疲劳	小腿肌肉抽搐、僵硬（无疲劳感）	经验

由表 6－12 可知，编码后运动员的疲劳自觉状态与教练员运用生理生化指标及经验判断出来的疲劳状态具有一定的差异。经调查，教练员判断所用的方法如表 6－13 所示，因此，就表 6－12 列出的判断误差，我们通过经验类判断方法和数据类判断方法的对比分析，寻求经验类判断和数据类判断之间的关系理路。

表 6－13　实验中教练员判断运动性疲劳所用的方法

编号	经验	生理	生化	心理
8	语言交流、观察	—	—	行为观察、POMS 量表
17	负荷、速度	肌肉硬度、肌力	血乳酸	—
19	训练内容、耐力	肌力	血乳酸	—
22	观察、语言交流	心率	—	行为观察、疲劳量表
25	训练时间、力量、耐力	肌肉硬度、肌力	血乳酸	—
28	观察（呕吐）	心率、血压	—	—
35	呼吸、脸色	血压、呼吸频率	血氧、血糖、血红蛋白	—
46	负荷、损伤	肌力	—	—
61	观察、营养	肌肉硬度、肌围	微量元素	—

二、语言交流的分析

以 8 号和 22 号运动员为例，运动员疲劳自判：厌训、恶心、心理疲劳；教练员判断结果：不疲劳。教练员判断的经验方法为语言交流和观察，但是在调查中教练员认为的语言交流重要程度与教练员对交流内容的了解程度，有着较为显著的统计学差异；虽然教练员认为的观察法重要程度与了解程度不具有显著性差异，但是两者之间仍有部分指标之间存在差异。

如表 6－14 所示，教练员与运动员就同一问题的沟通认知也存在较大差异，有关训练频率和强度以及训前疲劳程度告知是具有极显著性差异的，而强度和量又是运动训练的主题，教练员对此问题不能有效地沟通和交流，就会成为隐形的风险因素，不仅影响训练进程和比赛结果，还会影响运动员与教练员之间的信任和关系。

表 6－14　运动员和教练员就同一问题回答的差异性分析

所测问题	数据分析结果（sig）	比较 P 值
超过最大心率 80% 的训练频率	0.000	$P<0.01$**
运动员能否适应训练强度	0.000	$P<0.01$**
训练前疲劳程度告知频率	0.003	$P<0.01$**
产生训练疲劳的原因	0.02	$P<0.05$**
训练前疲劳感受程度	0.044	$P<0.05$**

注：＊表示 $P<0.05$，具有统计学差异；＊＊表示 $P<0.01$，具有显著性统计学差异；＊＊＊表示 $P<0.001$，具有极显著的统计学差异。

不论是判断运动性疲劳还是进行运动训练，教练员的沟通经验也被证明是运动员在不同情况下成功的主要原因之一[1]。语言交流不准确，导致判断失误，考虑与以下 3 类因素有关：①运动员的疲劳信息编码；②疲劳信息传递渠道；③教练员的反应和行动。因此，因语言交流的不通畅出现判断误差，需从这三个关键点找原因，这三者之间的关系图谱如图 6－9 所示。

首先，青少年运动员将对从教练员或训练中得到的信息进行编码。但是因为青少年运动员心智发育不及成年人成熟，存在语言组织能力弱、词汇错用、词不达意的现象[2]，加之语言表达方式因人而异，表达能力又千差万别，所以就在交流的根源位置形成屏障，造成表达能力不佳、疲劳信息传送不全。

其次，判断误差与青少年的性格特征有一定的关系。瑞士人格心理学家荣格依据心理倾向，将人格划分为内向、外向两种类型。内向型的青少年运动员不善于将疲劳信息如实地传递给教练员，出现语言交流困难。对此应拓宽沟通交流途径，增加书面交流或电子书面交流，这有助于挖掘敏感型运动员的疲劳信息。

最后，判断误差与教练员的反应和行动有关。教练员沟通经验具有一定的局限性，对部分疲劳信息的过滤，影响教练员的判断效果和行动信息的传达。教练员的沟通经验取决于以下四个方面：教练员的训练等级、文化水平、执教时间的长短、专业程度。并且与这四个方面成正相关关系。

---

〔1〕 MOEN F, GARLAND K. Subjective beliefs among sport coaches about communication during practice [C]. Scandinavian Sport Studies Form 2012, 3: 121－142.

〔2〕 郑睿. 小学语文教师在写作教学中应对网络语言冲击的研究 [D]. 武汉：华中师范大学，2013.

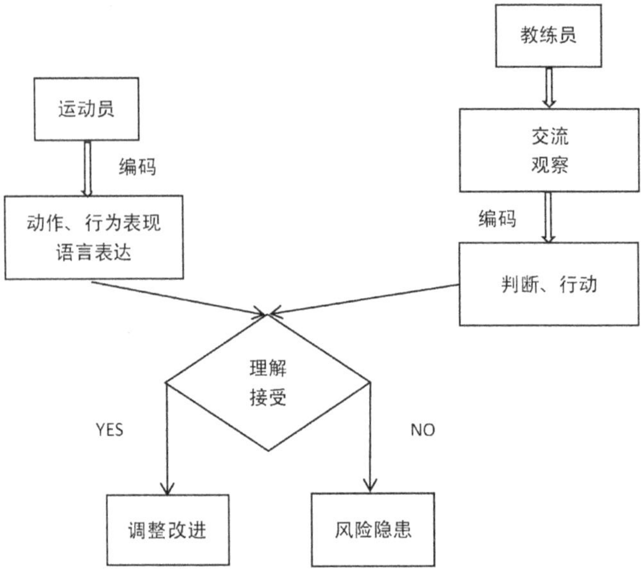

图6－9　语言交流处理逻辑图

因此，在语言交流的时候，教练员应把握住以上3个关键点，转换角色于青少年，利用青少年的思想、视角审视疲劳信息的编码、传达、接受、了解，提高判断效率，降低判断失误率。

三、观察法的分析

对于编号为8、22、28、61的运动员，教练员使用观察法判断其疲劳状态为：不疲劳、中度疲劳、轻微疲劳。运动员的疲劳自判为：心理疲劳、经期反应、不疲劳。

观察法是在自然条件下，直接观察个体的外在行为表现、言谈和行动，从而了解其心理特征的方法。观察法因观察的目的、内容和手段不同，一般分为大概的和重点的、直接的和间接的、长期的和定期的等几种观察[1]。

首先，观察可能受到主观因素影响，难以做到完全客观的评判。使用观察法时研究者处于被动地位，往往只能等待行为的发生，因而难以观察到所需的研究行为。如心理疲劳，最初仅仅通过身体上的症状表现出来，所以不容易被发现和重视，直

〔1〕 时蓉华. 社会心理学词典［M］. 成都：四川人民出版社，1988.

到达到一定的严重程度时，心血管、呼吸、胃肠和内分泌系统都会产生紊乱，最终导致多种身心疾病[1]。例如，在测验中，教练员依据运动员的恶心、呕吐状态判断是训练负荷过大，并没有得到心理疲劳的结论。其次，测验中运动员出现了厌训状态。在心理学中，厌训是心理疲劳的一种表现形态，而许多研究表明心理疲劳是运动员厌训情况产生的根源[2]，也是其他心理疲劳表现形态的根源。但是厌训症状具有两面性，它有可能是运动员心理或生理疲劳的一种直观表达，也有可能是运动员为逃避训练做出的“保护性”动作，造成“假象疲劳”。

其次，观察法受限于观察者的经验和学识，观察的目的、态度，同时收集资料颇费时间。例如，编号为28的女运动员，其表现出呕吐和腹部的不适感，教练员判断其为中度疲劳。然而事实情况是该运动员正处于经期，女运动员羞于表达，坚持训练，所表现出来的为经期状态。有的女性患有痛经，女运动员中存在由运动强度大或由运动导致的运动性痛经、闭经、月经不调等症状。据调查，女运动员月经失调呈现项目特异性，且比例高于普通女性人群[3]。而呕吐则是运动员机体疲劳的一种正常的生理反应。而教练员只判断出运动员的疲劳，却没有判断出其处在生理期，或许是教练员的关注点只在运动性疲劳上。

最后，观察和记录的手段会影响观察结果的精确度。一般教练员在训练中的观察就是简单的“发现问题→解决问题”的思想回路，而“发现问题→解决问题→反思问题→发现问题”的回路才能将观察的精确度进一步提高，如图6－10所示。

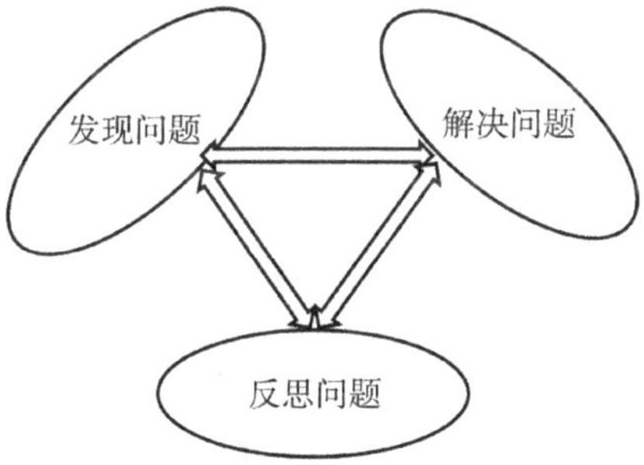

图6－10 观察法的思想回路

---

〔1〕 江一飞. 六年级小学生心理疲劳的现状及对策［D］. 上海：上海师范大学，2012.

〔2〕 杨增威. 广东省男排后备梯队建设现状与对策研究［D］. 广州：广州体育学院，2017.

〔3〕 DUSEK T. Influence of high intensity training onmenstrual cycle disorders in athletes［J］. Croatmed J, 2001, 42（1）：79－82.

教练员观察时的记录手段受训练条件的影响，多为大脑的瞬时记忆，而艾斯浩宾的遗忘记忆曲线告诉我们，遗忘的规律是先快后慢、先多后少，因而瞬时记忆是最容易忘记的，所以观察法的记录手段要变化，便于后期的记忆观察。因此，观察法受制于这 3 个方面的因素，所形成的结构与风险关系可用图 6－11 表示。

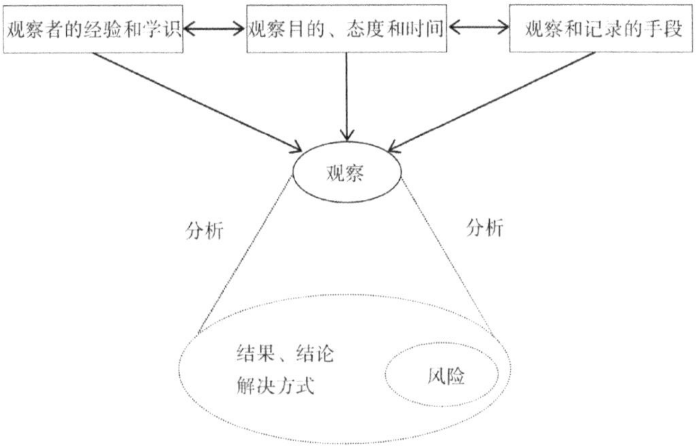

图 6－11　观察法处理逻辑图

四、训练因素的分析

在训练中，判断运动员疲劳状态的因素应当是运动负荷、训练时间、训练内容、饮食营养、休息睡眠以及运动员的心理情绪这六个方面。以编号为 17、19、25、61 的运动员为例，运动员疲劳自判为大腿前侧、后侧和小腿肌肉的疲劳，教练员的判断仅指出了疲劳的程度，没有说明具体的疲劳部位，存在疲劳状态判断不准确和部位判断不准确的状况。

首先，对于疲劳状态判断不准确，首先应考虑是负荷判断不准确。运动员竞技能力的改善与提高都得益于运动负荷，但是运动负荷有着双向效应，即适应与裂变[1]，尤其是当前青少年运动员训练的早期专项化，会把成人训练的方法和模式转化成青少年运动员的训练模式，强调高负荷、大强度的训练，以提高其身体各方面的素质和专项素质。然而青少年运动员结缔组织的生长速度落后于肌肉和力量的

〔1〕 田麦久，林大庆. 运动训练学［M］. 北京：人民体育出版社，2012.

增长[1]，机体极易疲劳，若对此不能有非常准确的判断，定会因负荷过大造成运动损伤，因此判断出运动员的运动负荷临界值，对于减少由运动负荷过大引起的运动疲劳具有非常重要的研究价值。测验中，教练员也确实存在对运动负荷的科学知识不了解的状况，造成此次判断不准确。科学知识是判断运动负荷的一部分知识，经验知识也是判断运动负荷的另一部分重要知识，然而由于运动员的个体差异，教练员自身经验知识有限，运动员和教练员的沟通障碍等，导致对该临界值的判断存在误差，从而引起训练风险。用图 6－12 能更加简明地表达运动负荷、疲劳、经验、风险四者之间的关系。

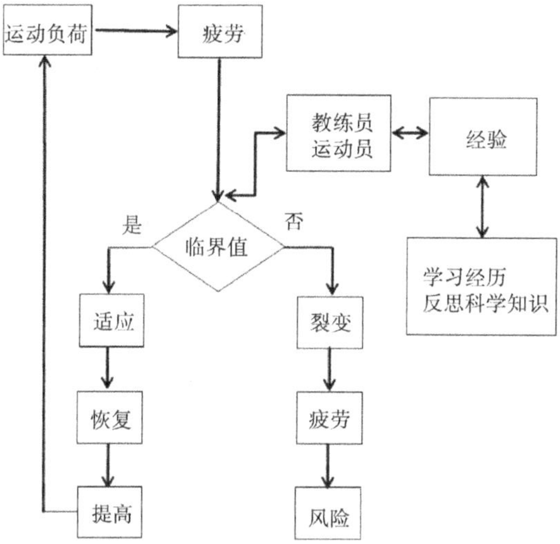

图 6－12　运动负荷、疲劳、经验、风险的关系图

其次，教练员对训练内容的判定缺乏量化的能力。伊苏林板块训练分期理论中将每一节训练课的训练内容进行了量化，训练课的内容和方式基本决定了整个小周期的训练方向和效果，而小周期的数量和出现的时间又决定了训练的疲劳程度和恢复效果[2]。因此，教练员对训练内容的选择和内容的量化，是影响疲劳效果和判断效果的另一个重要因素。

〔1〕 KRAEMER R, KNOBIOCH K. A Soccer－Specific Balance Training Program for Hamstring Muscle and Patellar and Achilles Tendon Injuries [J]. American Journal of Sportsmedicine, 2009, 37 (7): 1384－1393.

〔2〕 陈小平. 运动训练长期计划模式的发展：从经典训练分期理论到“板块”训练分期理论 [J]. 体育科学, 2016, 36 (2): 3－13.

再次，疲劳的具体部位定位不准确，不排除教练员对人体肌肉的构造不熟悉，导致其对训练内容所调动和锻炼的肌肉部位判断失误。因为人体大腿部位肌肉的生理构造按方位分为前群、后群、内侧群的10块肌肉，按深度分为浅层肌肉、深层肌肉，按大小分为大肌群、小肌群，在运动医学领域通常是通过超声结合运动生物力学来定量分析运动员的疲劳部位和疲劳程度[1]。

最后，营养和微量元素知识的欠缺，造成疲劳判定不准确。运动员出现抽筋症状，并没有疲劳感觉，因此，可以考虑是营养方面的原因。例如，镁元素、维生素D、B族维生素缺乏也是抽筋常见原因；又如，出汗过多导致的体液流失致使电解质失衡、肢体受寒等[2]。

五、运动员整体与个体情况的掌控分析

编号28、35、46的运动员，出现呕吐、腹部不适，呼吸急促、脸色苍白，膝关节不适（伤病），教练员通过个体与整体的对比分析，得出运动员的疲劳状态分别为中度疲劳、中度疲劳、轻微疲劳。

编号28的运动员的状况区别于所有运动员的疲劳，属于生理期状态。编号35的运动员出现呼吸急促、脸色苍白的症状，教练员通过呼吸和脸色判断运动员处于中度疲劳。但是从运动员生化指标的分析来看，血糖和血红蛋白低于正常值，具体分析请参考本节第八部分关于编号35的运动员的阐述。至于没有准确地判断出运动员低血糖和贫血，是因为：①教练员惯用呼吸频率和脸色判断运动员的疲劳状态，这是教练员识别疲劳经验的惯性使然。②对疲劳与浅呼吸和深呼吸的关系没有准确把握，一般来说机体在疲劳时浅呼吸和呼吸频率会增加。③脸色发白是疲劳的一种表现，也是运动员贫血的一种表现。对于编号46的运动员，教练员通过该运动员区别于其他运动员的症状表现，仅判断其是中度疲劳，没有判断出其膝关节部位的伤病。后经过追踪调查，发现该运动员患有慢性膝关节滑膜炎，其表现症状即为疼痛、肿胀。原因可能有：①该膝关节部位的伤病属于慢性损伤，发病慢，没有引起足够的重视。②青少年时期身体生长速度快，会造成膝关节部位酸疼，容易引起误

---

[1] ZHENG YP, MAK AFT. An ultrasound indentation system for biomechanical properties assessment of soft tissues in-vivo [J]. Ieee Transactions On Biomedicalengineering, 1996 (43): 912-918.

[2] 曹建春. 腿抽筋不全是因为缺钙 [J]. 中老年保健, 2012 (11): 52.

判。③髌股关节不稳定，其是引起青少年膝关节疼痛不适的重要原因，以女性多见，特别是 10～17 岁女性髌骨不稳定的发生率较高[1]。

在识别运动性疲劳方面，教练员能迅速识别出来的是运动员的共性表现，然而风险的发生，不决定于能否识别出运动员的整体状态表现，而是决定于能否识别出个别特殊运动员的状态表现，教练员一旦出现这种“短板效应”，如图 6－13 所示，就容易出现判断误差。因此教练员在识别运动性疲劳的时候，一定要兼顾个别运动员的特殊疲劳表现，降低由疲劳识别不精确造成的风险。

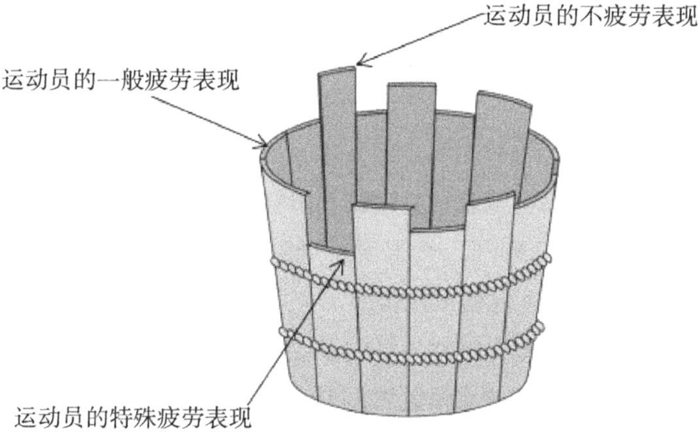

图 6－13　运动性疲劳识别的短板效应

六、场地气候因素的分析

有研究调查发现，约有 9% 的足球运动员，曾经因为温度、湿度、光线、场地、器材等导致了损伤[2]。然而在实验调查中，没有教练员将场地气候因素作为导致运动性疲劳的因素，但是在问卷调查中场地气候因素对判断运动性疲劳具有一定的认可度，尤其是在运动项目之间，其认同差异更显著。（图 6－14）

[1] FITHIAN D C, PAXTON E W, STONEM L, et al. Epidemiology and natural history of acute patellar dislocation [J]. Am J Sportsmed, 2004, 32 (5): 14－21.

[2] 孙政. 高校大学生足球运动损伤的调查研究 [J]. 泰山医学院学报, 2009, 30 (3): 211－212.

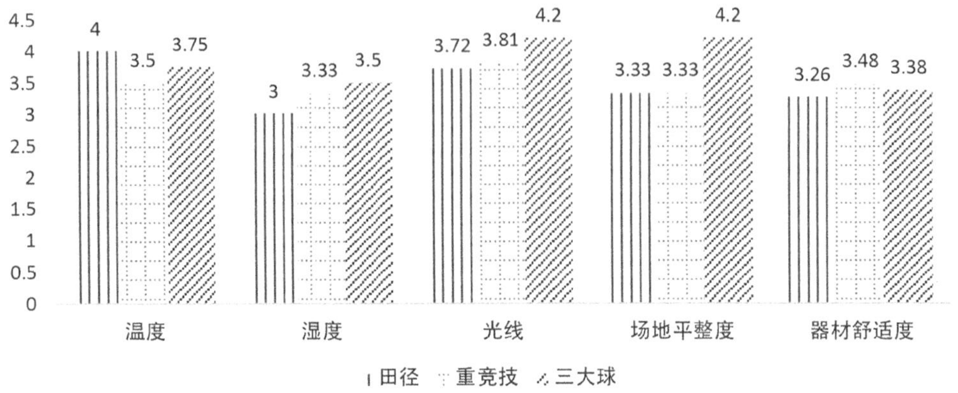

图 6－14　运动项目对场地气候因素的需求

由图 6－14 可知，田径项目对温度的要求比较高。曾任国家田径管理中心副主任、中国田径队总教练的冯树勇表示，短跑和田赛项目最适宜温度是 25℃至 30℃，这种温度对运动员充分热身有利，长跑项目对温度要求则更低一些，湿度也低一些[1]，而温度过高则会加速运动员机体疲劳。三大球尤其是足球项目，对湿度的要求比较高，如果足球场地湿度过高，场地和足球表面的摩擦力就会减弱，运动员就会特别注意脚上的发力和击球点位置的调整，从而加速运动员场上疲劳。对于光线因素，篮球、排球对光线的要求没有足球高，这也许与足球露天场地与篮球、排球室内场馆的原因有关。对于场地平整度足球表现出较高的需求，这与项目之间的差别有直接的关系，不平整的场地会使运动员在训练中分心，容易导致摔伤、扭伤，加速运动员的机体疲劳。在器材舒适度方面，三者没有很大的差异。

七、生理指标的对比分析

以编号为 17、25、61 的运动员为例，运动员疲劳自判为：大腿前侧肌群中度疲劳；大腿及小腿肌肉中度疲劳；小腿肌肉抽搐、僵硬（无疲劳感）。教练员的判断则是大腿肌群中度疲劳；大腿肌群中度疲劳；轻微疲劳。这显然存在疲劳部位判断失误及疲劳种类判断失误。生理类的判断方法有：肌肉硬度、肌力测试等。下面我们分析一下这几种判断方法存在的问题。

---

〔1〕 段昊书. 破解田径比赛的“气象密码”[N]. 中国气象报，2015－08－28（4）.

有关肌肉硬度：编号为 17、25 的运动员，教练员通过肌肉硬度判断人体疲劳具有一定的依据，即人体骨骼肌疲劳时肌纤维的收缩和放松能力均下降，肌肉硬度增加[1]，所以会有通过肌肉硬度判断疲劳的方法存在。但是，人体肌肉结构的复杂性致使教练员只能大致地判断出疲劳部位，若要再进行精确定位，就需要借助精密仪器了，而调查中的学校，乃至全国普通中学多不具备这种精密仪器，因此会出现判断失误的情况。编号 61 的运动员表现为抽搐、小腿肌肉僵硬，但运动员并无疲劳感，教练员是通过肌肉硬度断定运动员属于轻度疲劳的。肌肉在疲劳时，除了硬度增加之外，相应肌纤维的直径也增加，即肌围增加。因此，训练中教练员用软尺粗略地量取了运动员的下肢肌围，做出了轻微疲劳的判断。其实下肢肌肉围度的变化不仅和疲劳程度有关，也跟运动员长时间站立导致的血液重力性下沉有关，因此这两种可能性的存在导致判断误差。

有关肌力的测试：编号为 17、19、25、46 的运动员，实验中的肌力测试仪是几组简单的对比测试，如爆发力测试、握力测试。腿部的爆发力测试相比专业的肌力测试仪，其测量结果的准确性大大降低，而握力测试适用于上肢，这几个编号的运动员却属于腿部的疲劳，因此教练员选择了错误的测量方法，致使测量不准确。故肌力的判断既考验教练员的训练学知识积累及量化的专业素养，又考验教练员量化及判断的经验丰富程度和准确程度，显然此次调研中的教练员在这方面仍有欠缺。

有关心率、血压、呼吸频率的测试：编号 22、28、35 的运动员出现呕吐、腹部不适，呼吸急促、脸色苍白。教练员通过生理指标心率、血压、呼吸频率，判断运动员的疲劳状态分别为中度疲劳、中度疲劳、轻微疲劳。

首先，最常用的最大心率测算公式有待改进。最大心率是教练员判断运动负荷和强度的主要依据，调查中所有的教练员把心率作为判断运动员疲劳的主要指标，其测算标准是：最大心率 = 220 - 年龄。这种测算虽具有普遍性，适用于成年运动员，但不适用于青少年运动员，国内学者惯用 HRmax = 220 - 年龄，而 META 分析表明，公式 HRmax = 208 - 0.7 × 年龄的准确性优于传统公式[2]。但也有研究认为，

[1] 李培畅. 肌肉疲劳进程中的超声信号衰减特性研究［D］. 西安：陕西师范大学，2015.

[2] PEDERSEN PV, KJOLLERM , et al. Readiness to change level of physical activity in leisure time among Physically in active Danish adults. ［J］. Scand J Public Health, 2009, 37 (8): 785 - 92.

随着青春期的不断提前，青少年的心率还会有逐渐下降的趋势[1]，因此这种心率测算是渐变的，且具有运动员的个体差异性。但是放眼国内外，尚无青少年最大心率的计算公式。

其次，心率测量没有覆盖训练全过程。在调查中约有 87.49% 的教练员会在运动后即刻测量。若想获得可靠性高的心率信息，必须将心率信息全覆盖，即青少年运动员的年龄、最大心率、安静心率、储备心率，以及心率负荷带[2]。例如，在基础心率正常的情况下，进行一次大运动负荷后，经过一夜的休息后的基础心率，若较正常状态下的心率增加 5 ~ 10 次/分以上，可认为有疲劳积累。运动员训练前后的心率有着极为显著的差异，而次日晨心率与运动前心率却无显著性差异（表 6 – 15），因此可认为运动员无疲劳积累，教练员的判断失误。

表 6 – 15　部分生理指标在运动前后及次日晨的变化　　$n=87$

指标	训练前 $(\bar{x}+s)$	训练后 $(\bar{x}+s)$	次日晨 $(\bar{x}+s)$	Sig（运动前后）	Sig（运动前与次日晨）
心率/（次/分）	77.16 ± 23.84	121.63	80 ± 19.12	0.000 **	0.854
SBP/mmHg	122.84 ± 18.16	122.68	120.44 ± 15.34	0.951	0.841
DBP/mmHg	73.26 ± 18.26	70.11	75.56 ± 14.30	0.255	0.345
呼吸频率/（次/分）	19.16 ± 24.84	26.32	18.26 ± 15.64	0.007 **	0.562

再次，青少年运动员的年龄、性别因素，会对通过血压判断运动疲劳造成一定影响。青少年的血压异于成年人，进入青春期的青少年心脏发育速度较快，而血管的直径和弹性及密度的发育比较慢，同时由于甲状腺、性腺等分泌旺盛，血压较青春期之前有较为明显的升高，称为“青春期高血压”[3]。这种现象还具有明显的性别特征，即在 13 岁之前，男生、女生的收缩压较为一致且稳定，13 岁之后女生收缩压则有所下降，男生收缩压反而提升，在 15 ~ 16 岁时差异性更为显著，男生收缩压显著高于女生[4]。

最后，血压也存在个体差异性。如表 6 – 15 所示，运动员的血压在训练前后和

〔1〕 高宇. 某中学少年体格发育与心肺耐力发展的研究 [D]. 北京：北京体育大学，2013.

〔2〕 于睿. 青少年速滑运动员有氧耐力训练的心率负荷模式 [J]. 冰雪运动，2013，35 (1)：4 – 8.

〔3〕 邓树勋，王健，乔德才，等. 运动生理学 [M]. 北京：高等教育出版社，2015.

〔4〕 梁健，刘振伟，郝选明. 广东省中小学生身体发育和体质健康的基本特征 [J]. 体育学刊，2017，24 (4)：111 – 115.

训练前与次日晨之间没有显著性差异。实验后数据分析如图 6－15 所示，发现运动员血压之间存在较大的个体差异。故据此实验可以认为单一地凭借血压判断运动疲劳不可行。

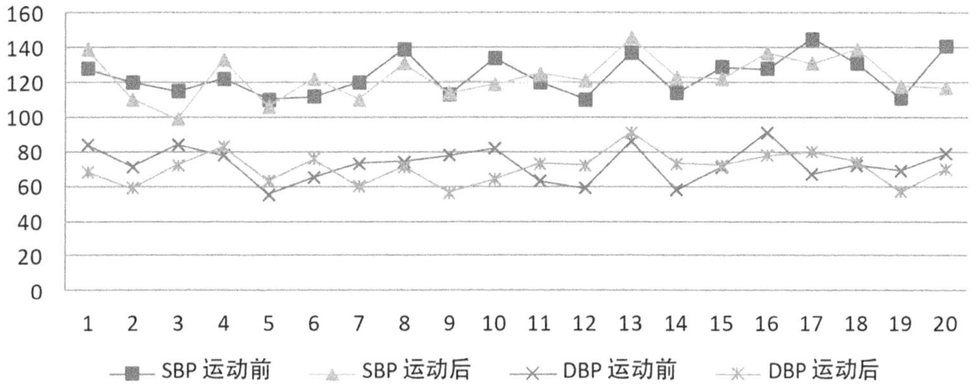

图 6－15 运动前后的血压变化对比

呼吸频率判断运动性疲劳应注意区分呼吸的深浅。在疲劳状态下机体状态表现为呼吸频率高的浅呼吸。浅呼吸时氧气游离于呼吸道，少量氧气进入肺泡，这样会使血液中的氧气浓度难以满足运动中机体对氧气的需求，机体在浅呼吸缺氧状态下，更容易疲劳。反之，深呼吸就会减少运动开始时产生的氧亏，减小无氧供能的比例，可以延缓疲劳的出现[1]，运动员在训练前后的呼吸频率有着显著的统计学差异，是因为测量时间是在运动后即刻，此刻运动员正处于浅呼吸阶段，所以会造成运动后的疲劳误判，如对比训练前与次日晨的呼吸频率，就不存在显著的统计学差异，见表 6－15。

八、生化指标的对比分析

对编号为 17、19、25 的运动员运用血乳酸判断运动性疲劳。血乳酸是判断运动性疲劳的常用指标之一，血乳酸含量的变化可以反映运动性疲劳的产生或消除速度。受性别、运动项目、肌纤维类型、温度环境影响，血乳酸阈值又具有很大的个体差

〔1〕 Burnleym , Jones Am . Oxygen uptake kinetics as a determin ant of sports performance [J]. Eer J Sport Sci, 2007, 7 (2): 63－79.

异。男子个体乳酸阈高于女子[1]；长跑等耐力项目相比短跑项目有较高的乳酸阈，因此慢肌纤维百分比高的人其乳酸阈也高；研究表明，在25℃常温下和40℃高温条件下同时进行渐增负荷运动，两者的乳酸阈有明显的差异[2]。表6-16中，运动前后血乳酸的浓度有着极为显著的统计学差异，而训练前与次日晨的浓度却没有显著的统计学差异。因此，可以认为利用血乳酸判断运动性疲劳适用于运动员个体的疲劳判断，若要运用于整体的判断需要结合其他生化指标。

表6-16　血氧饱和度和血乳酸的显著性差异分析　　$n=87$

指标	训练前 ($\bar{x}+s$)	训练后 ($\bar{x}+s$)	次日晨 ($\bar{x}+s$)	Sig（运动前后）	Sig（运动前与次日晨）
血氧饱和度/%	95.95±5.95	94.368	96.87±2.32	0.184	0.215
血乳酸/（$mmol \cdot L^{-1}$）	3.537	17.926	2.3±2.1	0.000**	0.864

编号为35的运动员只是低血糖和贫血（对应本节第五部分的分析）。教练员通过血氧饱和度、血红蛋白、血糖判断其为中度疲劳。

首先，血氧饱和度是血液中血氧的浓度，它是呼吸循环的重要生理参数，血氧饱和度不仅受运动的影响，还受精神的影响。在精神紧张、抑郁、疲劳的时候，呼吸深度和呼吸频率就会相应地变浅和加快，进入肺泡和血液中的氧气就会减少，因此血氧饱和度就低。男女之间的血氧饱和度也有差距，有研究表明，肌肉疲劳引起血氧饱和度变化，且女性血氧饱和度不如男性敏感[3]。如果运动员贫血，血液中的血红蛋白含量低（女性<110g/L，男性<120g/L）就会使运动员的血氧饱和度降低，造成错误的判断。

其次，运动疲劳时运动皮层内的氧合血红蛋白浓度明显下降[4]。但有研究认为，不能因为一次的血红蛋白值低于正常值而确定运动性疲劳，要注重不同阶段血红蛋白的指标，进行纵向比较，即对运动员自身在不同阶段的血红蛋白的指标进行

[1] 沈艳梅. 浙江省优秀游泳运动员有氧耐力测试与应用［J］. 山东体育科技，2014，36（3）：61-65.

[2] 肖国强，石河利宽. 热脱水对高温及常温环境中渐增负荷运动时血乳酸浓度的影响［J］. 中国运动医学杂志，1998，17（1）：28-33.

[3] 陈思娜. 针刺壮筋穴配合McKenzie疗法对颈型颈椎病的干预研究［D］. 武汉：华中师范大学，2015.

[4] SHIBUYA K，TACHIM . Oxygenation in themotor cortex during exhaustive pinching exercise［J］. Respir Physiol Neurobiol，2006，153（3）：261-266.

比较和评判[1]。血红蛋白浓度也受其他因素的影响。例如，血红蛋白的浓度会受血清尿素氮的影响，血清尿素氮升高，血红蛋白含量下降，而血红蛋白的继续下降更易导致疲劳产生，反而使血清尿素氮上升，二者不断作用的结果是运动性疲劳综合征[2]。

最后，血糖是引起运动性疲劳和其他运动症状的能源物质之一。长时间运动，身体机能不仅摄取大量血糖，而且消耗大量肌糖原，当摄取速度大于肝糖原分解流入血的速度时，会造成低血糖，诱发疲劳产生[3]。同时，青少年因偏食或者因生长发育营养物质需求增加导致血糖偏低的现象也广泛存在。

九、心理学方法的分析

心理疲劳的诊断标准可分为以下两大类：量表测试和仪器测试。用量表检测疲劳是心理学常用的手段，本次实验中同样运用 POMS 量表检测运动员的心理疲劳状态。(表 6－17)

表 6－17　运动前后 POMS 量表的对比分析

项目	状态	均值	标准差	最大值	最小值	*P*
情绪扰乱总分（TMD）	训练前	103.11	17.25	144	74	0.926
	训练后	102.67	17.72	145	74	
紧张	训练前	2.44	3.58	13	0	0.01**
	训练后	5.11	3.64	13	0	
压抑	训练前	1.67	3.16	12	0	0.758
	训练后	1.94	2.80	10	0	
愤怒	训练前	1.67	2.97	10	0	0.571
	训练后	2.06	3.26	12	0	
精力	训练前	5.94	6.47	21	0	0.55
	训练后	6.61	5.59	21	1	

〔1〕于鹏. 中药五味子营养液对高校学生羽毛球训练后疲劳恢复的作用研究［J］. 吉林体育学院学报，2012，28（6）：99－101.

〔2〕张娜. 应用生化指标监控自行车运动员赛前状态的研究［J］. 辽宁体育科技，2012，34（5）：44－45.

〔3〕姚根兰，张娅萍，欧阳柳凤，等. 人参抗疲劳作用的研究进展［J］. 世界中西医结合杂志，2015，10（8）：1174－1177.

续表

项目	状态	均值	标准差	最大值	最小值	P
疲劳	训练前	4.44	4.64	15	0	0.624
	训练后	4.00	3.18	11	0	
慌乱	训练前	1.61	2.28	7	0	0.019*
	训练后	3.00	2.40	9	0	
自我	训练前	3.72	4.48	16	0	0.183
	训练后	4.56	3.55	12	0	

如表 6-17 所示，运动员在训练前后 POMS 量表的测验中，客观心理指标存在个体差异。国外有研究认为 POMS 量表能较好地监控运动员心理疲劳的情绪指标变化，测评运动员的躯体症状和行为症状、心境状态，防止心理疲劳的出现〔1〕。但是 Derman W 在肯定 POMS 量表的同时，也指出了其具有的弊端，即 POMS 量表缺乏准确度、特异度和灵敏度的报告〔2〕，它需要结合生理生化指标，以弥补这一缺陷。国内有研究认为，POMS 准确度偏低，不能有效预测，这是因为目前运动医学界判断心理疲劳并无所谓的金标准，其划分标准只是普遍意义上的划分〔3〕。其次，这一准确度还不排除运动员的性格特点、气质类型，以及运动后测量时间的影响。

本次实验仪器测试主要测量：臂腿动觉方位辨别、平衡力、注意力、深度知觉。本次测验中，如表 6-18 所示，运动员在训练前后，其深度知觉、凹槽平衡试验、九洞平衡试验结果就存在较大的差异，这就便于教练员识别运动员的疲劳状态。用仪器诊断仍然得依靠受试者的高度配合，否则，诊断结果依然会存在较高程度的失误和偏差〔4〕。至于如何让运动员配合疲劳检测，如何判断出运动员是否配合检测，将判断失误率降低，也是教练员的经验之一。

〔1〕 马骊，徐霞，洪晓彬. 运动性心理疲劳的研究现状［J］. 首都体育学院学报，2008（1）：58-62.

〔2〕 DERMAN W, SCHWELLNUSM P, LAMBERTM I, et al. The "worn-out atheletes": A clinical approach to chronic fatigue in atheletes［J］. Sports Sci, 1997, 15（2）: 341-351.

〔3〕 廖八根，罗兴. 心境状态量表监测运动疲劳的评价研究［J］. 北京体育大学学报. 2007，27（8）：1068-1069.

〔4〕 GOODGER K, GORELY T, LAVALLEE D, et al. Burnout in sport: A systematic review［J］. Sport Psychol, 2007, 21（2）: 127-151.

表 6－18 运动员训练前后仪器测量的结果分析

项目	状态	均值	标准差	最大值	最小值	P
深度知觉	训练前	2.67	2.06	8.4	0.48	0.007**
	训练后	1.71	1.46	5.58	0.33	
注意力	训练前	2.30	1.13	4.33	0	0.107
	训练后	1.82	1.12	4.33	0	
臂腿动觉（左臂）	训练前	4.25	2.17	9	1	0.473
	训练后	4.72	2.15	9	1.67	
臂腿动觉（右臂）	训练前	5.38	3.33	14	1.33	0.115
	训练后	6.32	2.51	15	3	
凹槽平衡试验完成时间	训练前	5.01	2.77	10.12	1.14	0.001***
	训练后	3.19	1.39	6.44	1.45	
凹槽平衡试验出错次数	训练前	1.18	0.68	2.33	0	0.001***
	训练后	1.63	0.72	3.67	0.67	
九洞平衡试验完成时间	训练前	11.82	10.53	40.96	3.85	0.033*
	训练后	8.10	5.05	20.06	4.29	
九洞平衡试验出错次数	训练前	10.17	3.11	14.67	4	0.853
	训练后	10.25	3.20	15.67	4	

运用行为观察也是教练员判断运动员心理疲劳常用的方法。运动员心理疲劳的时候会出现诸如动作缓慢、精神恍惚、思维混乱、注意力涣散、反应迟钝、烦躁、沮丧等现象。但这些辨别指标只是心理活动的表面现象，这种判断方法类似于经验判断中的观察法，故也存在类似弊端。

因此，在青少年运动员运动性疲劳的心理学测量方法中，不论是运用量表判断，还是运用仪器测量，其结果只具有普遍的代表性，不具有全面覆盖性。这是因为其结果深受运动员心理活动的影响，受运动员配合程度的影响，受教练员心理学专业知识的影响，受训练评价的影响。因此，教练员在判断运动员心理疲劳时，应对多种因素综合考虑，基于多维度，突破各维度之间的限制，协同判断。

第三节 影响运动性疲劳识别准确性的因素分析

一、科学素养水平

上一节对经验类识别方法和数据类识别方法的分析中，集中体现了一种影响运动性疲劳识别准确性的因素——教练员对该类科学知识的了解程度，这折射出教练员的科学素养水平是决定青少年运动员运动性疲劳识别准确性的关键因素。调查中，教练员的学历及执教水平如图 6－16 所示。

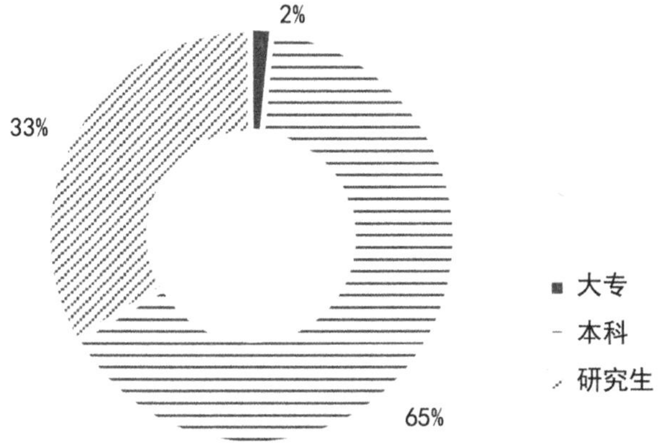

图 6－16　教练员文化水平分布图

由图 6－16 可知，65%的教练员是本科学历，33%是研究生学历，仅有 2%是大专学历。虽然学历不代表能力，但在科学知识和专业知识的学习积累方面，高学历者学习的知识深、难度高、学科多、综合性强，其判断问题解决问题的眼界和手段与学历低的人有相当大的差别。因此，文化水平越高，教练员识别疲劳的精确度相对越高。

二、执教等级

执教等级因素是第二个影响教练员疲劳识别准确性的因素。教练员在长期的执教过程中会遇到各种问题并发现新的问题，他们在解决问题和发现问题的过程中会积累种类丰富的经验和知识，有利于以后识别运动性疲劳，降低疲劳判断风险。

如图 6－17 所示，40%的教练员属于初级教练员水平，35%的教练员属于中级教练员水平，25%的教练员属于高级教练员水平。教练员的执教等级越高，说明教练员自身能力越高，带队训练的经验及相应科学知识的积累越丰富，此类教练员识别运动性疲劳的错误率会大大低于执教等级低的教练员。

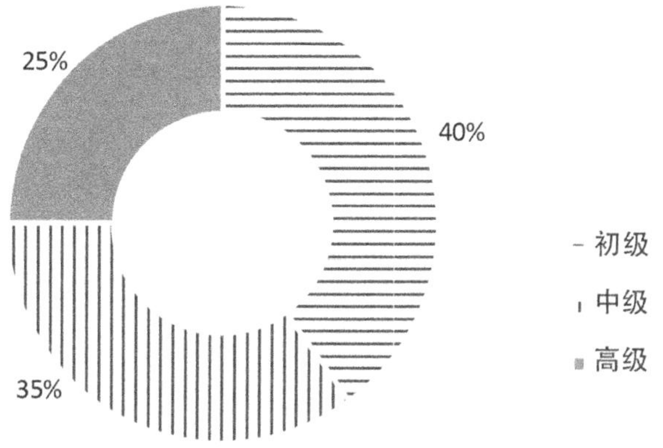

图6-17 教练员执教等级分布图

三、培训研习频率

教练员在运动员阶段或学生阶段所学到的知识，与教练员阶段的知识具有理论与实践上的差别。要将理论充分运用到实践中，使理论与实践充分融合，发挥应有效应，降低疲劳识别风险，不论是高层组织的教练员集中培训学习，还是训练学校、训练组自行组织的，培训研习至关重要。如图6-18所示，调查中约有50%的教练员每年参加培训研习的次数只有1~2次，约23.33%的教练员每年参加培训研习的次数有3~4次，约18.33%的教练员参加培训研习的次数在5~6次，只有8.33%的教练员在6次以上。

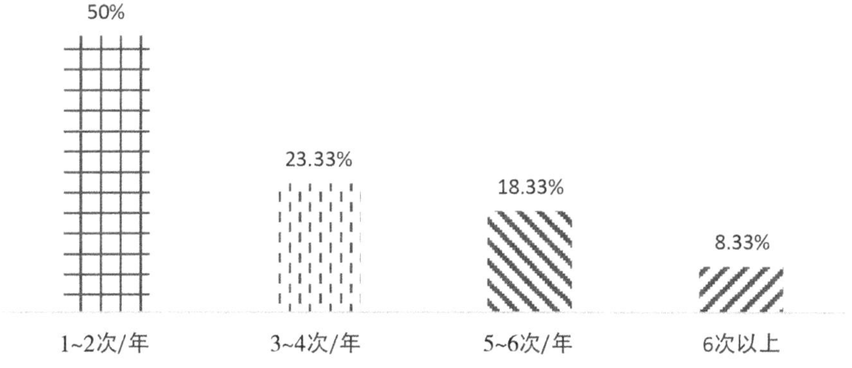

图6-18 教练员培训研习频率

教练员的知识与经验需要不断地补充更新，才能提升自身的执教经验与科学素养水平。培训与研习作为一种交流方法，可以在教练员之间形成知识与经验的分享、交流、总结、发现、体会，教练员可以从中学习到新的知识，发现训练过程中自身存在的不足和缺陷，以降低运动性疲劳识别的失误率，降低运动员运动性疲劳风险的发生。

第四节　竞技训练中经验与科学的关系及其模型

在现实训练中，经验和科学共同解决着“为什么练、练什么、怎么练”的问题，这源于经验和科学是相互联系的、不可分割的。同时，二者在本质上是有区别的。经验是指“人们在同客观事物直接接触的过程中，通过感觉器官获得的关于客观事物的现象和外部联系的认识，并在生产和生活的活动过程中经过累积、总结而获取的感性知识”。而科学正是基于这种感性认识，对经验进行检验，探索经验背后的本质，将人的感性认识上升为理性认识。由此来看，经验是科学的基础，科学是经验的升华，二者是辩证统一的、相互促进的。经验与科学之间相互、向上的转化关系表现了二者是有本质区别的，即经验是个体的、感性的、或然的和积累的，科学是普遍的、理性的、可证伪的和突变的。正是这些本质上的区别使经验与科学共同指导着包括训练在内的一切人类实践活动。

因此，无经验支撑的训练是不存在的，没有绝对科学的训练。教练员在指导训练活动的过程中，既要依靠自己丰富的经验，又要充分利用生理、生化、心理等科学指标，并以此作为参考。这样才能更准确地判断运动员的运动性疲劳状态，最大限度地降低竞技训练风险事件的发生。经验—科学—训练的关系模型如图6－19所示。

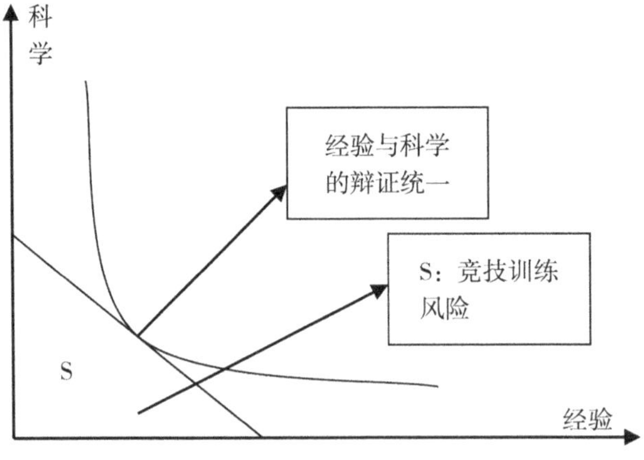

图6－19　经验—科学—训练的关系模型

模型的解释：①在竞技训练中，经验与科学的关系就像是一条反比例函数曲线，它的图像不可能与 x 轴相交，也不可能与 y 轴相交，也就是既不存在绝对科学化的训练，也不存在绝对经验化的训练。②曲线上某一点的切线与坐标轴所围成的面积代表竞技训练风险的大小。③科学必须与经验相结合，以实现竞技训练风险的最小化。脱离了科学指导的经验训练是充满风险的，对训练科学化的绝对追求便陷入了真正的经验主义之中。

第七章　支撑性风险维度

支撑性风险维度主要指竞技训练过程中支撑青少年运动员长期持续参与竞技活动的主客观因素及条件，主要包括青少年运动员自身的身体健康状态、心理状态、饮食习惯及环境因素。青少年运动员竞技训练风险的产生是一个极为复杂的过程，在竞技训练风险构成机制中，支撑性风险维度是最终导致风险事件的直接介质。作为影响青少年运动员竞技训练过程的重要因素，身体健康状态、心理状态是最直接但最易被忽略的风险因素。首先，合理的体育锻炼和科学的竞技训练能有效提高身体活动能力，提升运动水平，但当运动员机体存在轻度或隐性健康问题时，会直接诱发风险事件，如先天性心脏病导致的运动猝死、疲劳引起的运动性神经衰弱等。其次，心理状态也是影响运动员竞技行为的重要因素。有研究指出：大多数运动员在关键时刻的获胜都与其心理状态优势有关，与竞技水平相当的对手同场竞技时，心理差异对比赛结果的影响可达 50% 以上[1][2]。青少年运动员正处于心理成熟的关键期，心理状态相对不稳定，发生竞技训练风险事件的可能性更大。再次，青少年运动员因其身体发育和竞技训练特征，对饮食的要求也不同于普通青少年群体，但目前暴露出的饮食习惯差、营养不均衡等问题都是竞技风险事件成因。最后，保障青少年运动员参加竞技训练，环境因素也是至关重要的，如自然环境、社会人际环境、资源环境等都是支撑其训练的重要基础条件，但同时也伴随着竞技训练风险的产生。故而，本章以支撑青少年运动员参与竞技训练活动的因素和条件为立足点，从身体、心理、饮食及环境四大方面研究和探讨竞技训练风险产生的过程，厘清风险形成机制，为制定青少年运动员竞技训练风险应对策略提供依据，力求最大限度

〔1〕 娄虎，刘萍，金淑娇．我国优秀运动员心理坚韧性影响因素的质性研究［J］．体育科学，2014，34（8）：48－55，84.

〔2〕 REBECCA Y. Foundations of Sport and Exercise Psychology［M］. 3rd Edition. Foundations of sport and exercise psychology. Human Kinetics，2004：183.

降低风险事件发生率，甚至规避青少年运动员竞技训练风险事件。

第一节 青少年运动员身体健康状态因素

一、普通疾病与运动风险

在人类生存史上，疾病一直是人们试图克服的健康难题，随着社会发展和生活水平的提高，疾病的种类也越来越多，不同标准对疾病的分类各有不同[1]。综合疾病的类型和病发领域等因素，可将青少年中普遍存在的疾病分为 6 个群类：慢性疾病群，传染性疾病群，心理精神疾病群，脊柱障碍疾病群，失和、失德、失控等“六失”现象为主的“社会疾病群”，手机控、网络成瘾为主的“科技负效应疾病群”[2]。青少年运动员作为青少年群体中的特殊群体，不但具有普通青少年的身心发展特征，还担负了参加运动训练和运动竞赛的“运动员”使命，在普通疾病及其风险的表现上呈现出一定的特殊性。在研究过程中，课题组通过对西安市体育运动学校 20 名青少年运动员为期半年（2015 年 6—12 月）的跟踪性调查，分析了青少年运动员群体中的疾病状况及其训练风险。（表 7 - 1）

表 7 - 1 被调查运动员病例数量及持续训练结果

	呼吸道感染	普通感冒	发烧	肠胃痉挛	阑尾炎	贫血	近视	其他
病例数量	11	18	8	7	3	4	3	5
持续训练结果	病情加重	病情加重	停训治疗	停训治疗	停训治疗	病情加重	保持稳定	**

由表 7 - 1 可知，青少年运动员在日常训练过程中出现频次较高的疾病主要有呼吸道感染、普通感冒、发烧、肠胃痉挛、阑尾炎、贫血等，其中普通感冒和呼吸道感染的病例数量最高，达到了 18 例和 11 例。当青少年运动员身体出现肠胃痉挛、阑尾炎和发烧病症时，青少年运动员会在短时间内感到剧烈的疼痛从而停训；当青少年运动员出现呼吸道感染、感冒和贫血且继续坚持训练时，会使病情加重，造成

〔1〕 吴琴琴. 基于“疾病划分”模式的大病医保费率研究［D］. 上海：华东师范大学，2013.

〔2〕 万炳军，曾肖肖，史岩，等.“健康中国”视域下青少年体育使命及其研究维度的诠释［J］. 体育科学，2017，37（10）：3 - 12.

运动风险事件。

青少年运动员具有长期系统的运动训练经历，其身体健康素质和抵抗疾病的能力相对普通青少年而言具有特殊性。一方面，青少年运动员身体素质较好，平常状态下不易患病。但另一方面，因大强度的训练刺激，青少年运动员又存在严重的潜在疾病风险。青少年运动员面临普通疾病风险的机制可从以下两个方面分析：第一，虽然有研究表明适度运动可以改善情绪并增强免疫系统的功能[1]，但也有相关研究结论清晰显示：长期高强度和充满压力的运动可能导致情绪失调并抑制免疫系统[2]。此外，描述在急性大强度运动后人体免疫力在一段时期内都会处于较低水平、为病毒进入机体打开“窗口”的相关理论等均论证了青少年运动员面临普通疾病时存在更为严重的风险。第二，青少年运动员患普通疾病后死亡的现象也时有发生，如意大利著名自行车运动员潘塔尼在 2004 年猝死，根据后续报道，其死因与服用普通感冒药物有关[3]。运动员患感冒、发烧等普通疾病后服用药物，且在药物和后期训练刺激的双重作用下，是否会直接或间接导致运动员患一般疾病、癌症、死亡等情况的出现？目前医学界和相关研究均无定论，从而造成了青少年运动员在运动训练与竞技比赛过程中，出现了面临普通疾病时更加不确定的潜在风险。

综上，青少年运动员面临的普通疾病风险不仅具有因大负荷运动导致的免疫力、抵抗力降低的明确性特点，还具有因治疗普通疾病而滥用药物和大负荷运动双重刺激下导致的大病，甚至猝死的极端隐性特点。此外，运动员患普通疾病时持续训练会严重影响教练员对运动员疲劳状态的判断，引起各类风险事件的发生。

二、青少年运动员心脏风险的分析

心脏是人体最为重要的内脏器官之一，也是实现泵血功能的肌肉器官，是人体血液循环的动力装置。在生命活动中，心脏通过不断地收缩和舒张的交替活动，完成血液注入动脉和回流静脉，为机体活动提供能量。运动员的心脏功能是竞技成绩的决定性因素之一。然而，运动员在竞技训练过程中心脏系统的疾病检测与疲劳识

〔1〕 MACKINNON L T. Current challenges and future expectations in exercise immunology: back to the future [J]. medicine & Science in Sports & Exercise, 1994, 26 (2): 191.

〔2〕 ROWBOTTOM D G, GREEN K J. Acute exercise effects on the immune system [J]. medicine & Science in Sp orts & Exercise, 2000, 32 (7 Suppl): 396 -405.

〔3〕 体坛运动员的离奇死亡 [EB/OL]. (2017 -01 -20). http : //hb. qq. com/zt2012/teping11.

别一直是人们面临的难题。

近年来，国内外运动员猝死现象频发，根据各大媒体的报道，有相当比例的运动员猝死都与心脏问题有一定的关联。如喀麦隆男足队员维维安福，在2003联合会杯半决赛上，当比赛进行到72分钟时猝然摔倒在赛场中圈，经抢救无效死亡，死因与心脏有关[1]；被媒体和球迷冠以“小姚明”绰号的前辽宁男篮队员张佳迪，2012年5月7日因为心脏病突发抢救无效而死亡；2015年11月9日，年仅17岁的泳坛新星庆文怡在北京国家队宿舍中猝死；2007年，上海17岁的国家一级游泳运动员周彦淳因心肌炎在泳池中溺毙[2]。此外，因心脏问题在运动中或运动后发生严重身体病变甚至猝死的案例层出不穷，这也引起了国内外医学界对运动员心脏风险的关注。青少年运动员身体处于快速发育阶段，心脏功能的发育已趋于完善。但在此发育过程和阶段，心脏和身体需要承受较大强度的运动负荷刺激，这些刺激引发的青少年运动员心脏形态变化、心肌肥大、房室传导阻滞等均在一定程度上表现出了病理性意义，对青少年运动员的身体健康造成了较大的威胁。同时，运动训练也对青少年运动员心脏的功能和形态具有改善作用，如适度运动可以明显改善、强化心脏功能[3]，而长期反复的大强度运动可导致心脏产生累积性损伤，造成心律失常，尤其是对于从事大强度和大运动量训练的青少年运动员来说，这种现象更加明显[4]。这说明青少年运动员心脏风险事件的发生在一定程度上与长期的超负荷训练有关，超负荷训练最直接的结果之一是引起机体的疲劳，而疲劳是引发风险的关键因素之一，这种连带机制的成因主要归结为训练量的安排不合理，以及对运动性疲劳识别得不准确。青少年运动员在这种长期恶性循环机制下，也形成了后期心脏病变的可能性。因此，运动员心脏的突发性病变可能与青少年时期的训练有关，且具有长期潜伏性。

B超和心电图检查是医学常用的心脏检查方式。心脏结构和电位改变都会引起心电图波形的改变。运动员心电图的改变可以反映出一些潜在的心脏病变，而这些

---

[1] 体坛运动员的离奇死亡［EB/OL］.（2017－01－20）. http：//hb. qq. com/zt2012/teping11.

[2] 网易新闻. 游泳选手存在心脏病风险［EB/OL］（2015－11－13）. http ：//news. 163. com/15/1113/00/B88SKD0B00014AED. html.

[3] 王晓伟，曹雪滨. 力竭性运动对心脏影响的研究进展［J］. 医学研究与教育，2012，29（2）：60－63.

[4] 张美珍，黄涛，李方晖，等. 运动是良医还是什么：“生命过程中的体力活动与健康”国际研讨会综述［J］. 体育学刊，2017，24（2）：140－144.

心脏病变有可能使运动员在运动过程中面临巨大的风险[1]。研究对比青少年运动员心脏形态和心电图数据，可有效评断青少年运动员是否面临心脏风险等问题。课题小组对37名青少年运动员进行了心电图筛查和心脏形态的检查（B超），并确定是否存在心脏的病理性变化。结果显示，35名青少年运动员心脏形态正常，各项指标符合正常范围。但有2名运动员心脏形态指标超出正常范围，可能出现心脏异常情况。(表7－2)

表7－2　运动员张某（男）心脏形态指标及对照表

形态	左房内径	左室内径	肺动脉内径	右室流出道内径	左室后壁厚度	主动脉内径	室间隔厚度
正常范围/mm	19～35	35～50	PA＜22	18～30	6～11	22～35	6～11
张某测得值/mm	32	48	17	26	12	29	8

根据心脏B超测得的心脏舒张末期数据可知，有运动员张某左室后壁厚度达到12mm，超出6～11mm的正常范围；心脏左室内径为48mm，接近正常范围的最大值；左房内径为32mm，接近正常范围的最大值。整体而言，此运动员心脏较其他同龄运动员形态偏大。有研究表明，在慢性心脏过度紧张的运动员中，有20%是病理性左心室肥厚[2]。心脏肥大的可能性机制主要有以下几个方面：一是可能由血管末梢阻力增加导致；二是心脏肥大也可能是遗传性心肌肥厚；三是长期大强度的运动训练也可能是引起心脏形状增大的原因。此外，心肌炎、心肌损伤、心肌肥厚、肺心病等都是造成心脏肥大的常见疾病。而青少年运动员出现的因心脏疾病而猝死的现象是否与这些疾病存在关联？运动训练是否直接或间接引起了心脏病理性肥大？这些问题目前尚无定论，从而造成了青少年运动员心脏肥大的风险，加之心脏健康评估方面的困难，风险规避难以实施，尤其在基层体校中缺乏相关专业人员和仪器设备等。

通过心电图测得的波形数据如图7－1所示，图7－1（1）为某运动员的心率曲线形，图7－1（2）和图7－1（3）为窦性心动过缓波形图，两者对比发现，此名运动员波峰间距远大于5.2格的标准，存在窦性心动徐缓波形。在心脏合理能力范

〔1〕首都体育学院课题组．体育学院学生人文素质调查状况［J］．思想教究，2002（10）：29－31，34.

〔2〕运动医学研究所医务监护组．非特异性T波改变诊断方法的初步探讨［J］．北京医学院学报，1977（3）：153－156，152.

围之内，窦性心动徐缓是运动员心力储备现象的表现之一。然而，迷走神经兴奋、窦房结功能受损、心理因素等，甚至心肌梗死都能引起窦性心动过缓现象。青少年运动员在训练过程中被筛查出窦性心动过缓现象时，其成因的确定却无确定的医学根据，这也造成了诸多运动员因心脏问题猝死却无法提前预知的窘境，进而造成了运动员更大的心脏潜在风险。

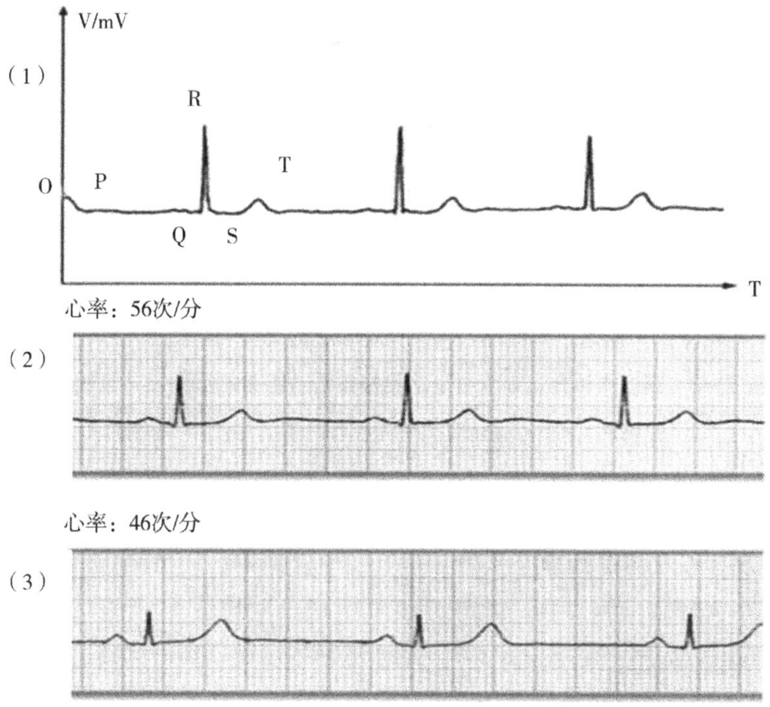

图7－1　某运动员心率曲线及窦性心动过缓对照图

三、运动员神经系统风险的分析

运动员不管在运动训练还是生活中，其行为都受神经系统的支配，神经系统在运动训练中具有基础性作用，并且与运动项目的竞赛表现密切相关。在短距离和快速反应类项目中，神经系统通过短时间的快速反应和长期形成的条件反射调节机体的运动表现；在战术类项目中，运动员通过中枢神经进行临场调控，达到比赛的目的和效果；在技能类项目中，运动员通过神经系统的直接支配和反馈调节，实时掌握比赛过程，调整比赛中的技术和战术表现。神经系统作为比赛和训练的调节中枢，对运动员的竞赛表现具有极其重要的基础性作用。

然而，在训练过程中，训练负荷、竞技压力、生活状态、运动性脑损伤等都会反作用于神经系统，造成运动员神经风险的出现。从风险表现形式来看，运动员神经风险对训练的影响主要有两个方面的机制：一是长期的高压环境很大程度上直接导致神经疲劳的产生。有研究表明，神经疲劳具有慢性疲劳的症状，神经疲劳同样具有消耗性、衰弱性，是人体疲劳的重要方面[1]。二是运动造成的脑部损伤是导致训练过程神经风险的直接因素。运动性脑震荡在各种运动中的发病率高达80%以上[2]，占所有颅脑外伤病人的75.5%～78.2%[3]。运动员的脑部损伤以及重复性脑损伤发病率极高，且在运动实践中不受重视，难以发现，易带来更严重的损伤，增加训练过程的风险。

研究过程中，课题组在对部分青少年运动员为期半年的跟踪调研中，发现部分青少年足球运动员和青少年重竞技运动员曾经被确诊为轻微型脑震荡，脑震荡引起的神经风险确实存在。（表7－3）

表7－3　西安市体育运动学校运动员轻微型脑震荡病例数　（单位/例）

项目	足 球	跆拳道	散 打	拳 击	摔 跤
病例数量	3	2	2	3	1

调查发现，在足球、跆拳道和拳击等项目中青少年运动员脑震荡损伤相对较为常见，且基本为轻微型脑震荡。此外，哈尔斯塔一项长达8年的意外伤害研究发现：滑雪运动中运动损伤占比17.2%，足球运动中运动损伤占比高达44.8%，这些损伤 主要包括挫伤、骨折和脑震荡[4]。这些现实调查和文献资料均说明了在特定项目中，运动员面临的脑震荡造成神经风险的形势较为严峻。

运动性疲劳造成的风险体现于机体疲劳过程与疲劳后的行为表现，对训练造成

〔1〕杨京洲. 运动性疲劳产生的中枢机制和心理学因素对其的影响［J］. 中国临床康复，2002（7）：1011－1012.

〔2〕WEBER J, JAKSCHE H. Wither commendations for prevention sportverletz —sportschen［R］. Craniocerebral trauma in sport. 1999，13（1）：30－35.

〔3〕杨遇春，李世绰，程学铭，等. 中国六城市颅脑损伤的流行病学调查［J］. 中华神经外科杂志，1987（1）：25－28.

〔4〕YTTERSTAD B. The Harstad injury prevention study：the epidemiology of sports injuries. An 8 year study［J］. British Journal of Sportsmedicine，1996，30（1）：64.

的负面影响上文已有阐述，此处不再赘述。对于运动神经系统风险，从竞技风险的神经科学角度分析，运动员的相关性轻型脑损伤在长期的训练监控与研究中并未受到人们过多的关注。这说明神经科学与体育领域在轻型脑损伤和慢性创伤性脑病方面的研究存在缺口，且极易被人们所忽视。这种风险具有显著的潜在性，主要原因包括：第一，脑部神经中枢处于人体自身的头骨保护中，使人们对其伤病风险的预防存在一种已有保护的认识。第二，脑部神经系统的伤病，在竞技实践中呈现两个极端：一是中、重度运动性伤病会即刻导致运动员训练和比赛的终止，这类风险的预防主要是伤病后的治疗和康复；二是轻度脑损伤不能对运动员的运动能力产生即刻障碍，从而未能采取立即、有效的预防措施，导致轻度脑损伤的风险量不断积累。第三，由于竞技训练和比赛的持续性和密集性，运动员在脑伤病未完全康复的情况下便进行训练或比赛，这主要归结于运动员运动能力的展现不是判定脑神经系统康复的唯一标准，一些损伤的病理变化，在竞技训练和比赛中无法确定，从而也会引起脑伤病风险存量的增加。第四，轻度脑神经系统的损伤大部分属于非开放性创伤，在一般伤病预防和治疗的惯性下，会采取“暂时性休息”的常规应对措施，造成一种“未痊愈”的潜在风险长期存在于运动员的训练和比赛中。可见，运动员脑神经系统的轻度损伤，以及由运动撞击引起的慢性脑病，都具有高度的隐蔽性和累积性，增加了突发性风险的可能性，从而对运动员脑神经造成不可逆转的严重后果。（图 7－2）

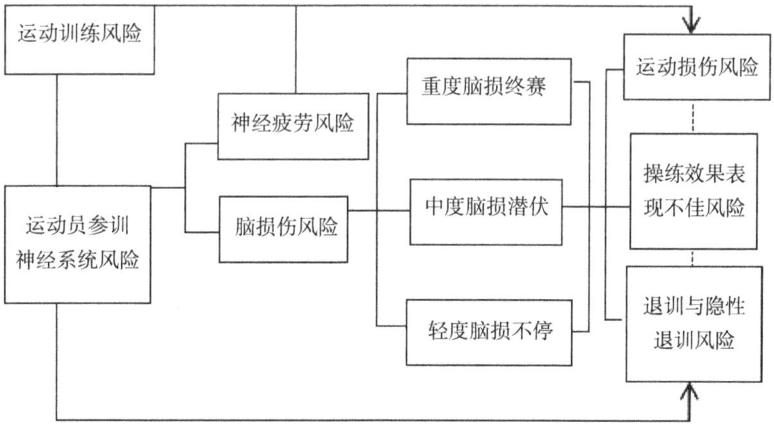

图 7－2　运动员神经系统风险作用机制示意图

第二节　青少年运动员心理因素

一、心理指标的监控结果

（一）一次性大强度运动训练前后青少年运动员各心理指标对比与分析

在本书的心理实验部分，测定了每个被试者运动前和运动后即刻各心理指标的数值，记录并计算各项均值、标准差和极值等有关数据，经过统计分析，结果发现：①一次性大强度运动训练后即刻，运动员的深度知觉能力和注意力明显提高（表7－4）；②一次性大强度运动训练后即刻，运动员手的稳定性下降，表现在出错次数增加，但是完成时间缩短。（表7－5）

表7－4　大强度训练前与训练后即刻深度知觉和注意力差值比较（$P<0.05$）　$n=37$

时间	深度知觉/cm			注意力/个		
训练前	$\bar{x}$	s	Σ_x	$\bar{x}$	s	Σ_x
	2.6685	2.0641	53.37	2.5245	0.8705	50.49
训练后	$\bar{x}$	s	Σ_x	$\bar{x}$	s	Σ_x
	1.7125	1.4633	34.25	1.8160	1.1157	36.32

表7－5　大强度训练前与训练后即刻手的稳定性比较（$P<0.01$）　$n=37$

时间	出错次数/次			完成时间/s		
训练前	$\bar{x}$	s	Σ_x	$\bar{x}$	s	Σ_x
	1.18	0.68	23.67	5.01	2.70	100.21
训练后	$\bar{x}$	s	Σ_x	$\bar{x}$	s	Σ_x
	1.63	0.72	32.69	3.19	1.35	63.80

（二）一次性大强度运动训练后 POMS 量表得分与 ASLEC 得分相关性分析

竞技训练风险因素的迁移性特征表明，运动员可能通过心理认知将训练环境之外的因素和能量迁移到竞技训练当中，从而造成对训练的有利或不利影响。因此，我们推测，社会生活事件应激—社会心理压力水平和训练中的负面情绪有关。为了证明这一想法，我们用青少年自评生活事件量表、心境状态量表先后测试了 50 名青少年田径运动员在一次大强度训练课前的社会心理压力水平和训练前后的情绪变化。结果表明，高社会心理压力水平组在训练后情绪明显恶化，情绪扰乱总分显著升高，疲劳感升高，精力降低；而低社会心理压力水平组在训练后，情绪没有发生明显的变化，仅疲劳感有所升高，情绪扰乱总分无显著性变化。（图 7－3）

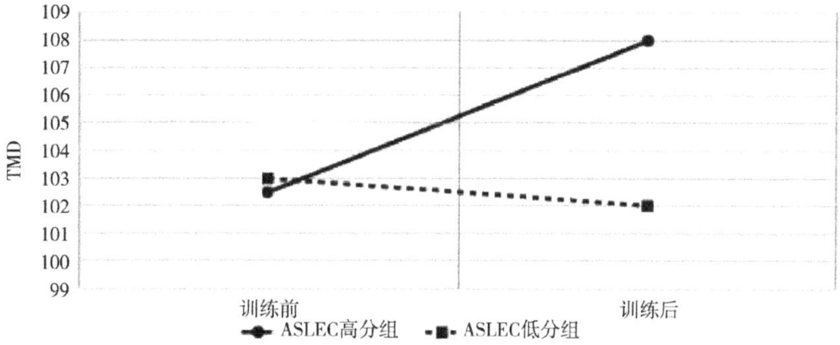

图 7－3　不同社会心理压力水平组的青少年运动员大强度训练前后的情绪变化情况

注：TMD＝POMS 量表的总得分，即情绪扰乱总分；ASLEC＝青少年自评生活事件量表的得分。

（三）客观心理指标以及 POMS 各维度与生理、生化指标的相关性分析

从表 7－6 可知，除少数指标外（右臂的动觉方位辨别能力和血压的升高以及血乳酸有关，凹槽平衡试验的出错次数与血红蛋白和红细胞有关，深度知觉能力与白细胞的增多有关），反映青少年运动员心理疲劳的客观指标与评价运动员身体机能状态的生理、生化指标如心理、血氧饱和度、血压、血红蛋白、血乳酸等大部分均不相关。

从表 7－7 可知，POMS 量表得分（情绪扰乱总分）与各生理、生化指标均不相关。但疲劳感与呼吸频率和血红蛋白有关，精力与呼吸频率有关，愤怒与白细胞数目的增多有关，紧张和抑郁与血红蛋白有关。

（四）心理因素的总结与讨论

本实验的主要发现（图 7－4）：①一次性大负荷刺激后客观心理指标与生理、生化指标的联系：深度知觉能力与白细胞数目有关（$P<0.01$）；手的稳定性（平衡能力）与血红蛋白以及红细胞的数量有关（$P<0.05$）；左臂的动觉方位辨别能力与血压和血乳酸有关（$P<0.05$）。②大负荷训练后情绪扰乱总分（TMD）与生理、生化指标之间无相关性，但情绪的各个维度与生理、生化指标表现出一定的相关性。例如，紧张、抑郁和疲劳感与血红蛋白有关（$P<0.05$）；愤怒与白细胞数目有关（$P<0.05$）；精力与疲劳感和呼吸频率有关（$P<0.05$）。③大负荷训练后情绪扰乱总分（TMD）与青少年自评生活事件量表的得分有关，ASLEC 低分组训练后 TMD 无明显变化，ASLEC 高分组训练后 TMD 明显升高。

表 7－6　一次性大强度运动训练后客观心理指标与生理、生化指标相关性分析　　$n=37$

	1	2	3	4	5	6	7	8	9	10	11	12	13	14	15
客观心理指标：															
1. 注意力															
2. 深度知觉能力	0.301														
3. 凹槽平衡完成时间	0.423*	0.372													
4. 凹槽平衡出错次数	0.051	0.196	0.189												
5. 臂腿动觉左	0.041	0.047	-0.207	0.042											
6. 臂腿动觉右	0.216	0.407*	0.436*	0.260	0.410*										
生理指标：															
7. 呼吸频率	-0.087	0.376	-0.100	0.211	-0.304	0.300									
8. 心率	-0.335	-0.031	-0.068	-0.126	-0.176	0.198	0.428*								
9. 血氧饱和度	-0.066	-0.203	0.137	0.014	0.138	-0.135	-0.567**	0.011							
10. 收缩压	0.249	0.186	0.086	0.039	0.172	0.471*	0.012	0.114	-0.090						
11. 舒张压	0.182	0.116	0.300	-0.257	0.082	0.492*	-0.129	0.115	0.064	0.672**					
生化指标：															
12. 血红蛋白	0.210	0.071	-0.113	0.484*	-0.293	-0.298	0.044	-0.068	-0.033	0.193	-0.095				
13. 红细胞	0.150	-0.001	-0.171	0.444*	-0.244	-0.360	0.111	-0.047	-0.281	0.012	-0.324	0.880**			
14. 白细胞	0.034	0.683**	0.099	0.127	0.133	0.302	0.341	0.109	-0.264	-0.191	0.002	-0.033	-0.045		
15. 血乳酸	0.099	0.109	0.050	-0.173	0.119	0.411*	0.229	0.234	0.069	0.491*	0.477*	-0.111	-0.177	-0.100	

注：**在置信度（双侧）为 0.01 时，相关性是显著的；*在置信度（双侧）为 0.05 时，相关性是显著的。

表 7－7　一次性大强度运动训练后 POMS 量表及其各维度与生理、生化指标相关性分析　　$n=37$

	1	2	3	4	5	6	7	8	9	11	12	13	14	15	16	17
POMS 各维度:																
1. TMD																
2. 紧张	0.475 *															
3. 抑郁	0.112	0.699 **														
4. 愤怒	0.205	0.737 **	0.864 **													
5. 精力	-0.420 *	-0.399	0.108	0.017												
6. 疲劳	0.376	0.842 **	0.641 **	0.635 **	-0.364											
7. 慌乱	0.400	0.834 **	0.771 **	0.841 **	-0.285	0.793 **										
8. 自尊	-0.373	-0.346	0.157	0.170	0.753 **	-0.120	-0.172									
生理指标:																
9. 呼吸频率	0.259	0.370	0.100	0.199	-0.493 *	0.474 *	0.275	-0.060								
10. 血氧饱和度	-0.120	0.126	0.190	0.168	0.079	-0.144	0.163	-0.218	-0.567 **							
11. 心率	0.061	0.255	-0.199	-0.055	-0.193	0.003	-0.084	-0.376	0.428 *							
12. 收缩压	0.158	0.307	0.097	0.089	-0.007	0.328	0.200	-0.270	0.012	0.114						
13. 舒张压	-0.160	0.188	0.158	0.230	0.028	0.138	0.200	-0.210	-0.129	0.115	0.672 **					
生化指标:																
14. 血红蛋白	0.058	0.425 *	0.461 *	0.221	-0.187	0.482 *	0.370	-0.344	0.044	-0.068	0.193	-0.095				
15. 红细胞	0.020	0.295	0.286	0.031	-0.132	0.400	0.219	-0.226	0.111	-0.047	0.012	-0.324	0.880 **			
16. 白细胞	0.158	0.164	0.133	0.448 *	-0.163	0.104	0.324	0.076	0.341	0.109	-0.191	0.002	-0.033	-0.045		
17. 血乳酸	-0.190	0.287	0.144	0.146	-0.156	0.155	0.234	-0.233	0.229	0.234	0.491 *	0.477 *	-0.111	-0.177	-0.100	

注：**在置信度（双侧）为 0.01 时，相关性是显著的；*在置信度（双侧）为 0.05 时，相关性是显著的。

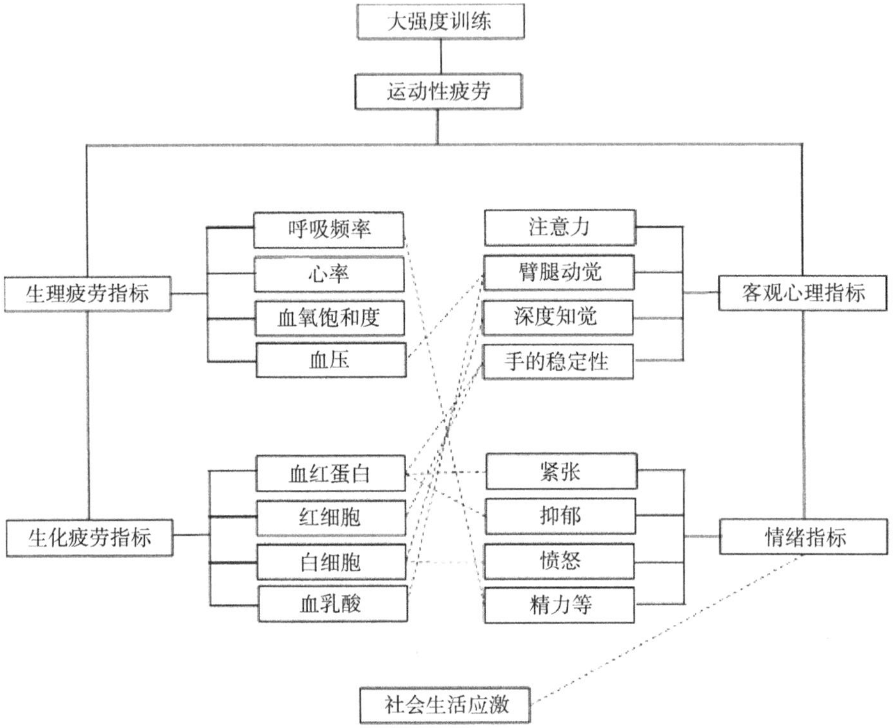

注：图中虚线表示两者之间有统计学上的相关性，$P \leqslant 0.05$。

图7－4　运动性疲劳的“BS”模型

以往的大部分研究表明，大负荷运动后即刻，成年运动员的心理机能会有所提高，或者提高得不明显[1]。也有小部分研究认为，大负荷运动后即刻，成年运动员的心理机能会有所下降[2]。本书则发现，在一次性大强度训练后即刻，青少年运动员的心理机能状态表现出与成年运动员不同的变化特点。例如，有些心理指标（深度知觉能力）明显升高，而有些心理指标（手的稳定性）下降，有些心理指标（注意力、臂腿动觉方位辨别能力、情绪）在不同的运动员身上表现出不一样的变化趋势（升高、下降或无明显变化）。这些变化是与青少年运动员的身心特点密切

〔1〕朱学雷．大负荷运动状态下男运动员部分生理、心理指标测试分析［J］．上海体育学院学报，2005，29（2）：48－51．

〔2〕谢红光，李协群，李志强，等．持续大负荷状态和机能下降时运动员某些感受性变化的研究［J］．体育科学，1999，19（6）：50－54．

相关的。正如 Armstrong 和 Welsman（2002）所述，“儿童青少年不是微型成年人”，表明我们对成年人运动生理和心理的理解并不完全适用于儿童青少年。

心理疲劳与生理疲劳既有联系，又有区别。生理疲劳达到一定程度会引起心理疲劳，心理疲劳反过来又会加重生理疲劳。尤其是对于青少年运动员，由于他们身体各器官和组织还未完全发育成熟，训练年限相对较短，理论上讲，在大负荷的刺激下他们更容易产生生理疲劳，也更容易因为生理疲劳而产生心理疲劳。作为生物性个体的运动员，其高级层面的心理活动都是建立在较为低级层面的生理活动基础上的，无论是作为因还是作为果，任何高级心理活动的变化都能追根溯源到最基础的生理活动变化[1]，反之亦然。虽然相关分析结果显示，在一次性大强度运动训练后，反映运动员生理疲劳的大部分指标如血乳酸、血氧饱和度、呼吸频率等与反映运动员心理疲劳的指标如感知觉能力、注意力、情绪状态等不存在统计学上的相关性，但有相当一部分运动员同时出现了生理疲劳和心理疲劳（血乳酸、呼吸频率、血氧饱和度的值均表明该运动员的机体已经处在疲劳状态，同时情绪状态、注意力等指标表明该运动员也处于心理疲劳状态）。另一方面，也有少部分生理、生化指标如白细胞、红细胞、血红蛋白、血乳酸、呼吸频率等与心理指标存在相关性。对此我们的解释是：生理疲劳只有达到一定的程度才会引起心理疲劳。换句话说，只有某个或某些生理、生化指标达到了一定的阈值，才能表现出与心理指标之间的相关性。这一解释和 Ekkekakis 提出的双模假说相类似，双模假说假定运动的情绪反应存在两种不同的机制：一种是在超过乳酸阈值的运动过程中，肌肉和器官的本体感受器占主导地位；另一种是在低于乳酸阈值的强度下，认知评价占优并起支配作用。鉴于此，从本书的研究结果来看，未来我们可以结合白细胞、红细胞、血红蛋白、血压、血乳酸、呼吸频率等与心理指标相关性较高的生理、生化指标对青少年运动员的心理疲劳状态进行解释或预测。本书必须承认，作为社会性个体的青少年运动员，心理疲劳不仅取决于运动训练，也会被生活中的事情所左右，社会因素更是青少年运动员产生心理疲劳的一个不容忽视的重要因素。Coakley 就把运动员的心理疲劳看作一种以社会关系为基础的社会现象。根据本实验的结果可以发现，生活事件应激对青少年运动员的训练存在一定影响。从本书小样本实验结果看，生活

〔1〕 林岭，张力为. 可以用生理生化指标检测评价运动性心理疲劳吗？［J］. 中国运动医学杂志，2005（6）：92－96.

事件应激强度较小的青少年运动员在一次性大强度运动训练后不容易产生心理疲劳，而生活事件应激强度相对较大的青少年运动员在一次性大强度运动训练后容易产生心理疲劳。对此本书的解释是：大负荷训练加重了社会生活事件应激强度较大的青少年运动员的心理应激，使他们的情绪状态变得更加紊乱；而对于生活事件应激强度较小的青少年运动员来说，大强度的训练对他们的心理影响相对较小。就青少年运动员而言，由于他们的社会阅历浅，心智相对不成熟，生活环境因素很容易影响他们的训练，尤其是大强度的训练。如果应对得当，会起到减负的效果，反之则会起到加压的效果。因此，我们在研究青少年运动员运动性疲劳的有关问题时，必须全面考虑心理、生理、社会学因素，多学科、多角度综合分析、解释、研究疲劳现象。

二、人格特质与竞技训练风险事件的关系

（一）研究人格特质与竞技训练风险事件关系的必要性

青少年运动员具有青少年和运动员的双重角色定位，是竞技训练风险事件频发的主要人群。一方面，青少年运动员正处于“心理断乳期”，心智发展不成熟，对外界风险的识别能力较低，极易诱发竞技训练风险事件。另一方面，青少年运动员特殊的训练环境和高强度的运动负荷等多种因素，极易诱发竞技训练风险事件。因此，本书主要通过了解青少年运动员的人格基本特点和训练风险事件的发生情况，试图探讨青少年运动员人格与竞技训练风险事件的关系，意在探究青少年运动员人格特质能否减少或避免竞技训练风险事件的发生，从而保证青少年运动员在未来的训练中建立科学、实效的运动系统，尽可能地为青少年运动员的健康成长提供理论支持和科学支撑。

人格心理学把“人格”试定义为：人格是个体内在的行为上的倾向性，它表现一个人在不断变化中的全体和综合，是具有动力一致性和连续性的持久的自我，是人在社会化过程中形成的，给予人一定特色的身心组织[1]。在风险理论中，“风险”一词是不确定的、客观的、难以把控的一种现象，抑或是一种挑战自我的机遇。而风险事件也称风险事故，是风险条件转化成的现实结果。

---

〔1〕 陈仲庚，张雨新．人格心理学［M］．沈阳：辽宁人民出版社，1986：78.

（二）运动项目选择及划分依据

本书运动项目的选择（表 7－8），主要是以青少年运动员运动项目的人格特点（个体项目、集体项目、个体与集体项目相结合）与竞技训练风险事件高发生率（体能类项目、技能类项目、格斗对抗类项目）为主线，较好地契合了青少年运动员人格特质与竞技训练风险事件关系的研究，比较有代表性。同时，本书主要从两个方向出发：第一，青少年运动员人格的稳定性和发展性；第二，选取运动项目的依据。也就是说，人格与竞技训练风险事件的研究力求通过这两点探究青少年运动员人格在竞技训练中的作用机制，寻找人格因素带来的风险事件。

表 7－8　运动项目的选择和划分标准

从人格视角对运动项目的划分	运动项目	子项目	从竞技训练风险事件视角对运动项目的划分
个人项目	田径	100m、200m、400m、800m、1 500 m、3 000m、5 000m、跳远、跨栏、铅球、铁饼	体能类
个人与集体项目相结合	重竞技	拳击、跆拳道、柔道、摔跤	格斗对抗类
集体项目	技能类	足球、篮球、排球	技能类

（三）人格特质、风险感知与竞技训练风险事件的相关性分析

本书共发放问卷 776 份，剔除无效问卷 82 份，实际回收问卷 694 份，回收率 89.4%。田径项目共 173 人，其中男生 88 人、女生 85 人；重竞技项目共 148 人，其中男生 78 人、女生 70 人；技能类项目共 373 人，其中足球 132 人（男生 77 人，女生 55 人），篮球 126 人（男生 72 人，女生 54 人），排球 115 人（男生 56 人，女生 59 人）。

从表 7－9 可以发现，重竞技和排球项目的青少年运动员人格和竞技训练风险事件存在一定的相关性。重竞技项目青少年女运动员的宜人性与风险事件呈正相关，$r=0.505$；重竞技项目青少年男运动员的开放性与风险事件呈负相关，$r=-0.602$，宜人性与风险事件呈负相关，$r=-0.306$；排球项目青少年女运动员的宜人性和谨慎性与风险事件呈正相关，r 分别为 0.358 和 0.328，情绪性与风险事件呈正相关，$r=0.622$；排球项目青少年男运动员的宜人性、情绪性和谨慎性与风险事件呈正相

关，r 分别为 0.616、0.557 和 0.595。田径、足球和篮球项目的青少年运动员人格与竞技训练风险事件几乎不存在相关性，仅田径项目青少年男运动员的谨慎性与风险事件呈负相关，$r=-0.304$；足球青少年女运动员的谨慎性与风险事件呈正相关，$r=0.301$。

表 7－9 不同运动项目的青少年运动员人格与竞技训练风险事件的相关性分析

运动项目	性别	人格	风险事件	性别	人格	风险事件
田径	女	宜人性	－0.074	男	宜人性	－0.250*
		外向性	0.032		外向性	－0.278**
		情绪性	0.211		情绪性	0.058
		谨慎性	－0.047		谨慎性	－0.304**
		开放性	－0.115		开放性	－0.272*
重竞技		宜人性	0.505**		宜人性	－0.306**
		外向性	0.170		外向性	－0.173
		情绪性	0.180		情绪性	0.006
		谨慎性	0.240*		谨慎性	－0.265*
		开放性	0.242*		开放性	－0.602**
足球		宜人性	－0.002		宜人性	－0.018
		外向性	0.085		外向性	－0.216
		情绪性	0.110		情绪性	0.180
		谨慎性	0.301*		谨慎性	－0.106
		开放性	0.279*		开放性	0.125
篮球		宜人性	－0.142		宜人性	－0.218
		外向性	－0.067		外向性	0.112
		情绪性	－0.009		情绪性	0.072
		谨慎性	0.088		谨慎性	0.095
		开放性	－0.094		开放性	－0.179
排球		宜人性	0.358**		宜人性	0.616**
		外向性	0.291*		外向性	0.201
		情绪性	0.622**		情绪性	0.557**
		谨慎性	0.328*		谨慎性	0.595**
		开放性	0.238		开放性	0.132

注：＊＊在置信度（双侧）为 0.01 时，相关性是显著的；＊在置信度（双侧）为 0.05 时，相关性是显著的。

总体来看，在宜人性、外向性、情绪性、谨慎性、开放性 5 种人格特质中，宜人性、谨慎性与风险事件的相关性最强，其次是情绪性，最后是开放性，外向性与风险事件几乎不存在相关性。

由表 7－10 可知，田径项目青少年女运动员对风险可控性的感知与风险事件呈正相关，$r=0.480$；重竞技项目青少年女运动员对风险可控性和严重性的感知与风险事件呈正相关，r 分别为 0.370 和 0.483；足球项目青少年男运动员对风险严重性、可能性、可控性的感知与风险事件呈正相关，r 分别为 0.327、0.323、0.335；篮球项目青少年女运动员对风险可能性、忧虑性的感知与风险事件呈正相关，r 分别为 0.436 和 0.380；篮球项目青少年男运动员对风险可能性的感知与风险事件呈正相关，$r=0.804$ ，对风险严重性的感知与风险事件呈正相关，$r=0.544$，对风险可控性、忧虑性的感知与风险事件低度正相关，r 分别是 0.485 和 0.318；排球项目青少年女运动员对风险严重性、可控性的感知与风险事件呈负相关，r 分别为 －0.586、－0.537，对总风险的感知与风险事件呈负相关，$r=-0.416$；排球项目的青少年男运动员对风险严重性、可能性的感知与风险事件呈正相关，r 分别为 0.313 和 0.347。

表 7－10　风险感知各维度与竞技训练风险事件的相关性分析

风险运动	性别	风险感知	风险事件	性别	风险感知	风险事件
田径	女	总风险	0.281**	男	总风险	－0.003
		严重性	0.188		严重性	－0.150
		可控性	0.480**		可控性	－0.136
		可能性	0.191		可能性	－0.010
		忧虑性	0.021		忧虑性	0.029
重竞技		总风险	0.185		总风险	－0.116
		严重性	0.307**		严重性	0.012
		可控性	0.483**		可控性	－0.004
		可能性	0.206		可能性	0.222
		忧虑性	0.259*		忧虑性	0.066
足球		总风险	－0.189		总风险	0.217
		严重性	－0.269*		严重性	0.327**
		可控性	0.184		可控性	0.323**
		可能性	－0.024		可能性	0.335**
		忧虑性	－0.078		忧虑性	0.254*

续表

风险运动	性别	风险感知	风险事件	性别	风险感知	风险事件
篮球	女	总风险	-0.009	男	总风险	0.283*
		严重性	-0.077		严重性	0.544**
		可控性	0.133		可控性	0.485**
		可能性	0.436**		可能性	0.804**
		忧虑性	0.380**		忧虑性	0.318**
排球		总风险	-0.416**		总风险	0.212
		严重性	-0.586**		严重性	0.313*
		可控性	-0.537**		可控性	0.051
		可能性	0.179		可能性	0.347**
		忧虑性	0.016		忧虑性	0.115

注：**在置信度（双侧）为0.01时，相关性是显著的；*在置信度（双侧）为0.05时，相关性是显著的。

总体来看，田径、重竞技、篮球项目的青少年女运动员对风险的感知与风险事件呈正相关；排球项目的青少年女运动员对风险的感知与风险事件呈负相关；足球、重竞技和排球项目的青少年男运动员对风险的感知与风险事件呈正相关。

本书对人格特质与总体竞技训练风险事件的相关性进行了分析（表7-11），结果发现，在小五人格维度中，除谨慎性外，青少年运动员人格特质与竞技训练风险事件具有显著相关性。其中，情绪性与竞技训练风险事件呈正相关，而外向性、宜人性、谨慎性和开放性与竞技训练风险事件均呈负相关。这可能是因为青少年运动员心智发展不成熟，高情绪性的青少年运动员容易焦虑、情绪起伏大、心理韧性低，容易诱发竞技训练风险事件；而外向性、宜人性、谨慎性和开放性越高的运动员越不容易发生竞技训练风险事件。换言之，积极人格不容易诱发竞技训练风险事件，消极人格容易诱发竞技训练风险事件。从人格的角度来说，青少年运动员人格特质与竞技训练风险事件具有显著的相关性。

青少年运动员的人格特点是复杂的，其研究涉及年龄、性别、运动项目、运动年限、运动等级、是否为独生子女、生源地等方面的因素。在统筹考虑人格的复杂性的情况，得出人格与竞技训练风险事件的关系的结论如下。

（1）重竞技项目的青少年女运动员的宜人性与风险事件呈正相关，$r=0.505$；重竞技项目的青少年男运动员的开放性与风险事件呈负相关，$r=-0.602$，宜人性与风险事件呈负相关，$r=-0.306$。

（2）排球项目的青少年女运动员的宜人性和谨慎性与风险事件呈正相关，r 分别为 0.358 和 0.328，情绪性与风险事件呈正相关，$r=0.622$；排球项目的青少年男运动员的宜人性、情绪性和谨慎性与风险事件呈正相关，r 分别为 0.616、0.557 和 0.595。

（3）田径、足球和篮球项目的青少年运动员人格与竞技训练风险事件几乎不存在相关性，仅田径项目的青少年男运动员的谨慎性与风险事件呈负相关，$r=-0.304$；足球项目的青少年女运动员的谨慎性与风险事件呈正相关，$r=0.301$。

（4）不同运动项目风险感知各维度与竞技训练风险事件具有显著相关性。其中，田径、重竞技、篮球项目的青少年女运动员对风险的感知与风险事件呈正相关；排球项目的青少年女运动员对风险的感知与风险事件呈负相关；足球、重竞技和排球项目的青少年男运动员对风险的感知与风险事件呈正相关。

（5）青少年运动员人格特质与总体竞技训练风险事件存在显著相关性。其中，情绪性与竞技训练风险事件呈显著正相关，其相关系数为 0.230。而外向性、宜人性、开放性与竞技训练风险事件均呈显著负相关，其相关系数分别为 -0.119 、-0.075和 -0.096，仅谨慎性与竞技训练风险事件几乎不存在相关性。

表 7－11　人格特质与总体竞技训练风险事件的相关性分析

		竞技训练风险事件	外向性	宜人性	情绪性	谨慎性	开放性
竞技训练风险事件	皮尔逊相关性	1	-0.119**	-0.075*	0.230**	-0.064	-0.096*
	显著性（双尾）		0.002	0.047	0.000	0.091	0.011
外向性	皮尔逊相关性	-0.119**	1	0.689**	-0.066	0.543**	0.623**
	显著性（双尾）	0.002		0.000	0.082	0.000	0.000
宜人性	皮尔逊相关性	-0.075*	0.689**	1	0.000	0.627**	0.614**
	显著性（双尾）	0.047	0.000		0.999	0.000	0.000
情绪性	皮尔逊相关性	0.230**	-0.066	0.000	1	0.049	0.132**
	显著性（双尾）	0.000	0.082	0.999		0.195	0.000
谨慎性	皮尔逊相关性	-0.064	0.543**	0.627**	0.049	1	0.560**
	显著性（双尾）	0.091	0.000	0.000	0.195		0.000
开放性	皮尔逊相关性	-0.096*	0.623**	0.614**	0.132**	0.560**	1
	显著性（双尾）	0.011	0.000	0.000	0.000	0.000	
	个案数	694	694	694	694	694	-0.096*

注：**在 0.01 级别（双尾），相关性显著；*在 0.05 级别（双尾），相关性显著。

第三节 饮食习惯和管理

一、饮食紊乱症概述

青少年运动员是罹患饮食紊乱症的高危人群。有大量研究表明，青少年运动员罹患饮食紊乱的概率要高于一般青少年群体的30%左右[1]。例如，中国短道速滑某运动员在受伤事件和“感谢门”事件后一度抑郁，最终导致神经性厌食症。其实饮食紊乱症是一种新型心理疾病，在青少年运动员中发病率不断升高，且与普通人群的病症表现有显著差异性，并引起相应的临床病症。有研究发现，饮食紊乱症主要通过罹患者所持有的身体观和采取的饮食行为进行判断，先由紊乱的饮食行为开始，后逐渐转化为饮食紊乱症，进而产生其他并发的临床症状[2]。学界的共识观点是：饮食紊乱症是由食物、体重和体形等因素导致的一些不健康的饮食行为，如自我饥饿、禁食、暴饮暴食，以人为催吐和过度运动来控制饮食，以达到控制体形、体重的目的[3]。因此，具有饮食紊乱风险的个体，其行为最终会集中在紊乱的饮食上。这种“反推式”的认识逻辑，并没有从根本上清楚地界定饮食紊乱症的本质，而是呈现了饮食紊乱症的行为特征。但它从侧面反映了饮食紊乱症是一种“基于身体观的心理疾病”，同时具有强烈的“行为医学痕迹”。可见，饮食紊乱症是一种潜在风险。

二、饮食紊乱症对青少年运动员的危害

对青少年运动员饮食紊乱症的认识，目的在于厘清饮食紊乱症的危害机制。Thompson 和 Sherman 早在1993年指出，由于体育环境压力特征，运动员是一个风

---

〔1〕 SUNDGOT - BORGEN J, TORSTVEITM K. Prevalence of eating disorders in elite athletes is higher than in the general population [J]. Clinical Journal of Sportmedicine Official Journal of the Canadian Academy of Sportmedicine. 2004, 14 (1): 25.

〔2〕 SAMARINA V, SHARP S, LA D. Eating Disorders and Eating Disordered Behaviors [M]. Entry Encyclopedia of Gerop sychology, 2015: 1 - 8.

〔3〕 莫志兵. 青少年食物偏好、饮食方式、体力活动与饮食紊乱症的关系 [J]. 中国学校卫生，1996, 17 (3): 175.

险值偏高的群体，并指出运动员经常性地偏离正常轨迹，出现饮食紊乱症是多发情况[1]，这也间接造成了青少年运动员竞技训练疲劳的产生。饮食紊乱症的危害是相互联系、相互影响的，并具有叠加性和衍生性。下面从心理、运动成绩、三症候群、营养元素缺乏等角度，探讨饮食紊乱对青少年运动员的危害和“负效应”。

从心理角度来看，由于个人对自我罹患饮食紊乱症缺少足够的认识，加之外界环境对饮食紊乱症的偏见，导致青少年运动员自我隐藏或心理安慰，从而使教练员和监护人无法察觉，最终拖延病情，诱发各种慢性并发症[2]。换言之，青少年运动员在饮食种类和量的把控上容易出现混乱，且这种混乱又是在自我内部和外部的严格干预下产生的，形成了严重的“饮食负担”。在心理上表现出对饮食极度关心，却又有排斥倾向，在饮食行为上表现出强迫进食或禁食，且易受教练员和队员的影响，为了减压，从饮食紊乱走向生活习惯的紊乱，养成不良的生活习惯，如酗酒、大量抽烟、熬夜，甚至吸毒[3]。这些心理疾病也易诱发生理疾病，并形成其危害的“叠加效应”。例如，自我否定（如对身体的不满），积极的自我认知感的降低（如自尊心降低），自我封闭（如感到孤独）随时危害着心理健康等[4][5][6][7][8]。总之，心理效应与饮食紊乱之间是可逆的，心理的不平衡易诱发外在的行为宣泄，无非是饮食本身的诱惑力和安逸的零思考宣泄法进一步刺激了神经的兴奋感，抑或是通过拒绝进食来达到自我心理平衡。

从运动成绩的角度来看，青少年运动员罹患饮食紊乱症始于过大的竞技压力和

---

〔1〕 THOMPSON R A, SHERMAN R T. Helping Athletes with Eating Disorders [J]. Medicine & Science in Sports & Exercise, 1993, 25 (8): 978

〔2〕 吕远远，孙飙，马继政. 运动员心脏风险的心电图筛查 [J]. 南京体育学院学报：自然科学版，2010，9 (3): 3-7.

〔3〕 FAIRBURN C G, HARRISON P J. Eating disorders [J]. Lancet, 2003, 361 (9355): 407.

〔4〕 ROBINS R W, TRZESNIEWSKI K H. Self-Esteem Development across the Lifespan [J]. Current Directions in Psychological Science, 2005, 14 (3): 158-162.

〔5〕 GRABER J A, SONTAG L M. 19 Internalizing Problems During [J]. Adolescence Handbook of Adolescent Psy chology, 2009.

〔6〕 HAWKLEY L C, CACIOPPO J T. Lonelinessmatters: a theoretical and empirical review of consequences andmechanisms [J]. Annals of Behavioralmedicine, 2010, 40 (2): 218.

〔7〕 TRZESNIEWSKI K H, DONNELLANM B, ROBINS R W. Stability of self-esteem across the life span [J]. Journal of Personality and Social Psychology, 2003, 84 (1): 205-220.

〔8〕 BYRNE S, M CLEAN N. Eating disorders in athletes: A review of the literature. Journal of Science andmedicine in Sport [J]. Journal of Science &medicine in Sport, 2001, 4 (2): 145.

自我完美主义倾向，这种心理要求又会衍生出相关的心理、生理疾病，出现恶性循环现象。这不仅仅因为体重身形与运动水平紧密相关，还因为在多变的青春期，青少年运动员承担着一般青少年不可想象的多方压力，他们在面临身心发展巨大变化的同时，还要保持运动成绩的优异，主要表现为对待训练和比赛漠不关心或者极度紧张、易暴躁或者寡言少语、不善于与他人交流、缺乏积极的心态、极度关注饮食的种类和所含的热量等[1]。青少年运动员罹患饮食紊乱症与其所从事的运动项目密切相关，罹患饮食紊乱症的青少年运动员绝大多数分布在对形体要求较高的运动项目中，尤其是那些减少体重能获得更好成绩的体育项目，如体操、摔跤等，而体重的非正常变化则是饮食紊乱的先觉信号[2][3]。总之，青少年运动员的特殊性在于提高竞技能力，夺取比赛胜利，而饮食紊乱就是满足运动项目体重、体形的规定标准的非正常饮食习惯，造成各种消极心理问题和完美主义极端倾向，从而导致运动能量的“负效应”。

从三症候群角度来看，为了达到训练或成绩既定目标，青少年运动员在短时间内减、增体重，加之缺乏相关知识和正确指导，易采取一些不正确、不健康的增减重行为，在这一过程中运动员的身心是脆弱的、易变的，极易患上饮食紊乱症。这种短期的体重控制手段容易引发青少年运动员的三症候群，即能源供应不足、月经紊乱（女性运动员），骨质和骨密度降低，这些都会大大威胁运动员的健康和运动成绩[4]。总之，饮食紊乱导致的三症候群，对青少年运动员的身体健康和竞技能力都有较为严重的负面影响，尤其是女性青少年运动员的成长和生育，甚至造成运动发展的恶性循环，危及生命。

---

〔1〕 YEW, ANN. Canadian university coaches' knowledge of eating disorders in athletes [J]. Eating Disorders, 2006.

〔2〕 SUNDGOT - BORGEN J, TORSTVEITM K. Prevalence of eating disorders in elite athletes is higher than in the general population [J]. Clinical Journal of Sportmedicine Official Journal of the Canadian Academy of Sportmedicine. 2004, 14 (1): 25.

〔3〕 TORSTVEITM K, ROSENVINGE J H, SUNDGOT - BORGEN J. Prevalence of eating disorders and the predictive power of riskmodels in female elite athletes: a controlled study [J]. Scandinavian Journal ofmedicine & Science in Sports. 2008, 18 (1): 108 - 118.

〔4〕 DRINKWATER E J, LAWTON T W, LINDSELL R P, et al. Training leading to repetition failure enhances bench press strength gains in elite junior athletes [J]. Journal of Strength & Conditioning Research, 2005, 19 (2): 382.

从营养元素缺乏角度分析，紊乱的饮食行为造成运动员营养缺乏，导致运动中能量不足，引发功能障碍等危害性结果[1]。更为严重的是，由于饮食的不规律，大部分青少年运动员易产生“能量负平衡”现象[2]。对于青少年运动员而言，在高强度的日常训练量之下，蛋白质摄入量不足容易引发体重和肌力的大幅度降低，影响全身机能正常运行，严重者会造成生长发育停滞，血浆蛋白含量减少，影响耐力以及与耐力运动项目相关的运动能力和成绩[3]。例如，过低的碳水化合物摄入会引起糖原存储过低而易引发疲劳，增加伤病风险和影响能量恢复等[4]。有研究指出，当脂肪含量摄入低于日常热量摄入的15%时，肌肉耐力会明显下降[5]。因此，青少年运动员的饮食紊乱症容易导致营养缺乏、能量供应不足，影响青少年运动员竞技能力的提高。

三、饮食紊乱症在青少年运动员中的呈现

从前文论述以及相关研究均可得知，饮食紊乱不但使青少年运动员群体的训练质量受到影响，甚至会提前结束青少年运动员的运动生涯，让训练活动半途而废。因此，调查青少年运动员饮食的相关信息和习惯，对于厘清、矫正青少年运动员饮食紊乱思路极为重要，也是应对饮食紊乱问题的关键点。

（一）青少年运动员饮食紊乱的风险调查

为调查青少年运动员饮食习惯及其风险情况，本书通过问卷、访谈等方法对陕西省足球和田径项目的60余名青少年运动员进行了饮食情况的调查（图7-5）。结果显示，青少年运动员训练年限处于2~10年，最长训练年限接近10年。通过对青

〔1〕 MMOUNTJOY, SUNDGOT-BORGEN J, BURKE L, et al. The IOC consensus statement: beyond the Female Athlete Triad—Relative Energy Deficiency in Sport (RED-S) [J]. British Journal of Sportsmedicine, 2014, 48 (7): 491-497.

〔2〕 MANORE M M. Dietary Recommendations and Athleticmenstrual Dysfunction [J]. Sportsmedicine, 2002, 32 (14): 887.

〔3〕 WOLFE W L, MAISTO S A. The relationship between eating disorders and substance use: moving beyond co-p revalence research [J]. Clinical Psychology Review, 2000, 20 (5): 617 - 631.

〔4〕 BEALS K A, MANORE M M. Nutritional Status of Female Athletes with Subclinical Eating Disorders [J]. Journal of the American Dietetic Association, 1998, 98 (4): 419.

〔5〕 SHORT S H, SHORT W R. Four year study of university athletes' dietary intake [J]. Journal of the American Dietetic Association, 1983, 82 (6): 632-645.

少年运动员饮食情况的调查以及训练情况的记录，综合分析青少年运动员面临的饮食风险情况，寻求规避风险的相关策略。

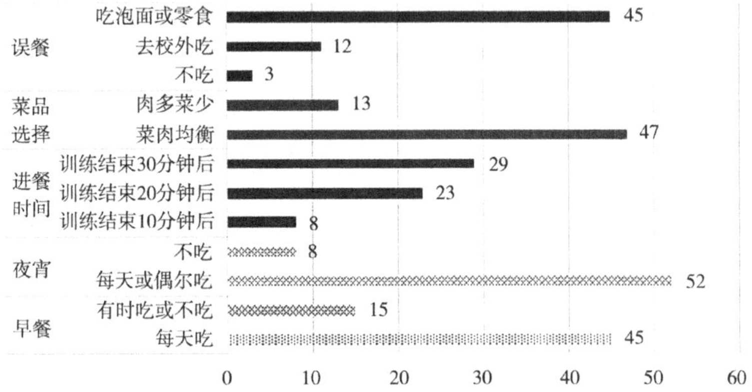

图 7－5　青少年运动员饮食习惯调查表

从科学饮食角度分析，青少年运动员是能量摄入要求较为严格的群体，一日三餐的能量摄入比例为 3∶4∶3[1]较为合理，但对青少年运动员饮食情况的调查结果显示，有 25% 的青少年运动员早餐意识淡薄，存在早餐不规律现象；86.7% 的青少年运动员会吃夜宵；在误餐情况发生时，有 80% 的青少年运动员会选择不吃或快餐形式，如泡面、面包等。显然这些饮食现象远超出三餐能量摄入的合理范围，在此情况下，如不进行有效科学的补充，会引起竞技训练性营养缺失。大强度训练结束后，机体能量代谢会在一段时间内处于较高水平，血液依然在全身各运动器官快速流动，一段时间后才会逐渐恢复到正常状态。在训练后的进餐时间选择上，51.7% 的青少年运动员选择在训练结束后 10～30 分钟进餐，这种进餐时间选择加重了胃的消化负担，容易导致各种肠胃病症的出现，增加了青少年运动员运动后的患病风险。

BMI 指数是用体重千克数除以身高米数平方得出的数值，是目前国际上常用的衡量人体胖瘦程度以及是否健康的最可靠的标准之一。根据 BMI 指数的计算公式，将所调查的青少年运动员身高、体重数值录入，得出了 4 组体质健康的分析数据（表 7－12）。数据显示：60 名青少年运动员中，有 22 人 BMI＜18.5，处于偏瘦状态。这些青少年运动员大部分认可身体形态对其运动表现的重要作用，因此选择各

〔1〕 SUNDGOT－BORGEN J. Risk and trigger factors for the development of eating disorders in female elite athletes［J］. Med Sci Sports Exerc. 1994, 26 (4): 414－419.

种手段控制体重和体形。例如，节食或少食、桑拿浴、吃减肥药等，从而演变成过度或病态减脂现象。此外，根据 BMI 指数的计算结果，体重正常的为 35 人，2 人属于超重，1 人达到肥胖状态。

表 7－12　被调查青少年运动员 BMI 值分布分析情况

项目	BMI＜18.5		18.5≤ BMI＜20.5		20.5≤ BMI＜22.9		BMI≥22.9	
	人数	百分比/%	人数	百分比/%	人数	百分比/%	人数	百分比/%
足球	11	26.8	18	43.9	10	22.0	2	7.3
田径	11	57.9	5	26.3	2	10.5	1	5.3
诊断结果	偏瘦		正常				偏胖或肥胖	

根据对青少年运动员饮食紊乱风险调查情况的分析，青少年运动员体重偏轻或过重情况的占比较高。结合饮食调查情况综合分析，运动员营养能量摄入不科学、饮食紊乱风险情况较为严峻。

（二）青少年运动员群体饮食紊乱呈现特征的分析

青少年运动员作为以“身体竞技”培养为特征的群体，身体培养要求与普通青少年有较大的差异，其中最大的差异在于饮食与能量的摄入，这也造就了饮食习惯在青少年运动员群体中所呈现出的不同特征。在运动实践中，青少年运动员的发展与其身体形态、体重大小、肌肉与骨骼的质量有着密切的联系，且这种联系源于青少年运动员对身体、运动项目、训练生活环境等的认知需求，所以塑造自我的“理想身体”均集中在饮食的控制上，而饮食摄入衍生的纠正“错误身体”的行为，如极端节食、禁食、主动脱水行为（如穿着桑拿服进行运动）或被动脱水行为（如桑拿），以及辅助性药物的使用（利尿剂、减肥药等）和饮食后的自我诱发性呕吐行为都是引发罹患饮食紊乱症风险的主要原因。

因此，要把握青少年运动员饮食紊乱症的本质，就必须结合当前罹患者的病例现象进行分析。分析发现：①患饮食紊乱症的青少年运动员，其体重表现为过轻或超重，这跟运动项目的需要和饮食紊乱的不同症状有关[1][2]。②青少年运动员因

---

〔1〕 SUNDGOT－BORGEN J，TORSTVEITM K. Aspects of disordered eating continuum in elite high－ intensity sports ［J］. Scandinavian Journal ofmedicine & Science in Sports，2010，20 （2）：112－121.

〔2〕 SUNDGOT－BORGEN J，MEYER N L，LOHMAN T G. How to minimise the health risks to athletes who compete in weight －sensitive sports review and position statement on behalf of the Ad Hoc Research Workin g Group on Body Comp osition ［J］. Health and Performance，British Journal of Sportsmedicine，2013，47 （16）：1012.

训练管理、时间、学习等多重因素的综合作用，营养搭配的科学性严重不足，能量摄入比例较为混乱，误餐、吃零食、挑食现象普遍存在。③在青少年运动员中，超负荷训练情况较为常见[1]。④未定义其他饮食紊乱症是饮食紊乱中除神经性厌食症和神经性贪食症之外的第三大症状类型，但对青少年运动员这一特殊群体来说，患者所表现出来的症状，通过精神病理学和临床医学分析，无法勉强归类于未定义其他饮食紊乱症，但较为模糊的是，其中部分患者的症状却极其接近神经性厌食症和贪食症[2]。⑤与普通青少年饮食紊乱症患者相比，青少年运动员饮食紊乱症患者存在体重维持在“自我行为的正常水平上”，过度关注其身体形态、体重以及对于饮食行为存在着较为严重的自责心理等行为特点[3]。

虽然青少年运动员总体上有着相对良好的心理健康水平，但不可否认其他临床症状出现高风险的事实。因此，饮食紊乱不但能使青少年运动员群体的训练质量受到影响，甚至会提前结束青少年运动员的运动生涯，让训练活动半途而废。

第四节　环境类因素

一、自然环境的竞技训练风险

这里的自然环境主要指青少年运动员竞技训练和体育实践过程中所处的温度、湿度、空气质量、氧浓度等。在青少年运动员竞技训练实践中，因地理环境和区域环境的不同，青少年运动员训练过程中的温度、氧气浓度等指标均存在差异，且这些指标与训练地区的海拔高度的关系最为紧密，在训练过程中也不会以教练员和青少年运动员的主观意志为转移。目前在训练过程中对青少年运动员造成最大竞技训练风险的自然环境指标主要指空气中的 PM2.5（雾霾），这也是目前衡量空气质量

---

〔1〕 SUNDGOT－BORGEN J，TORSTVEITM K. Aspects of disordered eating continuum in elite high－ intensity sports［J］. Scandinavian Journal ofmedicine & Science in Sports，2010，20（2）：112－121.

〔2〕 SUNDGOT－BORGEN J，MEYER N L，LOHMAN T G. How to minimise the health risks to athletes who compete in weight －sensitive sports review and position statement on behalf of the Ad Hoc Research Workin g Group on Body Composition［J］. Health and Performance，British Journal of Sportsmedicine，2013，47（16）：1012.

〔3〕 ASSOCIATION A P. Diagnostic and Statisticalmanual ofmental Disorders，Fifth Edition － Coding Update［J］. American Psychiatric Association，2014（3），22.

最权威的共识指标。

2013 年 2 月，全国科学技术名词审定委员会正式把 PM2.5 的中文名称命名为细颗粒物，从物理学角度指空气动力学直径≤2.5μm 的大颗粒物[1]。国际癌症研究机构（IARC）明确指出，PM2.5 为致癌物。其危害人体的主要机制有两个方面：一方面，由于其颗粒的微小特征，在机体进行呼吸时 PM2.5 可通过呼吸气流到达呼吸系统的末端，随着气体的交换慢慢沉积在呼吸道管壁上，对气管黏膜的功能构成负影响，如降低气管黏膜的分泌功能，阻碍杀菌、抗毒功效，甚至透过气血屏障继续破坏其他脏器等[2][3]。另一方面，由于大气中的 PM2.5 还携带人为排放的放射性物质和有毒物质，在进行气体交换时这些物质可以直接通过脉管系统，随着血液循环系统直接或间接地引发心血管系统的病变，严重者可诱发心肌产生氧化应激反应，产生心肌缺血症状，从而增加心血管疾病的发病率与死亡率[4]，机体长期处于 PM2.5 浓度较高的环境时，其死亡风险便会大幅上升[5]。魏下海等研究还表明，PM2.5 会直接影响足球运动员的竞技表现，PM2.5 浓度每上升 1%，足球运动员传球次数会下降 0.016%[6]。2012 年 12 月 26 日，时任国家体育总局局长刘鹏在全国体育局长会议上透露，中国仅注册的学生足球运动员人数已超过 19 万[7]。根据《全国青少年校园足球发展规划（2012—2022 年）》，到 2022 年我国青少年足球运动员发展规模要赶上和超越日韩，注册青少年足球运动员人数要达到 100 万[8]。

---

〔1〕 覃辉艳，彭晓武，蒙智娟，等. 大气 PM 2.5 致人支气管上皮细胞 DNA 损伤的研究［J］. 环境与健康杂志，2012，29（5）：391－393.

〔2〕 倪兴，张念志. PM 2.5 对呼吸系统影响研究进展［J/OL］. 中医药临床杂志，2018（1）：34－37［2018－02－07］. https：//doi. or g/10. 16448/j. cjtcm. 2018. 0011.

〔3〕 刘晓莉，宋宪强，孟紫强. PM_（2.5）对大鼠肝、脾、肾组织的氧化损伤效应［J］. 环境与健康志，2005（5）：326－328.

〔4〕 李加鹏. PM 2.5 对室外体育锻炼群体的危害及对策研究［J］. 菏泽学院学报，2016，38（2）：73－78.

〔5〕 王辉. 以“颗粒物（PM 10、PM 2.5）污染”看户外体育锻炼人群对空气质量的感知［J］. 体育成人教育学刊，2012，28（4）：36－39.

〔6〕 魏下海，林涛，张宁，等. 无法呼吸的痛：雾霾对个体生产率的影响——来自中国职业足球运动员的微观证据［J］. 财经研究，2017，43（7）：4－19.

〔7〕 中国政府网. 中国注册学生足球运动员的人数已经超过 19 万［EB/OL］.［2012－12－36］. http：//www. gov. cn/.

〔8〕 贺斌. 校园足球师资培养与培训体系流程及组织结构优化和再造研究［D］. 北京：北京体育大学，2016.

要做好庞大的青少年运动员群体的培养，关注、厘清和解决青少年运动员培养体系面临的环境问题也集中体现在 PM2.5 问题的解决。

图 7－6 是来自中华人民共和国环境保护部（现中华人民共和国生态环境部）的 2017 年 10 月全国 31 省 PM2.5 月平均值的分析图，环境保护部的分析报告显示：31 省轻度污染天数比例为 9.8%，中度污染天数比例为 1.6%，重度及以上污染天数比例 0.8%，与 2016 年同期相比，优良天数比例下降 5.0 个百分点，重度及以上污染天数比例上升 0.4 个百分点，PM2.5 平均浓度为 38 $\mu g/m^3$，同比上升 5.6%。其中，京津冀区域 13 个城市 PM2.5 平均浓度为 61$\mu g/m^3$，环比上升 17.3%；京津冀区域环境空气中 PM2.5 浓度环比有所上升[1]；长三角区域、珠三角区域环境空气中 PM2.5 浓度同比、环比均有所上升。不管从环境保护部的环境分析还是从现实生存环境来看，PM2.5 早已从环境问题上升为人们的健康问题，忽视对 PM2.5 的防治不仅是不注重环境的保护，更是对自身健康的忽视。

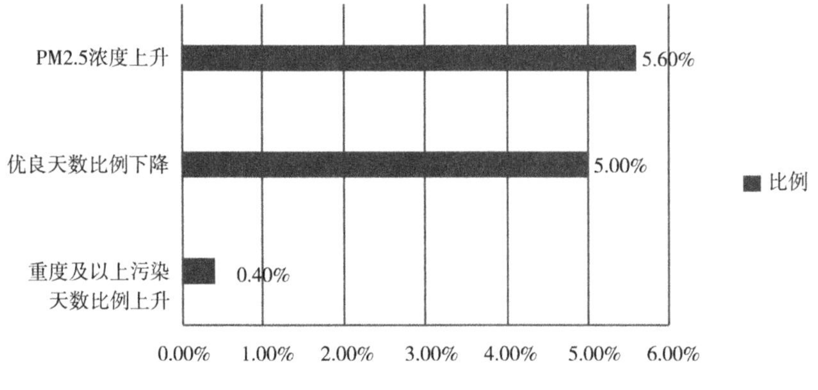

图 7－6　我国 2017 年 10 月较往年同期污染情况变化图

注：图文分析数字来自中华人民共和国环境保护部网站。

参与体育锻炼与训练，本有助于加强心肺功能，提高身体免疫力，但在 PM2.5 浓度较高的环境中长期进行体育运动反而容易增加健康风险。一方面，青少年运动员身体各个系统正处于发展和完善阶段，长期在 PM2.5 超标的环境下进行训练活动，会引起机体一系列的病变，如导致心血管系统病变，呼吸系统炎症性损伤，损

〔1〕 中华人民共和国环境保护部网站 . 2017 年 10 月京津冀、长三角、珠三角区域及直辖市、省会城市和计划单列市空气质量报告［EB/OL］.［2017－11－12］. http：//websearch. mep . gov. cn/was5/web /search ?

害免疫系统，使泌尿系统病变，甚至导致癌症的发生[1]。PM2.5 造成身体病变的可能机制也使得运动员训练环境风险具有不确定性，这些风险小到直接影响运动员的竞技表现，大到威胁运动员身体健康甚至生命，这些风险一旦在未来某个时刻发生，即有可能对运动员造成不可估量的危害，如癌症、猝死等。另一方面，这种空气环境的长期影响和媒体报道也给普通人群和青少年运动员带来了较大的心理压力。首先，随着社会工业化进程的持续推进，人们面临的雾霾问题已经上升为大众健康的话题，并在人群中展开持续性的讨论。其次，政府在治理雾霾和改善空气质量的过程中，必然发动广大群众参与到治理过程中，因此对雾霾的危害宣传和介绍成为引导人们防治雾霾的基础手段。最后，社会所处的网络环境已经使得人们进入信息传递爆炸时代，任何负面环境问题都可通过微博、微信公众平台、新闻媒体等在短时间内快速传播。爆炸性的信息传播带给公众的心理恐惧是巨大的，从而出现了人们出门即戴“防毒面具”式口罩的现象，这种有形和无形恐惧通过现代媒体在短时间内放射性传播，从而给青少年运动员带来了较大的心理恐惧和参训压力，导致风险事件的发生。故而，研究规避青少年运动员面临的竞技训练环境风险，是走向自然环境和竞技体育生态纯洁化的必由之路。

二、社会环境的竞技训练风险

所谓社会环境，是指与群体生活相关联的各种社会条件的总和，包括该群体所构成的社会内部结构、该群体内部人员关系以及与其他群体的交往和关系等诸方面的关系总和[2]。青少年运动竞技训练环境不但属于社会环境的范畴，也同时具备运动环境的相关属性，其环境特征表现出一定的特殊性与复杂性。一方面，青少年运动员是社会成员，普通社会实践风险、社会制度风险、价值观风险等都是其作为社会成员不可避免的风险存在。另一方面，与普通青少年相比，青少年运动员在日常学习之余，还要承担较重的训练任务，在这种日常学习和训练任务的双维度压力下，“学训矛盾”造成的风险日益突出，训练场地器材产生的风险也不容小觑。

---

〔1〕 李加鹏. PM 2.5 对室外体育锻炼群体的危害及对策研究［J］. 菏泽学院学报，2016，38（2）：73－78.

〔2〕 何静. 少数民族文化融入幼儿园课程的个案研究［D］. 长春：东北师范大学，2016.

（一）人际关系环境竞技训练风险

人际关系是社会环境的核心，无论是制度、价值观，还是习俗，都是对人际关系的调整和规范。青少年运动员人际关系是指竞技训练实践中，运动员与家庭成员、教练员、队员以及其他社会成员之间形成的关系网络，这种人际关系是提高群体凝聚力、运动成绩的关键因素之一[1]，也是整个人类社会的典型缩影。青少年运动员的人际关系也可以说是青少年运动员竞技训练顺利开展的前提，良好的人际关系能提升竞技训练效果，使青少年运动员以教练员为核心形成训练共同体，构建成员之间的和谐关系，建立相互之间的信任，激发青少年运动员的训练激情，心境良好地参与到竞技训练中。否则易出现风险事件。

青少年运动员在所处社会环境与人际关系中具有多重角色的特点。在学校环境中，青少年运动员是学生；在家庭环境中，青少年运动员是孩子；在训练与竞技过程中，青少年运动员是运动员；在社会环境中，青少年运动员又是社会环境中的一员，这种多重角色的特性，使青少年运动员的人际关系变得更加复杂。青少年运动员竞技训练的“竞争性”和担负的运动竞技使命也使运动员复杂的人际关系带来的竞技训练风险日趋明显。因此，对青少年运动员人际关系的梳厘是厘清其竞技训练人际关系风险的关键点和必要途径。青少年运动员竞技训练人际关系如图 7 -7 所示。

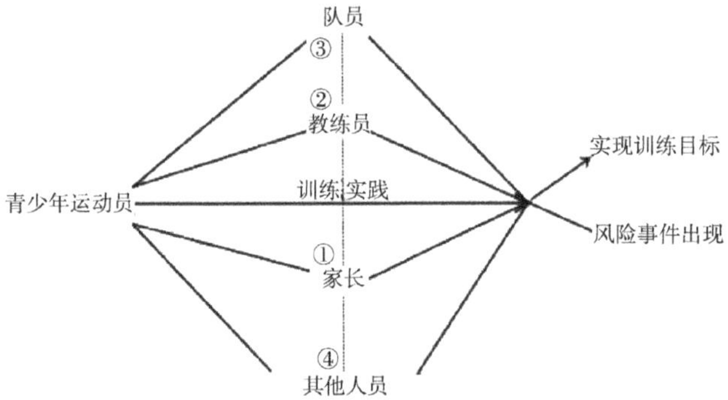

图 7 -7　青少年运动员竞技训练人际关系图谱

青少年运动员因社会角色的多样性和参与运动训练的特殊性，以及担负的竞技

〔1〕 白素清，姜龙南，曹太勇．对我国部分技巧优秀教练员运动员人际关系初探［J］．体育科学，1992（5）：91.

运动使命，其人际关系环境存在多样性和复杂性的特征，这种复杂而多样的人际关系网络也造成了较为严重的人际关系风险。分析和梳理青少年运动员人际关系风险可主要从以下4条关系脉络入手。第一，青少年运动员与家长的关系。青少年正处于青春发育期，这是身心发展的关键阶段，也是青少年成长所必须经历的叛逆期。在此阶段，青少年运动员要承受两个方面的压力——学习、竞技训练。在家长看来，青少年运动员首先是学生，其次才是运动员，在学校学习方面希望其与普通学生无大的区别。然而，作为学生运动员，往往很难做到学业和训练的双优异，出于对学业的担心，部分家长强制其停训、退训。第二，青少年运动员与教练员的关系。在青少年运动员的人际关系体系中，教练员是家长以外与青少年运动员接触最多的人员之一，也是对青少年运动员竞技训练结果起决定性作用的人员。他们之间的关系亦师长、亦亲人、亦朋友，教练员也是青少年运动员竞技训练的管理者。然而在竞技训练实践过程中，由于教练员的脾气过于火爆和专制，让青少年运动员难以靠近，抑或教练员过于冷漠，未能给予青少年运动员足够的关心和呵护，让运动员无法得到理解以调整心态的相关事例时有发生[1]。此外，因教练员和青少年运动员关系不融洽等因素造成的运动后罢训、退训的报道也很常见。故青少年运动员与教练员之间不融洽的关系会造成风险事件的发生。第三，青少年运动员与队员之间的关系。青少年运动员与队员之间的关系也非常重要，他们之间的交流、情感距离、行为模式等都是决定青少年运动员竞技训练过程情绪控制的重要方面，这种双向的队员关系好的呈现模式为相互鼓励、相互支持和帮助。当队员之间出现交流壁垒和障碍时，容易导致青少年运动员情绪不佳，甚至造成损失和其他风险事件的发生。第四，青少年运动员与其他人员的关系。在青少年运动员人际关系网络中，与包括教师、队医、同学等在内的其他人员的关系对运动员的发展也是至关重要的，这些人员经常直接或间接地参与青少年的竞技训练过程，他们或许不会直接影响运动竞技训练结果，但却是青少年运动员规避风险不可忽略的部分。例如，与队医、教师及同学等的关系呈现的负面影响过大时，往往容易造成运动员情绪低落，甚至引发更为严重的风险事件。

在青少年运动员参与运动训练过程中，表7－13中4种人际关系是保障青少年

〔1〕 吴敏．我国优秀运动员组织压力源结构、测量与作用机制［D］．武汉：华中师范大学，2014.

运动员健康、持续参与训练的基础条件，一旦其中的某种人际关系产生问题且没有得到有效的处理，就会对运动训练效果和结果产生负向影响，带来风险事件。如因学习与训练矛盾、与家长沟通较少等风险因素导致与家长的关系产生危机时，青少年运动员参与训练的人本性保障会受到影响，造成青少年运动员情绪低落甚至退训等风险事件的出现；因运动员与教练员沟通交流不愉快、教练员管理过于严苛等因素造成人际关系问题时，处理不当会造成青少年运动员成绩停滞，甚至停训等风险事件的出现；在青少年运动员与队员因生活矛盾、比赛过程中的非良性竞争等因素导致关系危机时，容易造成青少年运动员情绪不佳从而影响训练效果，甚至造成训练过程中的损伤事件；包含与队医的关系、与教师的关系等在内的其他人际关系出现危机也可导致训练过程中的各种风险事件的产生。综上所述，青少年运动员人际关系环境的竞技训练风险，是其训练过程中客观存在并对训练过程的风险事件影响较大的因素，要做好青少年运动员社会环境风险的分析与规避，青少年运动员人际关系风险不得不作为重点因素加以重视。

表 7－13　青少年运动员竞技训练人际关系风险因素及关系定位

人际成员	关系类型	风险事件与因素	人际关系定位
家长	家庭血缘关系	学训矛盾、沟通较少、青春期叛逆、管理过于严格等	保障运动员的最关键关系
教练员	组织性师徒关系	沟通交流不愉快、管理过于严苛、对整体与个体把握不准确等	最直接参与竞技训练过程和提供支持
队员	支持与竞争关系	生活矛盾、非良性竞争、关系不融洽等	训练实践过程中的协作与竞争作用
其他人员	其他支撑关系	管理冲突、利益矛盾、关系不融洽等	提供其他支撑并发挥作用

（二）资源环境竞技训练风险

资源环境是体育环境的重要组成部分。在运动员所处的社会环境中，各种支撑运动员参与竞技训练的场地、器材、人员等都属于运动竞技资源环境的范畴。青少年运动员资源环境的构成要素主要包括两个部分，即设施资源和人员资源。设施资源主要指场地器材、医疗设备、住宿条件、交通条件以及部分其他设施资源，设施资源为青少年运动员的竞技训练提供了基本的训练和生活条件，这些硬件设施对青少年运动员的体育实践和后勤保障是至关重要的。人员资源主要包括直接参与青少年运动员竞技训练的教练员、队医、科研人员以及其他参与和保障训练过程的相关人员，人员资源在竞技训练过程中是有形存在的，但其提供的训练服务和保障是无形且对竞技训练结果起决定性作用的。青少年运动员竞技训练要取得成功，高水平的教练员、队医、科研人员等的支持是基础，也是最主要的决定性因素之一。然而因各地青少年体校的资源限制，青少年运动员在现实资源环境中面临着严重的竞技训练资源环境风险。青少年运动员资源环境及构成要素如图 7－8 所示。

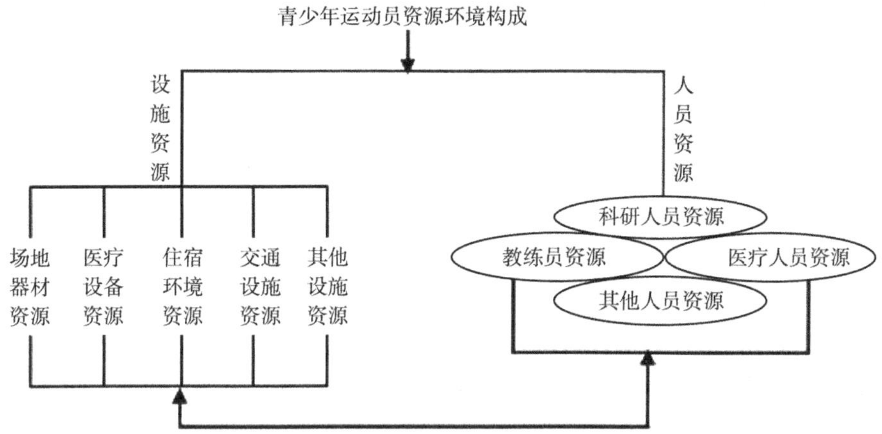

图 7－8　青少年运动员资源环境及构成要素

青少年运动员所处的资源环境具有宽泛性与具体性的双重特点，其宽泛性主要体现在青少年运动员所处环境的多样性，如基层体校、学校、青少年训练队等训练环境，其具体性主要体现于支撑青少年运动员竞技训练的资源，可具体到训练的场地、器械、和其他训练设备。这种复杂的资源组合构成了青少年运动员训练与竞技过程的整个资源环境系统，这个环境系统在为青少年运动员提供竞技支撑的同时，也带来了风险，这些风险可从以下 3 个方面来窥探。

第一，资源短缺风险。资源短缺和不足是各地青少年体校，尤其是基层体校普遍面临的问题，这种资源短缺主要体现在器材设施短缺、训练场地短缺、体育信息资源短缺和医疗保障条件不足等问题上。例如，青少年体校排球运动员训练的场地器材严重匮乏，多数地区只有露天训练场，没有室内场地，遇到雨雪天气，则无法进行训练，影响了全年训练计划的实施[1]，这是较为典型的器材和场馆资源缺乏带来的竞技训练风险。此外，体育信息资源缺乏时，往往会使教练员和青少年运动员不能及时掌握外界的前沿信息，带来参赛的各种窘境，造成训练风险事件的发生。

〔1〕 张孝停，王少武．青少年排球运动员的损伤特点及原因分析［J］．青少年体育，2015（6）：41－42，40.

最后，训练过程中的医疗保障是支撑青少年运动员持续健康参与竞技训练的保障性资源，基层青少年体校严重缺少医疗仪器及相关设备，队医等医疗人员严重缺乏，造成的竞技训练风险形势较为严峻。

第二，资源质量风险。竞技训练的场地、器材、服装等均会影响青少年运动员训练状态和竞技水平的发挥。不同运动项目场地、器材在国家乃至国际上均有统一的标准〔1〕，如田径比赛场地常用的合成材料跑道、篮球场地的人工木质地板材料等。但在实际的基层青少年体育训练环境中，很多单位在新建和使用体育场地、器材时并没有统一严格地按照国家相关体育场地标准，从而造成了“毒跑道”事件等严重风险事件的发生。

第三，资源管理风险。资源管理风险主要指人力资源即教练员、队医等和器材资源等方面存在的资源风险。在教练员配备问题上，在我国教育体制中，优秀教练员资源比较稀缺。因我国竞技体育发展的历史原因，优秀教练员主要集中在竞技体育系统。受培养体制和相关政策的特殊性影响，青少年运动员与教练员群体日益分离，形成了体校有教练而无队员、学校有队员而无优秀教练的训练窘境，致使教练资源的结构性短缺，制约了对优秀青少年运动员的培养〔2〕。在队医资源配备问题上，基层体校的情况更是不容乐观。首先，青少年体校没有配备充足的队医（如陕西省青少年体校仅有 1 名队医），高水平队医在青少年体校更是稀缺。其次，在部分基层青少年体育训练基地，因各方面复杂的问题，有的教练员对队医的训练建议存在不信任的态度，作为对训练过程有绝对控制权的教练员，在训练队仅把队医当按摩人员使用，表现出不合理的人力资源分配情况。在器材使用问题上，主要暴露出的是器材管理不科学问题造成的隐患与风险，如器材乱放、未按规定使用等造成的安全隐患。

综上所述，青少年运动员训练资源环境涉及方面比较广泛，管理涉及人员繁多，且暴露出的问题较为综合，造成的资源环境竞技训练风险形势严峻，解决和应对这些训练风险既要有顶层设计，又要从基础抓起，这也是实现体育强国目标的必由之路。

---

〔1〕 梁慧敏．陕西省青少年运动员运动损伤现状及其风险因素的研究［D］．西安：陕西师范大学，2016.

〔2〕 马德浩．我国竞技体育人才资源萎缩的原因探析与应对策略［J］．体育与科学，2016，37（5）：98－104，83.

第八章　青少年运动员竞技训练系统风险

青少年运动员竞技训练系统的目标在于促进青少年运动员的长远发展。竞技训练系统的发展是多个系统协同作用的过程，在这一过程中充满了风险，在一定程度上青少年运动员的健康发展就是一个与风险斗争的过程。其主要集中在：学校风险管理问题，运动员文化课教育问题，饮食与环境、生活习惯风险，教练员与运动员关系问题，青少年运动员训练风险，运动员比赛风险、文化教育风险以及发展转型问题，国家政策给运动员带来的风险，训练倦怠与疲劳风险损伤与停训风险等。近年来，“校园足球”活动的开展使青少年男子足球运动员群体大幅增加，而与之相关的其他社会资源却增长缓慢，这就使得青少年男子足球运动员竞技训练的问题日益尖锐，这些问题的出现，亟须相关体育科研来解决。

风险社会的困境正是由社会问题得不到有效合理的解决造成的，青少年男子足球运动员遇到的问题在一定程度上就是他们发展的风险源头。运用风险社会理论聚焦于青少年男子足球运动员的发展，一是解决青少年男子足球运动员发展问题对校园足球的健康发展具有极强的现实意义；二是足球项目训练系统的风险与众多青少年竞技项目具有共性，且极具代表性。

第一节　训练系统风险的表现

体育活动蕴藏着风险[1]。从风险社会对风险的认知来看，风险和发展实质是相辅相成的，没有发展就没有风险，同样，没有风险的规避和克服也就没有发展，社会的发展实质是人的发展，只有人才能成为风险的主体。从这一普遍意义来讲，青少年运动员的发展实质就是训练系统的发展，竞技训练系统的主要目的在于培养

〔1〕 APPENZELLER H. Riskmanagement in sport: Issues and strategies [M]. Durham, NC: Carolina Academic Press, 1998: 120.

有发展潜力的运动员，所以青少年运动员的发展，在于对其所面临风险的规避和克服。

沿着上述思路，我们要论证青少年运动员训练系统的风险是什么，即训练系统风险是以什么样的形式存在，怎样产生和消亡。这一问题应沿着风险社会的特征来回答，当前我国社会宏观环境及学校的中观环境对于训练系统内青少年运动员存在什么样的机遇和未来可能存在的潜在危害。训练系统的风险都会通过风险事件的形式展现出来，风险事件的发生会使风险因素中潜在的危险转化为已发生的损失，青少年时期影响最严重也是最常见的损害性结果是运动损伤。通过对风险事件、损伤情况的调查，能够了解目前陕西省青少年男子足球运动员面临的一些具体风险，同时，这些具体风险都是青少年男子足球运动员训练系统风险的损害性结果。

一、训练系统风险事件的现状分析

风险事件的个案数代表了训练系统风险发生的频率与概率，对个案数进行统计分析能够直观反映陕西省青少年男子足球运动员训练系统风险产生的主体与群体范围、风险类型。不同培养模式中青少年男子足球运动员面临的风险事件是不一样的，为了能够全面了解陕西省青少年男子足球运动员训练系统风险的现状，本书对教育系统模式和体育系统模式进行了调查。

通过对陕西省校园足球示范校的调查，将其训练系统中常见的风险事件进行统计归纳，得到表 8 - 1。

表 8 - 1　陕西省“教育系统”模式中训练系统风险事件统计表

风险事件名称	个案数	均值	众数	标准差	峰度
运动性疲劳难以恢复	30	2.73	2	1.413	-1.123
熬夜学习造成身体疲劳	29	2.62	1a	1.293	-1.105
学习成绩退步	23	2.57	3	1.121	-0.481
恶劣天气致伤	21	1.86	1	1.062	2.313
不按规定佩戴护腿板	21	1.81	1	1.123	2.234
与文化课教师关系紧张影响训练	18	1.67	1	0.97	2.191
总感觉有力但在训练中使不出来	18	2.39	1	1.29	-0.896
铲球/倒勾等高风险技术动作致伤	17	1.82	1	1.074	3.814
有退出训练的想法	17	1.65	1	0.931	1.081
裁判错判、漏判带来的情绪波动	15	2.27	1	1.223	0.108

续表

风险事件名称	个案数	均值	众数	标准差	峰度
比赛交通事故	15	1.93	1	1.223	1.799
认为自己的身体发展不如队友	14	1.93	1a	0.829	-1.509
训练成绩停滞现象	13	2.38	1a	1.325	-0.677
足球技术差遭队友嫌弃	13	1.92	1a	0.954	0.221
带病训练、比赛造成伤病加重	13	2.08	1	1.038	-1.156
放松活动不充分	13	2.31	3	1.032	-1.334
场地安全隐患致伤	12	2.17	1	1.403	-0.447
赛场斗殴事故	12	2.5	1	1.931	-1.858
比赛失常	12	2.42	1a	1.311	-0.439
与非队友同学相比，认为自己前途渺茫	12	2.08	2	1.165	2.761
训练中情绪不好致伤	11	2.27	1	1.555	-0.268
心理疲劳造成的伤病（含精神状态差）	11	2	1	1.095	-1.111
球场上经常有过激行为	10	2.2	2	1.135	4.336
运动性贫血	10	1.7	1	0.823	-1.043
经费支持不够	10	2.5	1	1.78	-1.866
服装不合身带来的安全隐患	10	1.5	1	0.85	0.107
不按时吃早点，不注重自身的饮食营养	10	2.1	1	1.101	-1.236
自控性差，卫生习惯不好导致生病	10	2.2	2	1.229	2.209
训练压力大，造成心理问题	10	2.4	2	0.843	0.37
慢性病	10	1.8	1	1.033	-2.277
足球专项伤病	9	1.67	1a	0.707	-0.286
训练（方法不当、负荷过大、技术不当）致伤	9	1.89	1	0.928	-2.018
赛前失眠、焦虑带来的健康问题	9	1.78	1	1.093	0.77
住宿环境差引起不适	9	2	1	1.118	-0.8
运动营养不当	8	2.38	1a	1.408	0.221
教练员对你关注较少	8	1.63	1	0.744	-0.152
理解不了教练员的意向	8	1.88	1	1.356	5.003
教练员讲解得不清楚	8	2	1	1.414	2.471
父母或家庭成员关系不好，阻碍你投入训练	8	1.25	1	0.463	0
父母或家庭成员要求你退训	8	1.13	1	0.354	8
训练队内厌学情绪蔓延	7	2	1	1.155	-0.15
讨厌训练	7	1.29	1	0.488	-0.84
教练员与队员发生冲突	7	1.57	1	0.787	0.273
队内人际关系差	7	1.57	1	0.787	0.273

续表

风险事件名称	个案数	均值	众数	标准差	峰度
认为教练员训练不科学、不适合自己	7	2.14	1	1.464	1.948
生活方式不健康（吸烟、饮酒等）	7	1.14	1	0.378	7
早恋	7	1.14	1	0.378	7
头球引起脑损伤	6	1.5	1a	0.548	-3.333
比赛造假问题	6	1.33	1	0.516	-1.875
教练员身体健康问题	6	1.5	1	0.837	1.429
教练员经常对你严加责备	6	1.83	1	1.602	4.64
教练员技术动作不规范	6	1.67	1	1.211	3.657
教练员战术讲解不清晰	6	1.17	1	0.408	6
教练员凭个人喜好决定队员是否参加比赛	6	1.17	1	0.408	6
教练员训练方法不当造成队员损伤	6	1.17	1	0.408	6

注：a 代表存在多个众数，显示了最小的值。

从表 8-1 可以看出，在陕西省“教育系统”模式下培养的青少年男子足球运动员面临的风险事件前 5 位是运动性疲劳难以恢复、学习成绩退步、不按规定佩戴护腿板、总感觉有力但在训练中使不出来、有退出训练的想法。这反映了学训矛盾、训练科学化、辍训等风险是“校园足球”模式下青少年训练系统中常见的风险类型。

相对于“大口径、宽渠道、大容量”校园足球培养模式下的青少年男子足球运动员，体育系统主导的培养模式下的风险事件呈现出不同的聚类现象。用统一问卷对陕西省青少年男子足球队进行调查，得到表 8-2。

表 8-2　陕西省“体育系统”模式中训练系统风险事件统计表

风险事件名称	个案数	均值	众数	标准差	峰度
学习成绩退步	29	3	2	1.0351	-0.806
裁判错判、漏判带来的情绪波动	22	3	3	1.2344	-0.642
有退出训练的想法	21	2.238	1a	1.2611	0.332
比赛失常	20	3.1	3	1.1192	0.247
早恋	18	3	2a	1.2834	-0.893
总感觉有力但在训练中使不出来	17	3.118	3	0.9275	-0.779
运动性疲劳难以恢复	16	2.625	3	0.6191	1.58
训练成绩停滞现象	16	2.938	3	1.1815	-0.321
讨厌训练	13	2.462	3	1.2659	-0.39
足球技术差遭队友嫌弃	12	2	2	0.9535	0.161

续表

风险事件名称	个案数	均值	众数	标准差	峰度
理解不了教练员的意向	11	1.909	2	0.9439	1.206
队内人际关系差	9	2.111	1	1.453	0.185
认为自己的身体发展不如队友	9	3.111	2	1.2693	-1.251
训练队内厌学情绪蔓延	8	2.25	2	0.8864	1.851
球场上经常有过激行为	8	2	1a	1.069	0.35
赛前失眠、焦虑带来的健康问题	7	2.429	1a	1.3973	1.007
教练员对你关注较少	7	2.571	3	0.5345	-2.8
教练员凭个人喜好决定队员是否参加比赛	7	3.429	2a	1.2724	-1.715
与非队友同学相比，认为自己前途渺茫	7	3.143	3a	1.3452	-0.302
训练（方法不当、负荷过大、技术不当）致伤	6	2.5	2a	1.0488	-0.248
带病训练、比赛造成伤病加重	6	3	3	0.6325	2.5
心理疲劳造成的伤病（含精神状态差）	6	2.667	2a	1.2111	-1.55
放松活动不充分	6	2.5	1a	1.6432	-1.029
教练员经常对你严加责备	6	3.167	4	1.472	-0.859
训练压力大，造成心理问题	5	1.6	1	0.8944	0.312
场地安全隐患致伤	4	2.25	2	0.5	4
认为教练员训练不科学、不适合自己	4	3.25	3	1.2583	2.227
足球专项伤病	3	3	2a	1	—
教练员身体健康问题	3	3	3	0	—
熬夜学习造成身体疲劳	2	2.5	1a	2.1213	—
铲球/倒勾等高风险技术动作致伤	2	2	2	0	—
教练员与队员发生冲突	2	2	1a	1.4142	—
教练员讲解得不清楚	2	2.5	1a	2.1213	—
生活方式不健康（吸烟、饮酒等）	2	1.5	1a	0.7071	—
与文化课教师关系紧张影响训练	1	1	1	—	—
运动性贫血	1	3	3	—	—
训练中情绪不好致伤	1	1	1	—	—
住宿环境差引起不适	1	3	3	—	—
服装不合身带来的安全隐患	1	3	3	—	—
教练员战术讲解不清晰	1	1	1	—	—
不按时吃早点，不注重自身的饮食营养	1	2	2	—	—
父母或家庭成员关系不好，阻碍你投入训练	1	1	1	—	—
父母或家庭成员要求你退训	1	1	1	—	—

续表

风险事件名称	个案数	均值	众数	标准差	峰度
经费支持不够	0	—	—	—	—
恶劣天气致伤	0	—	—	—	—
赛场斗殴事故	0	—	—	—	—
运动营养不当	0	—	—	—	—
比赛交通事故	0	—	—	—	—
头球引起脑损伤	0	—	—	—	—
比赛造假问题	0	—	—	—	—
不按规定佩戴护腿板	0	—	—	—	—
教练员技术动作不规范	0	—	—	—	—
教练员训练方法不当造成队员损伤	0	—	—	—	—
自控性差，卫生习惯不好导致生病	0	—	—	—	—
慢性病	0	—	—	—	—
不遵守医嘱导致伤病恢复缓慢	0	—	—	—	—

注：a 代表存在多个众数，显示了最小的值。

风险事件严重性的均值代表此项风险事件对青少年男子足球运动员造成的损失大小，一定程度上代表风险量的大小，对其进行统计可以最大限度地了解风险事件的损害性，即训练系统风险的损害性大小；峰度反映风险事件的不确定性，即风险损害的大小变化剧烈程度。为了更直观地反映陕西省青少年男子足球运动员训练系统风险损害结果的严重性，本书将陕西省青少年男子足球运动员训练系统风险事件严重性均值进行统计绘图，得到图 8－1。

对比两种模式下的风险事件发生的频率与概率、严重性均值，发现两种模式的风险事件存在共性与特性。共性表现在：①“学习成绩退步”是陕西省青少年男子足球运动员高频率的共性风险事件，反映出“学训矛盾”的制度化风险一直存在于青少年男子足球运动员训练系统；②“有退出训练”的想法在青少年男子足球运动员训练系统中是普遍存在的。不同点在于：①体育系统主导的模式中风险事件的严重性均值整体上高于教育系统主导的培养模式；②在遭遇同一风险事件时，两种模式下青少年男子足球运动员面临不同的风险严重性，整体上体校青少年男子足球运动员关于“教练员执教能力”的风险严重性高于普通学校。

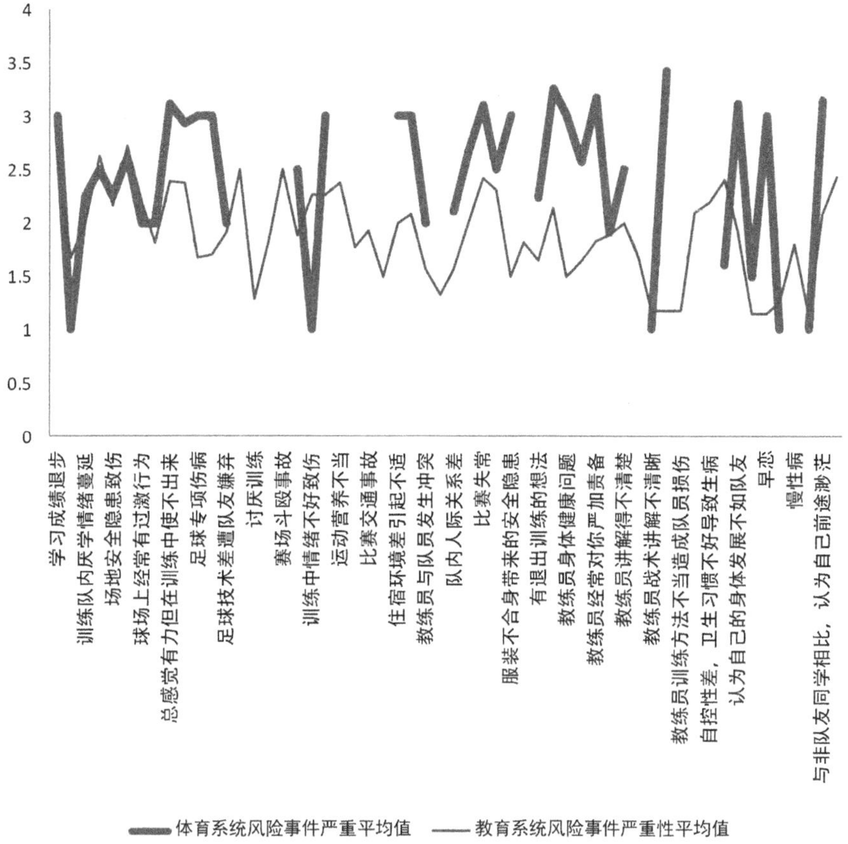

图8－1　陕西省青少年男子足球运动员训练系统风险事件严重性平均值统计图

风险事件的可控性也是反映风险事件风险量大小的一个重要指标，一般来说，可控性高的风险事件在采取措施后发生的频率会降低，整个训练系统的风险系数也会降低。通过前期访谈、观察和对陕西省青少年男子足球运动员的问卷调查，筛选了训练系统内频率最高的9种风险事件，针对训练活动的制定者——教练员和专家进行问卷调查，分析整理数据后得到了图8－2。

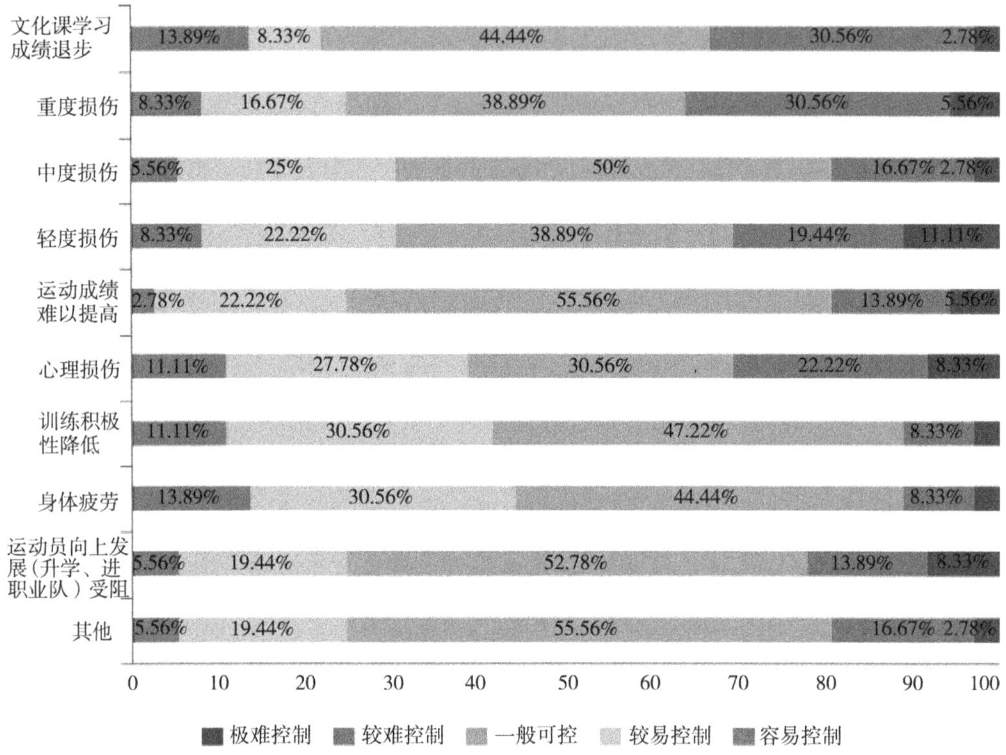

图 8－2　陕西省青少年男子足球运动员训练系统高频率风险事件可控性统计图

通过对训练活动主要制定者——教练员的调查发现，在训练系统内重度损伤属于极烈性风险事件，由于其发生的偶然性因素偏多，人为控制干预的成功率低导致重度损伤是最难以控制（较难控制与极难控制统称为“难以控制”）的风险事件；其后依次是运动员文化课学习成绩退步、心理损伤、轻度损伤、运动员向上发展受阻、重度损伤和其他、运动成绩难以提高、身体疲劳、训练积极性降低。在训练系统中教练员是具有绝对指导权威的个体，和运动员一起构成整个训练系统的主体人员架构，也是训练系统最活跃和风险系数最高的群体。从教练员的角度看，训练系统中运动员身体疲劳和训练积极性降低通过教练员调整训练就可以克服，运动成绩难以提高通过改进训练手段、方式方法等也可以人为改变风险环境，但是在实际操作中由于教练员很少参与运动员的文化课学习，导致训练系统中运动员成绩下降成为一项难以控制的风险事件，但是在访谈中发现这种风险事件只需在制度层面进行改革就可以进行很好预防。

二、训练系统青少年运动员损伤情况的调查分析

在调查中发现，陕西省“体育系统”青少年男子足球运动员的平均受训年限是3.6年，因训练受伤的平均次数是2.7次；“教育系统”运动员平均受训年限为1.6年，因训练受伤的平均次数为0.8次。损伤是风险事件最直观也是最常见的损害性结果，对青少年男子足球运动员损伤部位与次数的统计可以直观反映风险损害程度。通过阅读文献、访谈及对青少年足球运动员易伤部位进行问卷调查，得到表8－3。

表8－3　陕西省青少年男子足球运动员易受伤部位统计表

损伤部位	学校类型	个案数	均值	众数	最小值	最大值
头颈部	教育系统	5	2	1a	1	3
	体育系统	2	1	1	1	1
上肢	教育系统	17	2.35	2	1	5
	体育系统	6	2	1a	1	3
腰背部	教育系统	15	2.47	2	1	4
	体育系统	4	3.25	3	2	5
大腿与腹股沟	教育系统	27	2.48	3	1	4
	体育系统	14	2.29	2a	1	3
膝关节	教育系统	17	2.76	3	1	5
	体育系统	8	2.75	2	2	4
小腿	教育系统	16	2.06	1	1	4
	体育系统	7	1.57	1	1	3
跟腱	教育系统	13	2	1	1	4
	体育系统	1	3	3	3	3
足踝	教育系统	33	2.36	2	1	5
	体育系统	19	2.42	2	1	4

注：a代表存在多个众数，显示了最小的值。

教育系统青少年男子足球运动员易受伤部位依次是足踝、大腿及腹股沟、膝关节、上肢、小腿、腰背部、跟腱、头颈部，体育系统青少年男子足球运动员受伤部位依次是足踝、大腿及腹股沟、膝关节、小腿、上肢、腰背部、头颈部、跟腱。二者在受伤部位上大体相同，但在损伤严重性的均值上，体育系统青少年男子足球运动员足踝、跟腱、腰背部的损伤严重性高于教育系统青少年男子足球运动员，其余则反之。在平均损伤次数上，体育系统以2.7次/人远远高于教育系统的1.26次/人。

这反映了训练系统内微环境的不同会造成风险分布的差异性。

三、训练系统各类训练资源满意度的调查分析

训练资源是训练系统运行的物质基础，训练系统内资源分布的非均衡性造成系统内微循环的差异性，通过调查系统内资源的布局情况与满意度，有助于了解训练系统风险生成的物质条件。通过调查发现“教育系统”与“体育系统”在足球训练资源分配上差异明显。（表 8－4）

表 8－4　训练系统足球资源满意度统计表

足球资源名称	“教育系统”足球资源				“体育系统”足球资源			
	均值	众数	最小值	最大值	均值	众数	最小值	最大值
场地资源（足球场）	3.12	1	1	5	4.581	5	3	5
配套训练设施（如力量训练器）	2.93	1	1	5	4.645	5	3	5
训练医疗条件	2.65	1	1	5	4.355	5	2	5
教练员队伍（主教练、体能教练员、科研教练员）	3.69	5	1	5	3.968	4a	2	5
训练恢复设施（如洗澡、理疗设施）	2.72	1	1	5	4.097	5	1	5
训练时间和空间充裕程度	2.97	1	1	5	3.419	3	1	5
文化课学习支持资源（如补课）	3.60	5	1	5	2.387	3	1	5
球队文化（团结、归属感）	3.52	5	1	5	3.677	4	2	6
校领导对待足球的态度	3.28	5	1	5	4.613	5	3	5
文化课教师负责和充足	3.22	5	1	5	3.742	3	2	5
训练补助费制度	3.00	1	1	5	3.968	5	1	5
训练、比赛奖励制度	2.92	1	1	5	3.613	4	1	5
训练违纪处分条例	3.15	5	1	5	3.935	5	2	5
运动员外训制度	2.97	1	1	5	3.839	5	1	5
参加比赛选拔制度	2.88	1	1	5	3.839	5	1	5
经费支持	2.93	1	1	5	4.258	5	3	5
全年参赛安排制度	2.98	1	1	5	4.323	5	2	5
升学优惠条件	3.27	5	1	5	3.935	5	1	5

注：a 代表存在多个众数，显示了最小的值。

由表 8－4 可以清晰看出，在训练系统资源的满意程度上，“体育系统”除了文化课学习支持资源外，其余各项资源的满意度均明显高于“教育系统”，这也反映了在足球训练资源布局上，陕西省还存在很多问题，大量青少年男子足球运动员的

“教育系统”足球训练资源严重掣肘足球训练的开展；“体育系统”文化课教育资源存在师资、学风等问题。资源分布的不均衡导致了“教育系统”与“体育系统”青少年男子足球运动员在风险事故的发生上存在很大不同，“教育系统”因足球训练资源的缺乏产生的风险事件远远多于“体育系统”，而“体育系统”的文化教育风险事故多于“教育系统”。这些现象产生的深层原因在于中间管理层权力的弱化与协同机制的缺失。

四、训练系统风险事件产生原因的调查分析

损伤作为训练系统最常见的风险事件，其成因也是最复杂的。青少年运动员损伤的情景包含“训练、比赛、生活”3个部分，影响损伤的风险因素主要包括显性、中性、隐性3个层次8个部分：身体发育因素、心理因素、比赛训练因素、场地器材环境因素、外界社会因素、日常生活因素、内部管理因素、其他因素〔1〕。足球作为集体对抗项目，调查中发现，集训方式、训练时间、精神压力、饮食结构等与损伤次数之间存在某种相关性，运动员的参训动机会影响其为足球训练投入精力的多少，直接影响其未来发展。本书利用李克特量表调查得到表8-5的数据，从中可以看出，“教育系统”青少年男子足球运动员的参训动机排在前三位的是自己喜欢足球、为了锻炼自己的意志品格、为了中国足球事业的发展。后两位依次是：为了满足升学条件和为了获得相应的学分，降低文化课考试成绩。而“体育系统”青少年男子足球运动员参与训练的首要动机是为了提高自己的足球技能与知识，其次是为了锻炼自己的意志品格、为了学校的荣誉。比较而言，“体育系统”对足球技术的获取动机更高，对足球技术的提高也较为重视。奖学金政策之所以对“体育系统”青少年男子足球运动员参训动机影响力弱，可能是部分体校未设置体育奖学金或是体育奖学金的评奖标准过高导致的。此外，为了获得相应的学分，降低文化课考试成绩和满足升学条件的参训动机影响力较弱对运动员发展存在潜在隐患，造成这种现象的原因在于陕西省青少年训练系统内“体教融合”未形成合理有效的评价机制，长此以往，可能导致部分运动员文化课与足球技能两极化发展，使得未来发展更加局限。

〔1〕 梁慧敏. 陕西省青少年运动员运动损伤现状及其风险因素的研究［D］. 西安：陕西师范大学，2016.

表8-5　陕西省青少年男子足球运动员参训动机统计表

参训动机	教育系统		体育系统	
	均值	动机排序	均值	动机排序
自己喜欢足球	4.39	1	3.966	5
为了锻炼自己的意志品格	4.27	2	4.429	2
为了中国足球事业的发展	3.91	3	4.235	4
为了强身健体	3.89	4	3.917	6
为了提高自己的足球技能与知识	3.86	5	4.607	1
为了获取相应的奖学金	3.80	6	2.500	9
为了学校的荣誉	3.70	7	4.400	3
为了满足升学条件	3.38	8	3.429	7
为了获得相应的学分，降低文化课考试成绩	3.00	9	2.714	8

参赛风险是训练系统内主要的“风险事故丛”之一，越来越多的运动员在参赛中面临各式各样的风险，给其训练带来了严重的风险。通过调查陕西省青少年男子足球运动员参加比赛不适应的原因可以了解到参赛风险产生的部分原因。“体育系统”内的青少年男子足球运动员由于比赛资源丰富，面临的参赛风险也远高于“教育系统”青少年男子足球运动员。“体育系统”中青少年男子足球运动员参赛不适应的首要原因是为了获得好的比赛成绩，面临巨大的比赛压力；“教育系统”内青少年男子足球运动员比赛不适应的首要原因是比赛间歇时间短，身体难以恢复调整，这与“教育系统”内的赛会制度有关。在“教育系统”中，许多比赛以赛会集中制为主，青少年男子足球运动员在短期内连续参加数场比赛，对其体能是一种考验。相对于其他因素，住宿与饮食对于青少年运动员比赛发挥的影响较小，这可能与比赛期间赛会住宿与饮食服务监督体系完善有关；其次，裁判判罚对青少年运动员有着深刻的影响，一些运动员在比赛中对裁判员的判罚不公产生不满情绪，进而做出过激行为，给青少年运动员自身与对手的安全带来严重的风险。（表8-6）

表8-6　陕西省青少年男子足球运动员比赛发挥失常原因统计表

数值类型		比赛经验不足	住宿和饮食条件差	平时上场机会少	比赛过程中压力大	间歇短，难以调整和恢复	场地环境难以适应	裁判判罚不公
教育系统	均值	2.808	1.750	2.857	2.643	2.917	2.824	2.818
	众数	2	1	4	2a	2a	3	3

续表

数值类型		比赛经验不足	住宿和饮食条件差	平时上场机会少	比赛过程中压力大	间歇短，难以调整和恢复	场地环境难以适应	裁判判罚不公
体育系统	均值	3.250	2.500	3.600	3.913	3.250	2.000	3.000
	众数	3	1a	3	4	1a	2	2a

注：a代表存在多个众数，显示了最小的值。

文化教育问题一直是制约青少年运动员发展的瓶颈之一。在对陕西省青少年男子足球运动员训练系统风险事件的调查中发现，“学习成绩退步”是排名前三的风险事件，在“体育系统”内甚至是排名第一的风险事件。在应对“文化课学习困难”一类的风险事件时，青少年男子足球运动员不同的应对方式会引起不同的风险结果，以至于影响下一次“文化课学习”类风险事件的发生。通过调查发现，“教育系统”内运动员文化课成绩退步的首要原因是“自身努力不够”，“训练比赛影响文化课学习”是学习成绩退步的第二大原因；“体育系统”的青少年运动员则认为“整个学校学习氛围差”是造成自己成绩退步的首要原因。这两种不同的归因结果反映了陕西省两个系统内青少年运动员文化教育方式、运动队学风建设的不同风格。（表8－7）

表8－7　陕西省青少年男子足球运动员学习成绩退步原因统计表

数值类型		训练比赛影响文化课学习	文化课教师因素	班级同学因素	自身努力不够	寻求帮助时困难	整个学校学习氛围差	文化课内容太难
教育系统	均值	2.500	2.000	2.444	3.364	2.333	2.000	2.294
	排序	2	6	3	1	4	6	5
体育系统	均值	3.000	3.750	3.500	3.292	3.000	3.737	2.111
	排序	5	2	3	4	6	1	7

五、训练系统风险影响因素的调查分析

风险因素是引发风险事件的必要条件，任何一项风险事件的产生都能找到与其相关的风险因素，直接相关的风险因素的叠加会导致风险事件的爆发。本书邀请专家和教练员对运动员训练系统最常见的风险事件与风险因素的相关性进行评价，整

理得到图 8－3。

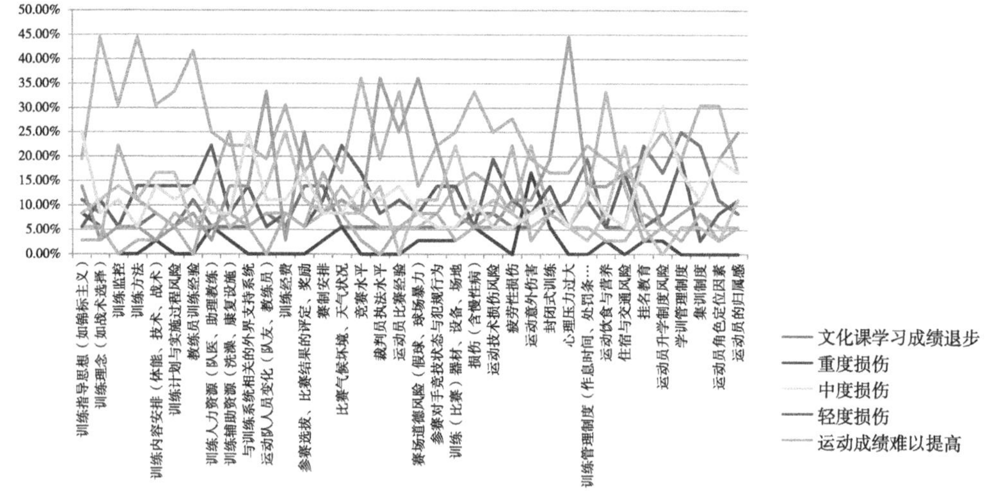

图 8－3　青少年男子足球运动员训练系统风险事件与风险因素相关性统计图

图 8－3 显示，在青少年男子足球运动员训练系统中，常见的 9 种风险事件与各类风险因素的相关性。其中与运动成绩难以提高最相关的是训练理念与训练方法；心理压力过大是导致青少年男子足球运动员心理损伤的最直接因素；阻碍青少年足球运动员向上发展的最主要因素是升学制度。

“众数”在统计学里，指在统计数据中具有明显集中趋势的数值，它在一定程度上反映了众多人士一致的看法或主张。对于风险因素与风险事件的相关性，仁者见仁，智者见智，为了找到与风险事件最相关的风险因素，本书将众多专家、教练员在选择上的趋同性（众数）进行统计，得到表 8－8。在表 8－8 中可以清晰地看出，在“训练风险”维度，训练理念、方法、内容安排、计划与实施过程、人力资源、经费等与“运动成绩难以提高”密切相关；训练指导思想、与训练系统相关的外界支持系统与“运动员向上发展受阻”最相关，这源于在基层训练中，教练员所传导的价值观在一定程度上影响运动员的训练态度，而训练系统外的支持系统在很大程度上决定了系统内运动员训练、比赛可以利用的资源量大小，资源是运动员发展的基础条件之一，系统辅助资源量的大小会影响运动员未来的上升渠道。在“参赛风险”维度，与参赛选拔、比赛结果的评定、裁判员执法水平、赛场道德风险、参赛对手的犯规行为最相关的风险事件是“心理损伤”，在很大程度上，这些因素导致的损伤与青少年男子足球运动员自身归因方式有很大相关性；比赛是检验训练成效的主要手段之一，竞赛水平的高低、对手的竞技状态、比赛经验与运动员竞技能力的发挥程度密切相关，赛制安排在一定程度上影响运动员的体能恢复状态，这些因素都有可能引发“运动成绩难以提高”的风险。在“生理和心理损伤风险”维度，训练场地、器材，损伤和运动技术损伤风险均有可能引发“运动成绩难以提高”，而疲劳性损伤最有可能导致“文化课学习成绩退步”，运动意外伤害可能引发“中度损伤”，封闭式训练和心理压力过大可能导致“心理损伤”，在封闭式训练中，青少年男子足球运动员可以接触到的人群非常有限，对他们的心理发展存在一些弊端。在“生活安全风险”维度，运动饮食与营养与“身体疲劳”最相关，住宿与交通风险与“训练积极性降低”最相关，训练管理制度与“运动成绩难以提高”最相关，在青少年男子足球运动员训练系统内，生活是重要的组成部分，运动员的许多损伤与饮食、交通、住宿等因素密切相关。在“制度风险”维度，运动员升学制度与“运动员向上发展受阻”最相关，集训制度、学训管理制度与“文化课学习成绩退步”最相关。此外，运动员角色定位因素与“文化课学习成绩退步”最相关。青少年男子足球运动员对自己的角色认同不一样，在学习上投入的时间、精力就有差异，长此以往，学习成绩上的差异日益明显；运动员的归属感与“心理损伤”最相关，根据“马斯洛需求层次理论”，归属感属于第三层次的需求，属于基本需要，也称“匮乏性需要”，是青少年男子足球运动员对群体的依赖与认可，是集体主义产生的基础条件，“归属感弱的运动员”在某种程度上会引发心理疾病。

表8－8　青少年男子足球运动员训练系统风险事件与风险因素相关性统计表

风险分类	风险因素的描述	最相关风险事件
训练风险	训练指导思想（如锦标主义）	运动员向上发展（升学、进职业队）受阻
	训练理念（如战术选择）	运动成绩难以提高
	训练监控	运动成绩难以提高
	训练方法	运动成绩难以提高
	训练内容安排（体能、技术、战术）	运动成绩难以提高
	训练计划与实施过程风险	运动成绩难以提高
	训练人力资源（队医、助理教练）	运动成绩难以提高
	训练辅助资源（洗澡、康复设施）	身体疲劳
	与训练系统相关的外界支持系统	运动员向上发展（升学、进职业队）受阻
	运动队人员变化（队友、教练员）	心理损伤
	训练经费	运动成绩难以提高
参赛风险	参赛选拔、比赛结果的评定、奖励	心理损伤
	赛制安排	运动成绩难以提高
	比赛气候环境、天气状况	轻度损伤
	竞赛水平	运动成绩难以提高
	裁判员执法水平	心理损伤
	运动员比赛经验	运动成绩难以提高
	赛场道德风险（假球、球场暴力）	心理损伤
	参赛对手犯规行为	心理损伤
	参赛对手竞技状态	运动成绩难以提高
生理和心理损伤风险	训练（比赛）器材、设备、场地	运动成绩难以提高
	损伤（含慢性病）	运动成绩难以提高
	运动技术损伤风险	运动成绩难以提高
	疲劳性损伤	文化课学习成绩退步
	运动意外伤害	中度损伤
	封闭式训练	心理损伤
	心理压力过大	心理损伤
生活安全风险	训练管理制度（作息时间、处罚条例）	运动成绩难以提高
	运动饮食与营养	身体疲劳
	住宿与交通风险	训练积极性降低

续表

风险分类	风险因素的描述	最相关风险事件
制度风险	挂名教育	文化课学习成绩退步
	运动员升学制度	运动员向上发展（升学、进职业队）受阻
	学训管理制度	文化课学习成绩退步
	集训制度	文化课学习成绩退步
其他	运动员角色定位因素	文化课学习成绩退步
	运动员的归属感	心理损伤

第二节　训练系统风险的生成条件及特征

一、训练系统风险的生成条件

在风险的生成过程中，风险因素向风险发生的“转化条件”就是其生成的必要条件。训练系统风险的生成也是其内部风险因素“涨落”造成的，它的生成条件亦应从各个风险因素的“阈值”查起，以运动员的训练、比赛为中心的青少年运动员训练系统，是一个对青少年运动员的发展产生制约和调控作用的多维空间与多元系统。训练系统风险的产生依赖训练系统的构成与组织、实施维度。其中，制度层面的风险因素与运动员的长远发展最为相关，在现有的青少年运动员成长通道中，“运动成绩”与“文化成绩”是青少年运动员发展的主要制约因素，是训练系统风险生成的必要条件，这些制约因素的深层次原因都源于训练系统的制度因素。现代制度与人的决定、行为是青少年运动员训练系统风险产生的决定性因素。这些制度成为训练系统风险生成的关键条件。

二、训练系统风险的生成特征

在青少年运动员训练系统内，不论是教育系统还是体育系统，均未有解决这一风险生成的有效措施，这在制度完善和文化塑造上均是一次大的社会空间的变迁。训练系统风险产生于训练系统活动的开展过程中，它具有以下几个特征。

（一）自组织性

训练系统风险生成的开放性特征反映的是风险的复杂性、不确定性。风险是一个致力于变化的社会（系统）的推动力[1]，而自组织是系统发展的内驱力。系统论认为：开放性是系统的核心特征之一。因此，青少年运动员的训练系统也必然是开放的，训练系统风险的生成也一定是开放的，开放的训练系统也带来了系统构成的复杂性。训练系统在人员、资源、制度、文化上的复杂性和多元性，为训练系统风险生成提供了自组织的基本条件；训练系统内的责任主体，即运动员、教练员、管理员、家长等在资源与制度的支配下，会倾向于选择“利己”的结果模式，根据“阿罗不可能定理”，在非独裁的系统内有多种运动员的成长通道，训练系统内多个风险主体都有自己的偏好选择，与运动员成长相关的人员在资源、制度的支持下开展“博弈合作”，这种情况下不可能产生适用于系统所有人员的社会福利函数，即不存在满足所有个体偏好的共优选择。没有“共优选择”就意味着一些利益的实现，建立在对另一些个体的损害上，这也解释了青少年运动员训练系统内风险事件频发的深层原因——系统的“自组织性”：系统自发地与外界进行物质、能量、信息的交换，以求不断降低训练系统内“熵”的含量，达到训练系统的进化、完善目的。

（二）境遇性

训练系统风险生成的境遇性特征实质是风险的发展性。在训练系统内，运动员面临的风险因环境、时间、空间等的差异性表现出不同的特点，这既是风险的发展性，也是风险生成的境遇性。青少年运动员相对于普通学生而言，其存在运动项目空间和实践的管理问题，即在运动项目上投入合理程度的自我评价。时间和空间是构成一个人社会发展的基本框架。对于青少年运动员而言，运动项目空间和时间必然会对其他发展维度产生影响，这种影响在一定范围内是没有影响或者起着促进全面发展的作用，但缺乏自我管理便会造成其发展的风险性。这种自我管理如何形成，养成怎样的自我约束机制便是一个社会环境塑造的结果，即有什么样的运动项目发展制度或文化氛围，便会造成什么样的运动项目空间和时间的自我管理机制。

对青少年运动员而言，时间如何分配是具有正义性的，即不合理的时间分配，会造成训练成绩难以提高或者文化课成绩退步的风险，这就是一种风险境遇。按照空间和时间投入程度是可以判定一个运动员的生涯发展规划的。以青少年足球运动

---

〔1〕 安东尼·吉登斯．失控的世界［M］．周红云，译．南昌：江西人民出版社，2001：20.

项目为例，就足球空间而言，其占据青少年男子足球运动员空间越大，说明其他方面发展的空间越小，而青少年时期的发展是一个多维度立体式的教育发展过程。就足球时间而言，过度的投入，便会使业余化走向业余框架内的专业或职业化发展，在个人观念上形成个体足球生涯发展的“独而全”现象，这对于其他方面的发展是一种潜在性风险。在身体层面，时间的投入较多，说明青少年男子足球运动员接受足球身体刺激深度和重复度较高，可能会导致更多的运动损伤的发生。

（三）制度性

风险生成的制度性特征表征了风险的客观性。大量实践证明，“帕金森定律”广泛存在于各类社会组织中，青少年运动员训练系统也不能避免，并且符合其产生的全部4项条件：第一，训练系统作为一个培养青少年运动员的实体组织，“管理”是系统运作的一项主要任务；第二，训练系统的基层管理者、教练员等不具备对系统权力的绝对垄断，且都面临着升迁的压力，都有寻找助手解决难题的需求〔1〕；第三，系统的部分管理者存在管理能力不足的事实；第四，训练系统为了更好地运行，也一直在完善自己，并且在不断地充实系统内的人员编制。

还是以足球运动项目来阐述，在“政府制度”主导的训练系统中，风险的产生具有深刻的“制度性”烙印。一直以来，我国足球领域资源配置制度以政府单一主导为主〔2〕，无论是20世纪“举国体制”下的足球资源行政手段支配还是当前足球领域改革和校园足球的开展，都一直秉承着政府制度的规训逻辑，市场并未形成对训练系统的有效哺育。行政命令式的资源分配影响了训练系统自组织的运行，在训练系统内，负责顶层设计的足球管理部门与教育部门，在作为训练制度设计主导者的同时也是系统的参与者，其占有系统内的大部分资源，为了保护自身的行政权力和经济利益，通过各种管理制度限制其他市场主体的竞争力，使自身成为市场的主宰者，这种做法使得制度从产生上就带有道德蒙蔽性，制度的工具理性的大行其道给“腐败”的滋生提供了土壤〔3〕。

---

〔1〕 王新民，南锐．政府改革新的解释框架：“帕金森定律”的规避［J］．理论导刊，2013（4）：10－13.

〔2〕 郑娟，陈华敏，郑志强．我国校园足球资源困境与公私合作：基于多重制度逻辑视角［J］．沈阳体育学院学报，2016，35（4）：17－21.

〔3〕 万炳军，高元元．中国足球腐败：制度伦理的丧失［J］．体育学刊，2010，17（11）：15－19.

（四）可预测性

个别风险的发生不可避免，但大量的研究表明，风险是可被人们预测与规避的。一方面，训练系统在构成上的相对稳定性，也决定了风险生成过程的稳定性，任何稳定性的事物都是可以被预测的；另一方面，青少年运动员自身发展的规律性，也为风险预测提供了可能。根据这一逻辑认识青少年运动员训练系统风险的风险机制，并与体育改革大环境联系起来，对青少年运动员的训练在空间和时间分配上的问题一直存在，对时间问题的解决就是对风险机遇的把握，把握机遇的过程就是对训练系统风险进行预测的过程。

第三节　训练系统风险的生成机制
——以足球为例

一、训练系统风险的生成过程

一般来说，风险损失的形成都是由风险事件带来的，任何一个风险事件都能找到与其相对应的风险因素。这些风险因素有好的、坏的，也有中性的，它们本身并不一定会带来损失，只有在满足特定的条件后才能产生损害性的风险后果。训练系统在内外部条件的干扰下，会发生不能正确保障青少年男子足球运动员的权益，使预期目标不能实现的风险。这一风险形成过程如图 8 -4 所示。

可以看出，风险生成的“关键”是通过“转化条件”实现的。风险转化条件是风险主体在面临制度、资源、文化选择时所做的行为选择影响了风险因素的稳定性，破坏了整个训练系统的和谐，造成青少年男子足球运动员培养目标难以实现的后果。

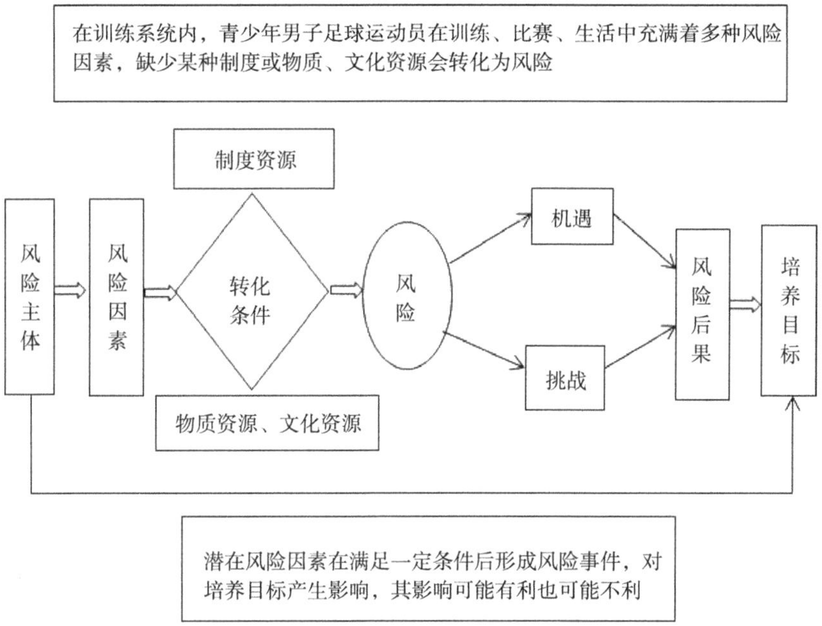

图 8-4　运动员训练系统风险生成过程

二、训练系统风险生成机制模型概述

（一）训练系统风险生成机制的宏观模型——基于耗散结构理论

耗散结构理论是普利高津在 1967 年提出的。其理论概要为：一个远离平衡态、非线性的开放系统，在不断与外界进行物质、能量、信息交换时，系统内的参量会随之不断变化，当某一参量达到其阈值时，通过涨落机制，系统可能发生突变，使系统内各要素由原来的无序状态转变为在时间、空间、功能上的有序状态[1]。

青少年男子足球运动员训练系统作为一个复杂的开放系统，其内部结构符合“耗散结构理论”的“远离平衡态”模式，之所以说其是“非平衡态”，缘于训练系统始终与外界进行着物质能量的交换，即青少年时期的男子足球运动员教育所需资源与成长通道均需不断从训练系统外获取。其次，训练系统内物质、文化、制度等资源存在涨落现象，在训练系统内，资源的分配无论在时间还是空间上均是不均衡、不平衡的，在系统内制度有效调控的作用下，资源会从密集区自发向贫乏区流动，实质上这是训

〔1〕郗炳峰．基于熵及耗散结构理论的生产系统分析研究［D］．天津：天津大学，2009.

练系统自组织作用的结果；“突变”是耗散结构产生的重要介质，在训练系统内各类损害性风险事件一直扮演“改革催化剂”的角色。此外，训练系统内风险因素之间是“非线性”关系，也就是说风险事件与风险因素之间不是简单的“1+1=2”的关系，风险事件产生的后果也不是风险因素的简单相加。以上种种现象都证明青少年男子足球运动员训练系统风险生成的机制类似于“耗散结构”。(图8-5)

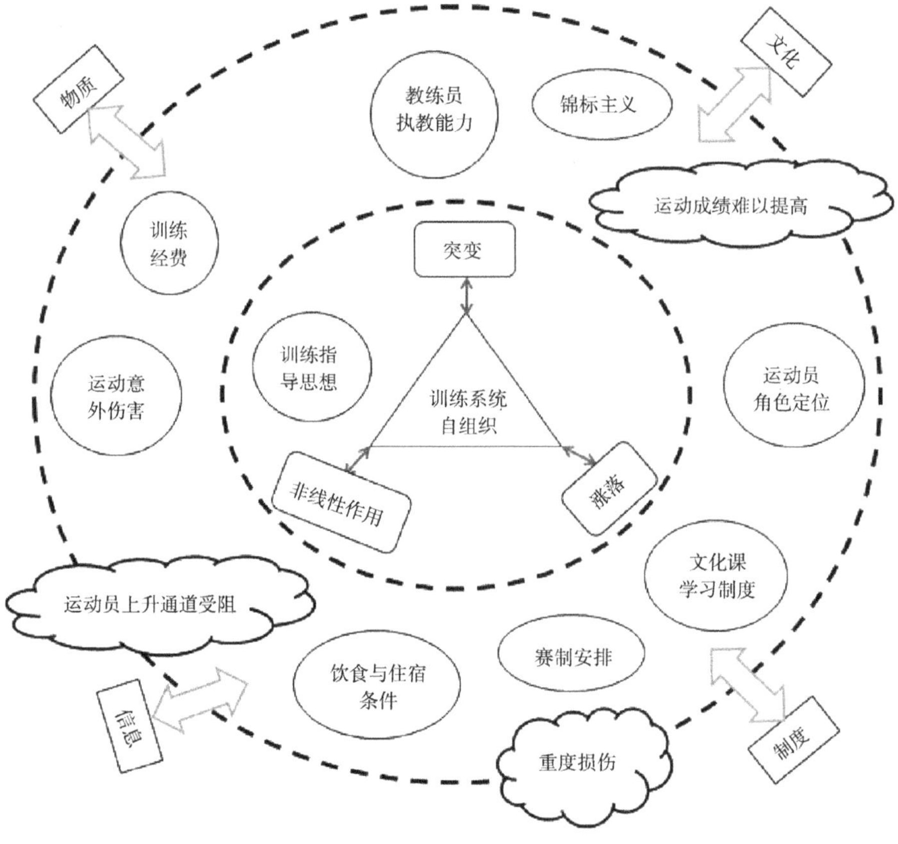

图8-5 青少年男子足球运动员训练系统风险生成机制的耗散模型

训练系统的“耗散结构”模型揭示了青少年男子足球运动员训练系统运行机制：在开放的训练系统内，人员分配、物质资源、文化等在制度保障下顺利开展，但是由于系统内资源分配的非均衡性，训练系统内人力、物质、文化等资源自发地与外界进行信息能量的交流与沟通，这一过程中，风险因素亦在不断演化，当达到一定临界值时，风险因素便会集中转化为风险事件，促使系统进一步完善。简单来说，训练系统自发调节系统内风险变量的过程就是训练系统风险的生成机制。

（二）训练系统风险生成机制的微观模型——基于海因里希法则

尽管训练系统风险生成的“耗散模型”客观揭示了系统内风险产生与演化消解的过程，但是风险因素与风险事件的因果关系并未得到有效证明。因此，有必要引入新的社会学理论，对生成机制的“耗散模型”进行补充。

海因里希法则揭示了风险因素与风险事件之间的比例关系为300：29：1，即300个细微的风险因素，必然引起29件轻微风险事故，还会导致1次重大的风险事故。在青少年男子足球运动员训练系统中隐藏着无数个可认知与不可认知的风险因素，这些风险因素可能造成运动员学习成绩退步、轻度损伤、心理疲劳、辍训心理、挫败感与自卑心、比赛失常、赛场非道德危险行为、运动成绩停滞、运动性疲劳、运动性贫血等 29^N 个轻微损害性后果的风险事件，以及 N 个烈性损害事件，直至青少年男子足球运动员永久退出训练。依据海因里希法则，青少年男子足球运动员训练系统风险生成机制的微观模型如图8－6所示。

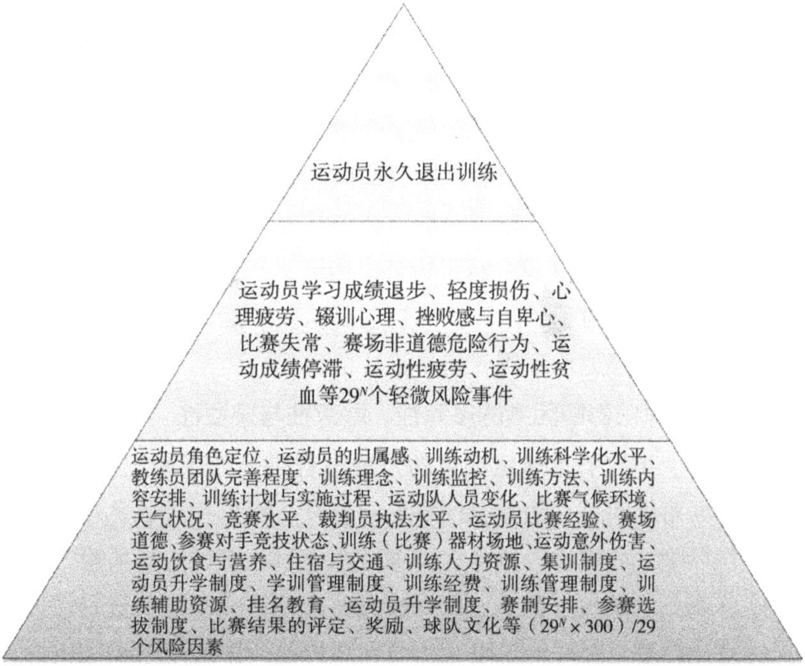

图8－6 青少年男子足球运动员训练系统风险生成机制的微观模型

依据海因里希法则的风险因素：轻微风险事件：重大风险事件 = 300：29：1，假设训练系统内风险因素的个数为 X，重大风险事件的个数为 N，那么风险因素的个数计算公式为：$X=(29^N\times300)/29$。

三、训练系统风险生成机制模型构建依据

（一）青少年男子足球运动员发展的整体性、系统性

人的发展的终极目标在于实现人的社会化，青少年足球运动员的发展过程实际上是其社会化的过程。青少年足球运动员的发展离不开训练系统，目前我国青少年足球运动员处在一个多因素的风险境遇中，这些因素对青少年足球运动员发展的影响是双向性的，也必然是有风险的。

运动员发展过程是一个整体性的风险过程，风险的认知必须采取整体视角。由于运动员发展过程是一个身体与心理潜力不断挖掘的过程，无论从情感还是精力、时间上均要投入较大的资源，因此每个层次的因素均具有较为显著的深度和广度，且因素间的相互联系和作用共同构成了一个风险因素的网络体系。一个因素在不断负变量化积累中，会突发性质变，从而引起整个运动员发展社会生态系统的连锁反应，导致风险事件的发生，如专业化的训练理念和实施过程会导致职业生涯转型风险的发生，运动损伤的重复程度和严重程度会引起身体系统的崩溃，从而导致整个发展过程停滞或出现训练平台现象等。即这些风险在运动员的整个训练系统中交互影响，微小的风险事件，可能导致运动员整体竞技系统的崩溃，当前已有相关研究根据“熵”理论对这一风险现象进行了论证。因此，运动员发展过程的风险认识和治理必须树立整体观念，对于风险因素的管理要从整个运动员发展社会生态系统入手，而不是采用结构性还原论来研究和预防。

（二）训练系统风险影响因素的多元性、层次性与交互性

训练系统内青少年男子足球运动员的发展过程是一个不确定的过程。一方面，单从运动职业生涯角度而言，随着竞技水平的提升，青少年男子足球运动员面临着较大的身体损伤风险、心理压力风险、训练倦怠风险、专项选择风险、训练网络内社会关系风险（如与教练员、队友、家庭成员的关系）等。这些过程性风险最终会导致运动员竞技成绩难以提高的风险，从而导致无法产生促进其运动生涯可持续发展的资本。另一方面，从人的发展角度而言，宏观社会环境、社会体育文化及其价

值的认可维度、国家体育制度和教育制度的改革等均会对青少年男子足球运动员的发展产生风险，其中制度环境是最为关键的风险环节。当前通过青少年男子足球运动员竞技成绩资本获取的职业发展保障水准不断提升，社会对走专业发展道路而具有“业余”背景的运动员的生存和职业发展的保障能力在不断缩水。在这种制度和社会环境下青少年男子足球运动员的训练生活会在时间和空间、资源上对运动员的全面发展造成极大的负面影响。

以上两个方面是基于社会发展风险对青少年男子足球运动员训练系统的宏观风险认知框架。这两个方面由诸多风险因素构成，同时这些因素也是运动员发展的必要动力因素，从而形成了一个青少年男子足球运动员发展的“社会生态系统”。依据不同因素所处的层次和其在运动员发展过程中的作用，运动员发展的社会生态系统包含宏观因素、中观因素和微观因素（表 8 –9）。宏观因素一般有训练指导思想、足球文化、足球相关制度、训练系统内外资源等。中观因素有培养体制（包含学训管理）、训练经费、训练管理制度（主要指奖惩机制、日常生活管理制度等）、比赛体制及管理、相关社团及其监督制度、运动项目的社会属性等。微观因素有运动员身体发展特征、教练员执教水平、教练员团队完善程度、运动项目的生物特征、训练场地器材、饮食与营养、运动损伤的管理与预防、训练科研支撑水平、相关服务性机制和团体的健全程度等。

表 8 –9　陕西省青少年男子足球运动员训练系统风险的影响因素类型一览表

因素类型	因素名称
宏观因素（系统顶层设计）	训练指导思想、足球文化、足球相关制度、训练系统内外资源
中观因素（系统组织维度）	训练人力资源、集训制度、运动员升学制度、学训管理制度、训练经费、训练管理制度、训练辅助资源、挂名教育、运动员升学制度、赛制安排、参赛选拔制度、比赛结果的评定、奖励、球队文化
微观因素（系统实施维度）	运动员角色定位、运动员的归属感、训练动机、训练科学化水平、教练员团队完善程度、训练理念、训练监控、训练方法、训练内容安排、训练计划与实施过程、运动队人员变化、比赛气候环境、天气状况、竞赛水平、裁判员执法水平、运动员比赛经验、赛场道德、参赛对手竞技状态、训练（比赛）器材场地、运动意外伤害、运动饮食与营养、住宿与交通

上述各个因素构成不同的子系统，各子系统均为开放的、动态的，系统间有能量和信息交换的通道，是一个有机的统一体，因此，每个因素均通过交换通道而动

态地存在于运动员发展的“社会生态系统”中，且因素间相互促进与制约。由于微观因素是运动员发展的固有因素，在任何社会环境和制度、理念等背景下，微观因素都是每个运动员开展训练、实现发展过程的必要因素，因此，微观因素是最具有活力的因素，也是产生具体风险事件的关键因素，如运动损伤、训练平台现象等风险事件。但是不同层次的因素，所产生的风险事件是不同的，有可能对风险事件产生间接作用，也有可能产生直接作用。如我国现有运动员培养体制造成运动员的单向度发展，运动生涯结束后难以适应社会和就业，这种宏观的职业风险事件，从因果关系上来看，是培养体制的弊端造成的，但是，最终作为职业风险事件的发生，却是由于运动员青少年时期的“封闭性专业化”训练的长期积累。因此，因素间在某一风险事件上依据逻辑关系存在着必然的联系，微观因素受宏观因素与中观因素的引导和规制，微观因素反作用于宏观、中观因素，是其他因素作用的发起点。也就是说，微观因素的改变可以有效地影响宏观与中观因素的结果，通过能量和信息反馈作用而改变宏观和中观因素的变化，同样，宏观与中观因素对微观因素的逻辑关系是亦然的。

运动员发展风险是其社会生态系统的副产品，这种负面影响由诸多宏观、中观和微观因素的集合效应造成。实质上当前青少年男子足球运动员的发展不论是作为普通个体的发展，还是作为具有体育特长的运动员的发展均不断受人们理性的控制，但是参与因素的多元化和复杂化，使运动员的发展过程难以控制，这种不确定性的动态变化更为显著，各种风险事件的发生也更为复杂，因素间的关系难以厘清。当前青少年男子足球运动员的发展不仅是运动员生涯的发展，更是作为全人的发展，运动生涯与运动员其他方面的发展均要在青少年时期共同完成，因此，运动员的转型，不是局限在运动生涯后的职业转型，而是整个青少年时期向成熟时期的转型、是竞技低水平向高水平的转型、是运动员向具有体育特长的全人的转型。这种运动员观念的转变，使各种对因素理性的认识和改善，共同作用于运动员的发展过程，但是理性的有限性，因素间的融合过程，造成了当前运动员发展风险是一个理性因素集合效应的负面效果。

四、训练系统风险生成机制模型建立的原则

客观、科学是建立训练系统风险生成机制模型的基础，根据青少年男子足球运

动员训练系统的特性，在建立生成机制模型时需坚持以下几个原则。

（一）客观性原则

青少年男子足球运动员训练系统是围绕青少年男子足球运动员训练、比赛与生活组建的一个持续活动的“社会组织”，它由许多独立的社会个体在一定目标的指引下，按照某一特定规则在一定范围内开展合作，同时又与外界社会进行资源与利益交流。训练系统的复杂性决定了其内部关系的复杂性，为了能科学合理地解释训练系统风险的生成机制，客观地进行现象剖析显得至关重要。

（二）科学性原则

任何一个模型的建立都离不开科学的指导，训练系统风险生成机制模型建立在大量的一手调研上，前期需要在专家指导下进行广泛、深入、持续的跟踪调查，综合访谈、观察、问卷、文献资料等多种取证方式，采用科学的统计与分析方法，抽丝剥茧，去伪存真，寻找制约训练系统健康有序运行的必要条件以及训练系统风险事件产生原因。

（三）系统性、全局性原则

训练系统是一个复杂、开放的社会组织，系统内任何一个风险事件的产生都是诸多因素综合叠加影响的结果，对其生成机制不能独立、片面地看待。此外，由于风险具有潜在性，系统内的风险可能爆发在系统外的某一环节上，因此，在看待青少年男子足球运动员训练系统风险的生成机制时，务必坚持“系统、全局”地看待其萌芽与发展，从“足球领域全面深化改革”的全局出发，从系统内运动员持续发展的需求出发，站在系统制高点审视风险发生与传导的逻辑。

（四）前瞻性原则

风险是无穷尽的，人类社会文明的发展必然伴随着风险的产生与消亡，人类的文明发展史也是人类不断认识风险、解决风险的过程。青少年男子足球运动员训练系统的革新发展也是系统不断规避风险的过程。足球领域全面深化改革的过程是对过去数十年足球领域各类风险的集中解决，然而，有人的地方就有竞争，有竞争的环境就有风险产生的土壤。因此，训练系统风险生成机制模型的建立不能只停留在解决现有风险事件的基础上，要能够预见与预防未来训练系统改革发展过程中可能遇到的风险，这样方能体现训练系统风险生成机制模型的社会价值。

第九章　竞技训练风险应对策略

风险规避、风险转移、风险降低和风险管理是风险应对的基本原则。青少年运动员竞技训练风险应对也应遵循这一基本原则，在青少年运动员训练系统内的风险因素有很多种，其实质是训练系统的“核心要素”——人员、物质、制度、文化在社会系统自组织的过程中不能适应当前社会发展的需要导致的。因此，青少年运动员竞技训练风险的应对首先要从思想层面系统性地进行整体预防与转向，其次，针对青少年竞技训练的各子类风险进行“精准应对，靶向解决”。在整体把控与精准应对的基础上，按照风险生成机制的系统性，运用风险理论，厘清风险源，认识风险的本质特征，明确各主体的责任担当，全面管理风险、转移风险，并根据前期的研究成果，提出应对青少年运动员竞技训练风险的具体措施。

第一节　竞技训练风险应对的思想

思想是客观存在反映在人的意识中经过思维活动而产生的结果或形成的观点及观念体系。风险的机遇在于我们可以根据训练学规律、教育学规律，及时作出风险预警，有效指导竞技训练；风险的挑战在于风险的产生机制是复杂的，如果不能有效识别风险、管理风险，则容易造成竞技训练异化，导致青少年运动员处于风险阈，产生一些不良的结果，如运动损伤、退训等。因此，应对竞技训练风险必须在思想上高度重视，根据利益分配、风险承担、育人、体育精神、训练指导思想，从竞技训练主体、竞技训练系统、教育差异化、培养价值导向 4 个维度应对。

一、竞技训练风险应对的系统观

从系统观来看，世界皆系统，系统是一切事物的存在方式之一。中国学者钱学森对系统一词的解释为：系统是由相互作用和相互依赖的若干组成部分结合的，具有特定功能的有机整体。竞技训练是一项社会实践活动。结构功能理论认为，社会是具有一定结构或组织化手段的系统，社会的各组成部分以有序的方式相互关联，并对社会整体发挥着必要的功能，整体是以平衡的状态存在着，任何部分的变化都会趋于新的平衡[1]，系统结构决定系统功能。一个巨大的系统包含若干个子系统，每个子系统之间相互作用、相互影响。系统具有整体性、开放性、动态性、多样性特征。

由于运动员竞技训练过程是一个身体与心理潜力不断挖掘的过程，无论从情感还是精力、时间上均要投入较大的资源，每个层次的因素均具有较为显著的深度和广度，且因素间的相互联系和作用共同构成了一个风险因素的网络体系。一个因素在不断负变量化积累中，会突发性质变，从而引起整个运动员发展社会生态系统的连锁反应，导致风险事件的发生，即这些风险在运动员的整个训练系统中交互影响，微小的风险事件，可能导致运动员整体竞技系统的崩溃，当前已有相关研究依据“熵”理论对这一风险现象进行了论证。因此，青少年运动员竞技训练过程的风险认识和治理必须树立整体观念，对于风险因素的管理要从整个训练风险系统入手，而不是采用结构性还原论来研究和预防。训练系统风险应对系统观的树立有以下几方面原因。①竞技训练的实施是系统运行的过程；②训练监控是一个外源性的系统监督—识别—应对风险的过程；③青少年身心发育的顺序性、阶段性与非均衡性，决定了训练实施必须坚持集群组训与区别对待原则、系统训练与周期安排原则，训练过程的系统性、周期性与特异性要求建立更加全面的训练风险监控体系，即系统识别运动性疲劳特征。随着竞技训练系统开放通道增大，青少年竞技训练质量与效率提高，系统因素之间也在不断调整位置，即“关键因素”是相对的，但这些“关键因素”却是与系统主体的目标——认知和行为紧密相关的，即人是系统最具活力的因素，也是其他因素得以实现其功能的源泉。因此，在竞技训练这一个内部系统中，单一因素的变化，会在外部系统因素的交互作用中实现“放大化”，进而导致风险事件的发生。依据风险的非线性规律，竞技训练系统的风险治理必须树立系统观，只有这样才能掌握青少年运动员竞技训练的整体性，针对训练中的微观问题、微观风险事件，以“疲劳识别为核心”形成一个风险事件治理系统，从思想层面解决风险转移、多元、不确定的问题。系统观思想应对竞技训练风险如图 9-1 所示。

---

〔1〕 周怡. 社会结构：由“形构”到“解构”——结构功能主义、结构主义和后结构主义理论之走向［J］. 社会学研究，2000（3）：55-66.

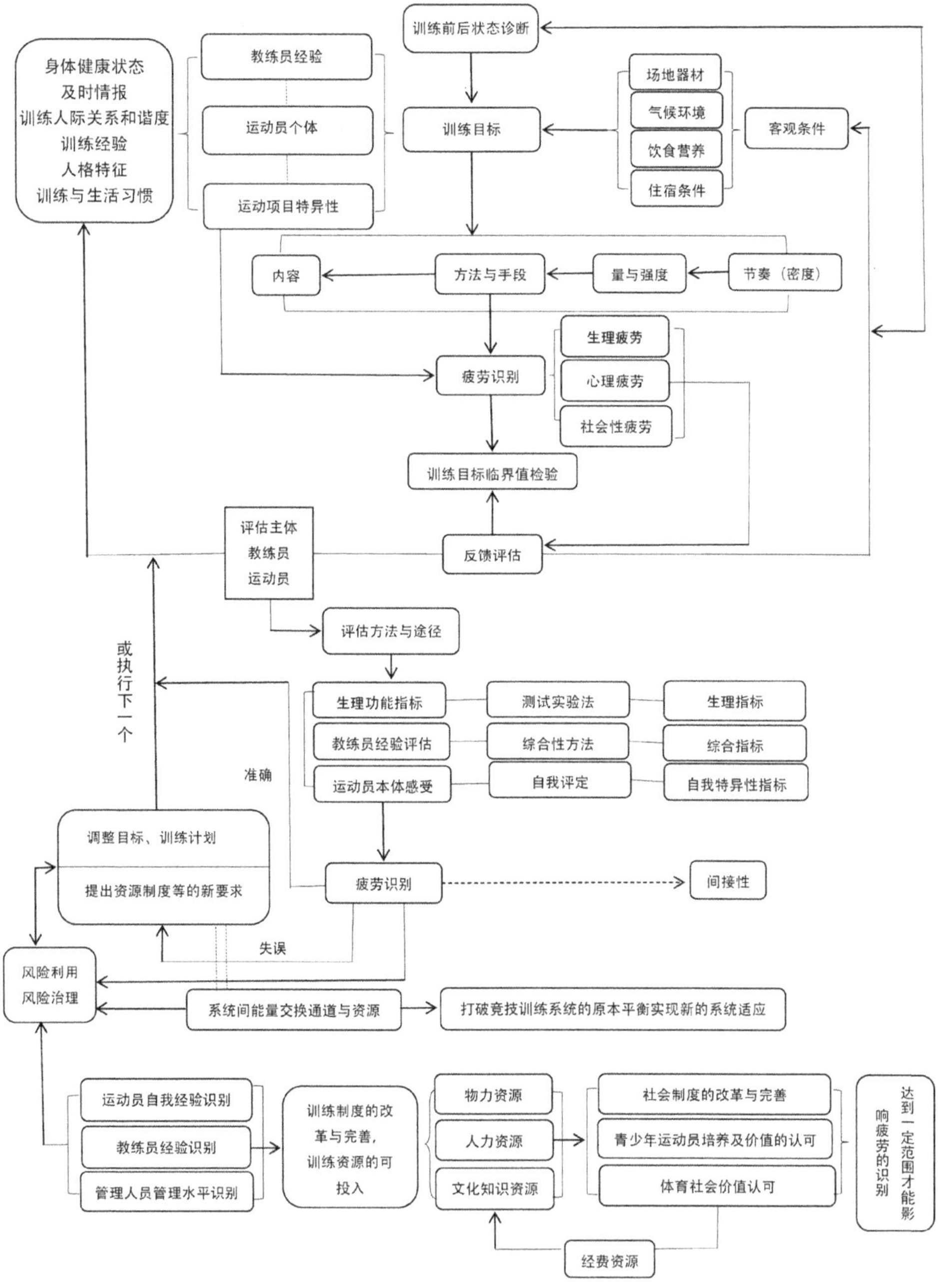

图9－1　系统观思想应对竞技训练风险关系图

二、竞技训练风险应对的主体性

从竞技训练维度看，当代社会青少年运动员竞技风险主要是一种人为风险。因此，本书的主体是哲学意义上的主体，即现实中的人，人的主体性表现在自主性和能动性上，在存在和发展的需要下，人能够自觉、能动地获取其所需要的各种资源，并改造影响自身活动的因素，从而促进自身的不断发展。故人通过主体性活动反映人和事物的特定关系，以及在这种关系中的人和事物所具有的不同地位和性质。

随着社会的转型、市场经济体制的建立，青少年运动员的培养逐渐被置于市场经济体制内，培养渠道日益多元化，从经济学的视角看，风险的产生实质上是主体之间利益分配冲突的结果。因此，与利益相关的训练活动的主体是本书的竞技风险主体[1]。本书根据主体的含义、主体与主体之间的利益分配、风险的产生机制、主体与风险的关系，对目前竞技训练风险涉及的主体进行专家调查，调查结果与本书吻合度很高，专家对各个人群作为主体的认同率在80%以上的分别为青少年运动员、教练员、管理人员、教师、家长和队医（表9－1）。对这类人群的高认同率，充分说明了这类人群在竞技训练制度中具有自身不可剥夺的权利，更有自身必须履行的义务和责任，是竞技训练的人力资源配置，是保障竞技训练活动顺利开展之前提。其中，青少年运动员作为竞技训练活动的塑造对象，是其他人群价值实现的“载体”，是竞技训练风险核心主体；教练员负责青少年运动员培养的总体工作，全面负责青少年运动员竞技训练；教师担任着后备人才文化教育的重要责任，与教练员有着相互协作和监督的关系；家长与青少年是一种法定关系，在当前青少年运动员的培养中，父母不仅是培养过程的义务者，更是投资者和受益者，具有监护权和培养责任；队医承担着青少年运动员的训练疲劳、运动损伤、运动性病学的诊断与治疗，是培养过程的护理人；管理人员对其他包括自身在内的人群进行管理，制定管理制度，以保证竞技训练的顺利进行，保证主体的利益分配。其以竞技训练为圆心、以主体为半径，使各个主体形成合力，协同应对，降低青少年运动员竞技训练风险，以实现竞技训练的培养目标。

---

〔1〕 万炳军．青少年运动员“学训矛盾”的制度伦理研究［D］．北京：北京体育大学，2012.

表 9－1　关于竞技训练风险的主体专家认同调查表

序号	竞技训练风险相关人群	认同率%	人数
1	青少年运动员	19（95%）	20
2	教练员	18（90%）	
3	家长	16（80%）	
4	教师	16（80%）	
5	管理人员	17（85%）	
6	队医	18（90%）	

三、竞技训练风险应对的差异化

青少年运动员是竞技体育的接班人。从教育学的角度看，差异化是培养人才的基本理论，青少年运动员竞技训练是教练员传道受业的教育培养过程，人才培养遵循人身体特征、学习能力、教育观念等教育学规律，运动员的竞技能力与运动成绩是运动员身体、心理、社会等综合因素共同作用的结果，是差异化教育的结果，青少年运动员本身的二重性、差异性与训练实践的差异化是导致风险事件呈现差异性的原因。研究表明，竞技训练的差异化主要表现在以下几方面。①生物性差异。选材标准的不同，证明了运动员生理系统的差别，因生理疲劳的发生及恢复等的周期不一致，所以在竞技训练中应区别对待，遵循因人而异原则。②心理性差异。青少年运动员群体心理特征的复杂性，性格特征的差异，在竞技训练中表现出的心理能力，说明对心理疲劳应采取不同的应对方式。③竞技能力的差异。青少年运动员竞技能力的不同，决定了其训练与比赛的表现具有差异性。④训练项目的差异。不同项目的运动特点决定了竞技训练方式的不同和运动损伤问题的差异性。⑤教练员执教能力的差异。执教能力是保证竞技训练高效开展的发动机，教练员全面负责运动员的竞技训练，执教水平的差异决定在训练比赛中规避风险的能力。⑥家庭背景与教育方式的差异。家庭教育对青少年运动员的人格与心理的健康发展有着启蒙性的作用，不同阶层家庭对青少年运动员参加竞技训练的态度、投入、期望以及对青少年运动员的教育方式也影响青少年运动员竞技训练的成绩。以上是我国青少年竞技训练差异化的具体表现。站在时代的新起点，在人才强国战略的驱动下，基于全人理念的教育培养，青少年运动员的全面发展需要站在新的逻辑起点[1]，需要通过

〔1〕 段丽梅，戴国斌．基于“全人”生命教育视角的体育教育逻辑起点新论［J］．体育科学，2015（6）：78－82.

以上几种差异化表现来明确青少年竞技训练的本质，青少年运动员的培养必须落实到人力资源结构的优化，必须在主观上树立差异化思想来应对竞技训练风险。

四、竞技训练风险应对的价值导向性

竞技体育是我国与世界强国沟通的媒介之一，是体育文化互通的桥梁，是我国综合国力、国际地位的体现，也是建设体育强国的核心，竞技体育的可持续发展归根结底在于青少年运动员的培养。结合竞技体育发展历程，青少年竞技体育的社会价值从教育、经济、文化、制度伦理、生态文明五位一体研究，根据国家政策文件对青少年体育的规划与要求，青少年竞技体育在未来主动承担运动技能、体育科学素养、生态文明、文化建设 4 个使命[1]。

在遵循以人为本原则、践行全面发展的培养理念下，竞技训练的培养活动出现了价值分歧。①早期的专业化训练指向职业发展，是职业教育的过程。早期专项化并不仅指运动员过早地开始专项训练，同时也指运动员过早接受大运动量和高强度的训练。早期专项化和成人化训练的目的是早出成绩，而这种“拔苗助长”式的“登顶”不仅不能持久而且还会引发运动损伤，最终导致青少年运动员过早地结束运动生涯[2]。因此，青少年运动员早期专业化训练会产生一系列不可控竞技风险事件，如金牌至上思想的价值取向，主导教练员安排运动员过量训练、大强度训练，它不符合青少年身体发展规律，易导致疲劳和损伤；其次，学训矛盾的激化和文化教育缺失，易使运动员人格走向极端；最后，长期过量训练会加速伤病的发生，因伤退役后因文化教育缺失或缺乏相应的荣誉支撑造成就业尴尬。许多研究表明：早期专业化训练风险包括身体、社会和心理、社交、过度依赖、失败及过度使用伤害的风险。②早期的专项训练指向青少年特长的塑造，是文化教育的过程，符合竞技体育教育的意义。青少年体育发展要靠教育推动，竞技人才培养要循序渐进，正确引导培养方向。首先，国家体育总局印发的《青少年体育“十三五”规划》中提到：“十三五”时期青少年体育要以增强青少年体质为根本目标，以提高发展质量和效益为中心，以建立完善的青少年体育公共服务体系为主线，坚持改革创新，不

[1] 万炳军，曾肖肖，史岩，等．“健康中国”视域下青少年体育使命及其研究维度的诠释［J］．体育科学，2017，37（10）：3－12.

[2] 陈小平．中国青少年训练——问题·对策·趋势［J］．武汉体育学院学报，2014，48（11）：80－86.

断完善体制机制，健全政策措施，加强统筹协调，引入市场机制，充分调动全社会积极性和创造性，厚植青少年体育发展优势，努力构建高水平创新型青少年体育新格局，推动青少年体育实现高质量、高效率、可持续的发展[1]；其次，以中央纪委监察部《中共国家体育总局党组关于巡视整改情况的通报》为例，其重点揭示了“关于弄虚作假，破坏赛风赛纪，违背体育精神问题”，违反国家法律法规等问题。反思由追求“金牌至上”回归到体育精神，首先要培养思想道德合格的“人”[2]。竞技体育人才的培养绝不仅仅涵盖技能、战术的训练或取得优异的竞赛成绩，至少还应包括对竞技体育人才正确思想观念与态度的培育。争取金牌是竞技体育的重要表现形式，其终极目标是实现人的主体性，践行奥林匹克精神，引导竞技体育人才对“自强不息、战胜自我、超越自我”奋斗精神的不懈追求，在尊重人性主体价值基础上培养竞技体育人才创先争优的精神。

青少年运动员是竞技体育的后备军，还不是职业运动员，因此奥运会等国际性体育管理组织控制运动员参赛的年龄，规定运动员参加奥运会的最低年龄不低于16岁[3]。综上所述，未来的新世界，是以人的全面而自由的发展为基础的社会形态。人文思想与金牌思想是竞技体育的精髓所在，但其终极目的是实现人的主体性，践行普适的公平、平等、和谐的竞技价值，以人文引领金牌，立足人文与科学交融的时代要求。关注青少年运动员全面发展是建设体育强国的要求，未来运动员将通过其综合素质来展现国家、个人的形象，让竞技体育走向大众，走向学校，走出体育看体育[4]，让青少年运动员的竞技训练脱离狭隘的金牌观，是新时代竞技体育的根本要求与现实需要。

第二节　竞技训练风险应对的具体措施

竞技训练风险的应对思想决定竞技训练风险的有效治理路径要落实到制度的完善与资源的优化配置上。制度对竞技训练系统主体的行为规范体现在青少年竞技训练权

---

〔1〕 国家体育总局．国家体育总局印发《青少年体育“十三五”规划》全面促进青少年体育发展[J]．青少年体育，2016（9）：1.

〔2〕 人民网．2015年1月26日中共国家体育总局党组关于巡视整改情况的通报［EB/OL］．（2015－01－26）.

〔3〕 劳明明．2000—2010年世界女子竞技体操发展剖析［D］．北京：首都体育学院，2011.

〔4〕 王登峰．教育中的体育和体育中的教育［J］．体育科学，2017，37（12）.

利与义务的要求上，各项制度的良好运行推动主体实践活动处于和谐发展的秩序中，以实现资源的有效配置，在资源配置上加强和拓展青少年运动员风险预防的资源投入。

一、建立和完善风险管理与筛查制度

青少年支撑性风险的客观性、复杂性、多样性与突变性，决定了实施青少年竞技训练风险管理与筛查的必要性。“竞技训练风险管理”是指对竞技训练风险的预测、分析、判断、评估并及时采取相应的回避、控制、分隔、分散、转移风险[1]等措施的全部活动，风险筛查是对竞技训练活动的风险源，即运动性疲劳的识别、判断及厘清风险因素交互形成机制的梳理。常规性的体检对青少年运动员而言具有一定的健康监控功能，但对于复杂的人体系统，在大强度运动刺激下，在疲劳积累的过程中，人的免疫能力会出现下降，诱发一些疾病的发生，如运动性心脏病、自主神经系统紊乱症等，所以将体检作为青少年运动员竞技风险排查的常规手段，其可靠性一般。现阶段青少年竞技训练的风险管理是以监控运动员训练过程及训练后的常规生物性指标检测来对风险进行评估，忽略了青少年运动员关键性器官的发育特点，诸如心脏的定期深入检查，而在竞技训练活动中对心脏问题的风险机制监控方面在之前的研究中比较匮乏。因此，根据竞技训练风险的多元化，结合青少年竞技训练项目的特征、运动员的家庭背景、生活习惯等全面评估是完善风险管理和筛查制度、实现风险预防与治理的关键举措，应从青少年运动员家族遗传病史、运动员伤病史、医务监督与应急治疗、多元主体协同管理竞技训练、心理咨询、心脏、训练组织管理、生物指标检测全面性八个维度展开研究。

（一）完善青少年运动员家族遗传调查的相关制度

家族遗传调查是运动员选材的前提，是满足运动员竞技能力发展与运动成绩提高的需要，是判断运动员运动潜力与运动系统的标准。而在竞技训练风险事件的调查统计中发现，部分青少年运动员身体疾病的发生，是长期竞技训练的结果。例如，1985—1995 年 10 年时间内，美国科研机构对猝死的运动员进行调查发现，4 人曾患“马凡氏综合征”，后有中国排球、篮球运动员等均因此类遗传病在赛场猝死。遗传病对运动员的损害是无法挽回的[2]，必须加强定期的身体检查，减少乃至避免因

---

〔1〕 郭洪水．当代风险社会：基于哲学存在论与复杂系统论的研究［M］．北京：中国社会科学出版社，2015.

〔2〕 刘晓军．运动风险评价理论体系的构建［D］．北京：北京体育大学，2016.

可测风险因素造成的损伤。因此以遗传病学的理论与实证研究为支撑，透过案例分析，对青少年运动员家族遗传性疾病问题应对选材与运动员后期发展的疾病潜在性进行深入调查，且可干预运动员具体训练的强度和内容，提出不同遗传疾病的运动诱因，规避家族遗传与大强度竞技训练运动相悖导致的风险事件。

（二）建立青少年运动员病史档案制度及预警机制

运动员伤病问题是决定竞技训练活动能否持续稳定开展的必要条件，是运动员竞技能力停滞甚至严重退化、退训的诱因。伤病档案的科学化管理是运动员伤病跟踪的前提，伤病预警是对运动员竞技训练风险阈进行检测识别、诊断分析、警示预控的原则。随着竞技训练系统的现代化，伤病因素以“风险潜在者”的角色进入运动员的竞技系统中，导致运动员伤病的发生呈现出潜在性、不确定性和突变性的特征，从而诱发竞技训练风险事件。在基层体校调查研究中发现，青少年运动员伤病问题的档案制度缺失，主要原因是管理人员及教练员缺乏相关的专业知识，责任意识不强，对竞技训练培养人才的认识不充分，部分运动员自身在处于伤病阈的情况下仍坚持训练，为竞技训练风险事件埋下了隐患。可以通过梳理青少年运动员病史谱，对青少年运动员编号进行建档，制定每位青少年运动员病史档案制度，队医对青少年运动员重点损伤部位、易损伤部位或常发性损伤情况做出重点标注，给教练员做出“风险提示”[1]；教练员需重点关注青少年运动员损伤问题，在竞技训练过程或比赛中对训练强度、训练量的把控做出适时调整，这有助于教练员全面把握青少年运动员竞技训练活动，有针对性地安排有效的、高质量的训练计划与内容，为青少年运动员是否适宜参加竞技训练提供依据，对青少年运动员竞技训练的侧重点加以改变。因此，建立健全具有体校特色的、科学系统的青少年运动员病史档案，构建伤病预警机制，是业余体校实施素质教育，对青少年运动员进行全面管理，安全有效规避、转移竞技训练风险的基础。

（三）建立青少年运动员伤病的医务监督与医务应急治疗制度

医务监督制度是判断青少年运动员在伤病状态下是否可以参训参赛的衡量标准，是保障青少年运动员人身健康、规避运动伤病的有效措施；医务应急治疗制度是指当青少年运动员处于伤病状态时，医务人员可以及时发现、及时治疗，第一时间处

---

〔1〕 梁慧敏．陕西省青少年运动员运动损伤现状及其风险因素的研究［D］．西安：陕西师范大学，2016.

理伤病，避免风险事件进一步恶化（如流感引发的并发症——细菌性肺炎等）的运行机制。调查研究中发现，基层业余体校训练科学化程度较低，原因在于青少年运动员竞技训练活动主要由教练员负责，但教练员自身的执教监控能力有限，医务人员的职责又有一定的局限性，在竞技训练活动中没有话语权，导致在一定程度上青少年运动员的伤病率偏高且康复周期长，所以医务监督制度制定迫在眉睫。其次，我国青少年运动员的运动性伤病一直是影响我国业余体校后备人才输送的重要因素之一。2010 年王琳琳对 15 ~20 岁的 8 支青年女排队伍共计 67 名运动员的调查发现，运动损伤率为 79.1%；2012 年王成龙对全国青少年女排 218 名的运动员进行调查发现，运动损伤率上升为 81.5%。究其原因，后备人才运动损伤率的不断升高，与业余体校医务监督工作存在不足、医务监督制度缺失有莫大的联系。

因此，在竞技训练中要赋予医务人员一定的权力，即依据医学知识诊断青少年运动员在竞技训练中出现的伤病问题，医务人员根据伤病诊断结果，有权提出终止运动员训练和比赛的建议；在紧急状态下，可以直接单方面终止教练员和运动员的竞技训练行为；必要情况下，在教练员不听取建议时，可以上报管理人员，依据《中华人民共和国未成年人保护法》强行制止青少年运动员继续竞技训练或比赛。医务人员对运动员进行医务、生命健康监护，可以有效遏制竞技训练风险的扩散。

（四）建立“家长—运动员—教练员—队医—管理者”对竞技训练风险管理的协同制度

竞技训练系统的开放性诠释了竞技训练风险的复杂性。在竞技训练活动中，需要多主体共同参与协同治理，责任到人是保障青少年运动员竞技训练安全运行的举措。主体责任的风险担当强调了家长的知情权，即家长是青少年运动员的监护人。风险的责任分配、运动员训练系统的开放性、青少年运动员社会化程度低等特征决定了在宏观层面上树立风险转化途径和预防途径的协同性。其中，教练员对青少年运动员竞技训练的管理准则和执教准则、教练员行为的监督、青少年运动员的交通管理、青少年运动员饮食营养管理、队友的人际关系、住宿环境和纪律、青少年运动员个体经费管理和生活管理、青少年运动员伤病管理、青少年运动员负荷本体感受与交流、参赛的选拔制度、各类奖惩制度、青少年运动员场地器材、空气指数、设备维修等均是围绕竞技训练开展而产生的活动，均与竞技训练导致的风险事件有着必然的联系，这些因素或者活动既是竞技训练活动开展的必备条件，也是诱发竞技训练风险事件的源因素。因此，一个开放的风险系统，就需要一个协同的治理制度，这一协同制度的建立必须关注青少年运动员的“未成年”特征，关注其在法律与生活上的弱势现象。只有把握这一前提，才能为竞技训练风险管理的协同制度建立一个合理的“主体基础”。因此，厘清多元主体的风险责任分配关系，构建制度治理的协同系统是治理竞技训练风险事件的关键。竞技训练风险协同管理示意图见图9－2。

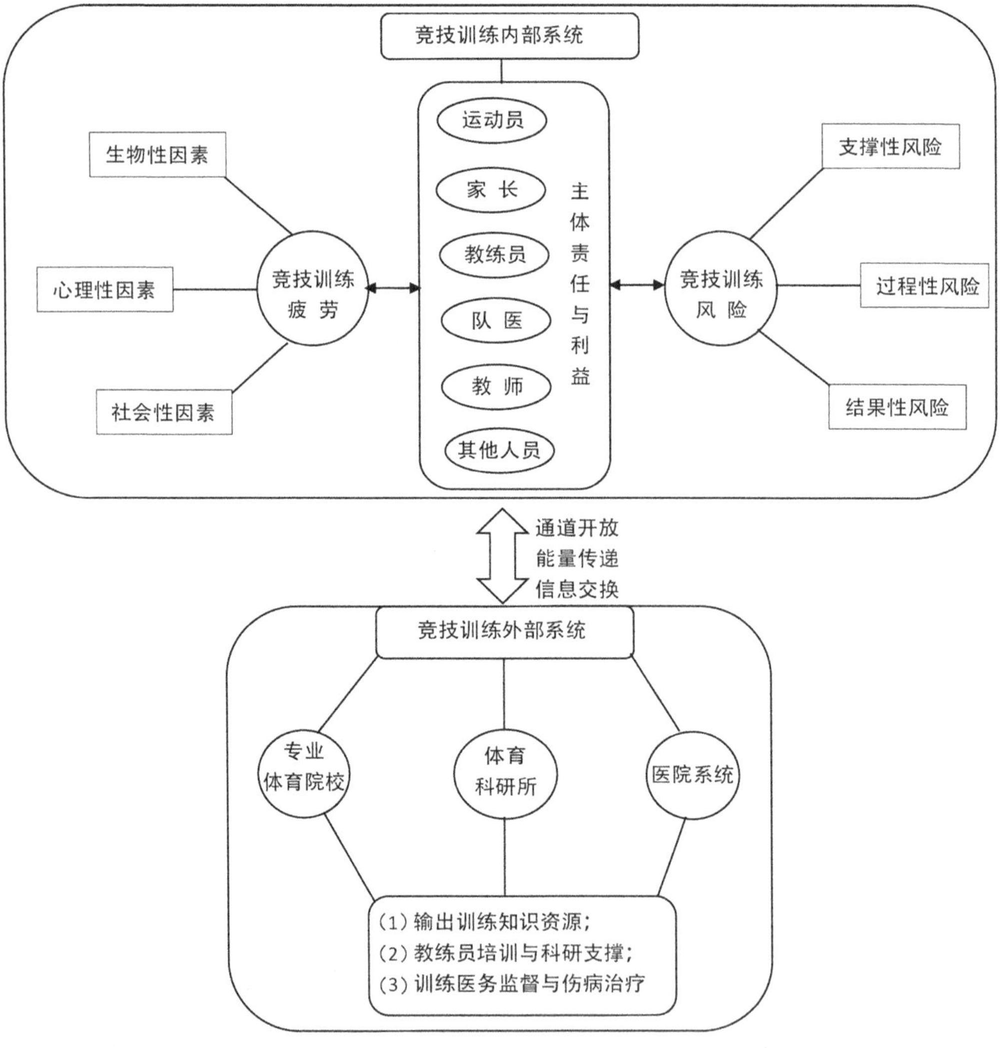

图9－2　竞技训练风险协同管理示意图

（五）建立青少年运动员心理咨询制度

青少年运动员竞技训练中的心理表现特征也是影响竞技训练实践活动的重要因素，心理咨询制度的建立旨在解决青少年运动员心理疲劳问题。大量的研究表明，心理疲劳干扰运动员竞技训练全过程，如心理疲劳问题将给运动员的训练、比赛实践过程带来巨大的负面作用，甚至可能严重影响到运动员的成长与发展〔1〕，除此之外要进一步增强心理疲劳研究的实用性〔2〕。研究人员在基层业余体校的调查研究中发现，青少年运动员的竞技训练只停留在身体技能训练的活动上，对青少年运动员心理表现的关注几乎为零，对心理技能的训练不重视。青少年运动员在远离家庭，亦训亦读的过程中，处于多种心理压力之下：①竞技成绩和自我表现的压力。②适应教练员执教的压力。③自我控制的压力。在调查中，部分青少年运动员由于自控能力不足，常常迷恋网络，迷恋智能手机的网络游戏，导致睡眠不足，在高强度训练负荷的刺激下，身体免疫功能下降，精力明显不足。当对其进行手机和网络管控时，又难以适应，出现焦虑现象，甚至轻度抑郁。④队友关系压力。在实地考察的访谈中，有部分青少年运动员表示，他们经常会被年长的队友欺负，有时甚至被殴打。集体项目的一些青少年运动员认为，只要他们在训练中表现好，被教练员表扬，就会时而受到其他队友的排挤，也不敢告诉教练员或父母。⑤早恋压力等。因此，心理咨询作为青少年竞技训练活动与生活的组成部分，与竞技训练的风险事件有着必然的联系，从青少年运动员的身心发展特征出发，制定心理咨询制度，可以有效规避竞技训练的风险异化。

（六）建立以“心脏”为核心的伤病风险筛查制度

心脏是人从事一切社会活动的发动机。在竞技训练中常以心脏的功能来进行运动员选材，评价运动员的竞技能力。高水平运动训练常引起心脏形态上的改变，包括左室内径的增大，室间隔厚度及左室质量的增加等；同时也引起心脏功能上的改变，如心脏做功效率提高，具有较强的储备能力，心室顺应性较好等。由运动训练引起的左室肥大，被称为运动员心脏〔3〕〔4〕〔5〕。每搏输出量是运动员选材的标准依

---

〔1〕 林岭，张力为．运动性心理疲劳问题的研究现状［J］．心理科学进展，2007，15（3）：524－531.

〔2〕 蔡理，季浏．运动中疲劳与心理耗竭若干问题研究述评［J］．体育学刊，2005，12（3）：54－56.

〔3〕 常芸，祁永梅，高晓嶙．运动心脏重塑过程中的基因表达［J］．中国运动医学杂志，2005，24（1）:110－115.

〔4〕 常芸．运动心脏重塑的调节［J］．体育科学，2004，24（2）：12－16.

〔5〕 马延超，常芸，张缨．运动性心脏重塑过程中内皮素基因的表达［J］．中国运动医学杂志，2006，25（5）：588－589.

据，是评估竞技训练效果的关键指标。运动员病人临床常见的心血管问题有心脏增大、心律失常、晕厥、心脏性猝死等，原因有先天性心脏病、运动性心脏病等。有研究表明，激烈运动可能增加心脏性猝死（sudden cardiac death，SCD）的风险，发病机制通常与潜在的心脏疾病以及运动对心脏的影响有关。有心脏病基础的运动员发生心脏性猝死的风险更高[1]，因此关注运动员的心脏病筛查非常有必要。肥厚型心肌病是世界范围内公认的年轻运动员心源性猝死最常见的原因，在美国占到相关猝死人口的三分之一多（36%），冠状动脉异常是第二常见的原因（17%）。多元线性回归分析结果显示运动项目类型对心脏适应的影响大于训练时长、性别、年龄，认为运动项目类型可能是运动员心脏维度的决定性因素[2]。Basavarajaiah 等人汇总调查1996—2006 年 3 500 名无症状的精英运动员（平均年龄 20.5 ±5.8 岁）肥厚型心肌病发生情况后指出，每年年轻运动员猝死的发生率在1/50 000至1/200 000，是相当罕见的。另有研究表明，心血管疾病引起运动性猝死的主要原因是基因异常。病因学研究发现，至少已有 40 个突变基因和运动性猝死相关。心脏结构性异常包括 HCM、ARVC，致心律失常性异常包括 LQRS、Brugada 综合征和多形性室性心动过速[3]。国家体育总局运动医学专家曾对我国优秀运动员的心脏风险做过全面的评估与筛查，并提出三级预防筛查体系，指出一级预防是预防猝死最重要的环节[4]。在基层体校调查中，由于专业性人才的缺乏、经费的短缺、医疗设备的不完善，教练员及队医往往忽略对青少年运动员身体做全面的评估，尤其在竞技训练中缺少对心脏功能的评定。青少年运动员正处于生长发育的关键期，心脏处于不够成熟的稚嫩期，在竞技训练及生活中要时刻警惕由心脏引发的风险事件。因此，要从思想上高度重视，对青少年运动员的个人病史、体格检查及心电图检查要定期开展，建立心电图数据库，防御心脏引发的风险问题。

（七）建立青少年运动员“类项目”的训练组织管理制度

训练项目的不同决定了运动员选材的差异性，以及竞技训练计划、内容制定标

〔1〕 童文娟，周建中．运动员潜在心血管疾病筛查面临的挑战［J］．心血管病学进展，2016，37（5）：546－549.

〔2〕 褚军凯．运动训练对青少年运动员心脏形态、功能影响的研究［D］．上海：上海体育学院，2013.

〔3〕 马继政，孙飙，吕远远．运动性猝死预防及筛查策略［J］．中国体育科技，2008，44（5）：103－107.

〔4〕 马云，梁辰，牟秀霞，等．中国优秀运动员运动性猝死三级预防筛查体系的研究［J］．中国运动医学杂志，2011，30（3）：219－223，229.

准的差别。运动项目的差异性决定了运动损伤类型的不同，导致不同竞技风险事件的发生。国家体育总局运动医学研究所在 2004 年研究中调查的 30 支运动队的 650 名运动员中，运动损伤人数为 268 人，运动损伤率为 41.2%。运动损伤部位集中在膝关节、腰部、踝关节、肩关节、跟腱等[1]。田径类综合项目的运动损伤调查研究结果显示，田径类项目运动员运动损伤部位：跑步类为大腿、足踝、膝关节、腰部等；跳跃类为足踝、膝关节、大腿、腰部等；投掷类为腰部、膝关节、足踝、肩部等；全能类为足踝、腰部、大腿、膝关节等。损伤的主要原因为训练、技术、生理心理以及其他因素，多因素一起出现[2]。由此可知，不同的运动项目，其特性各异，其主导因素亦不同。运动项目会导致特定部位的损伤，如足球的踝关节损伤、武术的膝关节损伤等。

在基层业余体校中，根据研究需要调查的运动项目为田径、重竞技、篮球、足球、排球、网球六大类，调查总人数为 791 人。访谈与实地调查结果发现，运动员运动损伤部位集中在下肢、颈部、上肢、腰部等，项目统计结果见表 9－2。

表 9－2　运动员高频损伤部位一览表

	田径类	重竞技	足球	篮球	排球	网球
高频损伤部位	下肢、腰部	上肢、腰部、下肢	髋、膝、脚	上肢、颈部、下肢、腰部	上肢、腰部	上肢、腰部
损伤总人数	200	125	285	36	21	6

从运动损伤的频率来看，首先，运动员损伤具有频次的高发性，在这一点上与相关文献的调查结果类似，其中下肢损伤次数最高，原因是下肢是人体参与运动项目的主要动力源头，有着人体最大的关节和最大的肌肉群，一旦运动素质达不到运动项目的需要，在竞技训练或比赛中均会提升损伤概率[3]；其次，从事三大球及重竞技对抗性项目的运动员因项目特征的侧重点，肌群的训练内容具有一定的相关性，下肢膝关节、踝关节运动损伤频率都比较高。因此，竞技训练项目调查的全面性旨在系统梳理风险因素，根据运动损伤风险的相近性特征，制定竞技训练类项目

[1] 梁永生，李方祥，解强，等．备战第 28 届奥运会中国优秀运动员运动损伤调查分析［J］．中国运动医学杂志，2007，26（6）：744－745.

[2] 赵东．四川省优秀田径运动员备战天津全运会训练周期伤病损伤调查与分析［D］．成都：成都体育学院，2017.

[3] 梁慧敏．陕西省青少年运动员运动损伤现状及其风险因素的研究［D］．西安：陕西师范大学，2016.

组织管理制度，使青少年运动员竞技训练更趋近规范化、科学化，达到降低竞技训练风险的目标。

（八）完善常规训练监测生物指标的应用制度

随着竞技训练的日益发展及国家对竞技体育发展的改革，运用运动员生物指标来评估运动员的竞技水平，已成为各级各类体育运动学校针对性制订训练计划与内容的工作方针。调查统计显示，省属、市属体育运动学校已基本建立了对青少年运动员训练常规生物指标的采集和检测制度，但是这些指标向教练员反馈的通道还不畅通，利用指标识别运动性疲劳还存在经验与科学的冲突现象，且教练员的经验往往在训练价值导向上偏离事实，如用心率判断疲劳。另一方面，生物指标的滞后性和个体的差异性，不能全面反映青少年运动员训练负荷特征，导致不能较为真切地反映青少年运动员的身体疲劳状态。更为重要的是，心理疲劳和心理倦怠在某种程度上独立于生物指标，二者之间没有明确的相关性，或者相关的维度较为单一。人的社会性心理活动，能够通过情绪等来影响青少年运动员对训练的投入度，进而出现运动性疲劳的差异化，使教练员难以把握，出现生物指标在判断疲劳上的“盲区”。

因此，应用训练监测的生物指标，厘清各指标之间的相关性、交互性，合理规避经验判断的风险，需要用制度来规范，明确应用主体的职责，在利益“冲突”的情况下，完善常规训练监测生物指标的相关制度，要求教练员及医务人员进行深入测量，加强多维度指标的应用。

二、加强和拓展青少年运动员风险预防的资源投入

资源的供给是保证竞技训练科学化、高效化的前提。前期的调查结果显示，训练资源的短缺引发了一系列支撑性、过程性的风险事件。因此，对风险的预防，除了加强制度的完善和建立，更为基础的是要进行相关资源的投入和拓展，只有资源丰富，才能从根本上降低训练过程中支撑因素带来的风险。虽然，随着国家经济实力的增强、人们风险意识的提高，在青少年运动员训练上加强了各类资源的投入，但在调查研究中了解到，仍存在资源短缺的问题，尤其是一些先进的训练设备、训练知识资源、专业人力资源等均难以下移或普惠到基层体校中。例如，市区、县一级体校内并未对青少年运动员的训练监测进行全面覆盖，一个省级体校可能才有 1 名队医；在人员编制和经费短缺的情况下，1 名教练员指导 10 余名青少年运动员，

且无体能教练员、队医，甚至助理教练员；此外，对先进训练知识、资源的投入更是有限。这些资源的不足，直接或者间接地影响了教练员运动性疲劳识别的准确性，给青少年运动员阶段性生物负荷的极限突破、提升训练效率和质量带来阻力。上述资源的短缺导致青少年运动员竞技训练风险事件频发，同时给青少年运动员的长远发展埋下了“潜在性”风险。因此，加强和拓展青少年运动员竞技训练风险预防的资源投入，是降低风险、提升青少年运动员抵抗风险能力的基础性支撑路径。

（一）及时补充和更新训练器材设备等资源

梳理青少年运动员竞技训练风险的外部因素可知，训练场地、器材、服装等资源均会影响青少年运动员竞技水平的发挥。各个运动项目场地、器材在国家乃至国际上均有统一的标准。梁慧敏对陕西省业余体育运动学校青少年运动员因场地器材的不达标、设备陈旧损坏而导致运动员运动损伤的调查中显示，因场地器材而受伤的青少年运动员占有一定的比例[1]。所以，场地器材的陈旧、不合格存在一定的竞技训练风险，在常规训练时教练员要及时向管理人员反馈，定期检查场地器材及训练所需设备。因此，运动场地、训练器材、保护装备等资源的更新与补充是减少青少年运动员竞技训练风险事件的物质保障。

（二）畅通先进训练知识资源进体校的渠道

先进的训练知识资源可帮助教练员把握竞技训练规律、运动员了解训练常识，增强对竞技训练的认识能力。我国基层体校的大多数教练员文化素质较低，出现专业技术水平高、理论知识较差的不匹配现象，教练员对青少年运动员的训练指导往往以经验为主，这在一定程度上为竞技训练埋下了隐患；青少年运动员心理认知能力正处于形成阶段，科学素养理论基础低，对竞技训练的认识不充分，一切竞技训练活动唯教练员是从，这也是竞技训练风险的潜在原因。因此，体校管理人员可以通过与专业体育院校、地方体育科学研究所等机构联络，加大知识资源经费投入，定期聘请竞技训练专家对教练员进行培训，补充竞技训练知识资料，对青少年运动员进行安全意识的培训并发放训练场地器材安全使用手册，培养青少年运动员的风险意识。其次，通过网络自媒体来普及青少年运动员运动损伤预防常识，在训练及比赛中提高自我保护意识，拓宽青少年运动员的学习渠道，增加学习时间，帮助青

---

〔1〕 梁慧敏. 陕西省青少年运动员运动损伤现状及其风险因素的研究［D］. 西安：陕西师范大学，2016.

少年运动员了解如何避免或减少运动损伤以及发生运动损伤后的紧急处理办法。最后，协调文化课学习与竞技训练的时间，利用课堂向教师请教，补充运动损伤相关知识，认识竞技训练运动性疲劳与运动损伤等风险事件的关系，从理论上提高青少年运动员的风险预防能力。

（三）建立互联网 + 生物指标监测的反馈系统

随着社会进入信息化时代，利用智能手机、微信等互联网工具构建运动员训练运动性疲劳管理的智能系统可以应对常规生物指标监测不系统、不全面带来的风险。“互联网 +”模式能充分发挥互联网在社会资源配置中的优化和集成作用，生物指标监测本身就具有数据化的天然属性，对“互联网 +”模式有着接纳和融合的先天优势，实现移动设备与生物指标监测反馈系统的无缝结合，让教练员和运动员能通过手机等移动设备随时随地进行交流，突破训练场地与时间的限制，提高运动员竞技训练监测效率和疲劳识别能力。

“互联网 + 生物指标监测反馈”系统无限制性，管理人员、教练员及医务人员可通过移动终端，打开与青少年运动员及时沟通的信息通道，对青少年运动员伤病史、饮食营养、作息时间等进行全面了解，这有助于识别三维疲劳，甄别青少年运动员疲劳的产生机制。将生物指标监测工作与互联网连接，可与专业知识、训练专家、优秀运动员训练信息等实现即时对接；通过互联网连接运动员生理生化数据信息库，获取大量相关理论知识与概念，然后通过线上咨询，与更多运动训练专家进行沟通、交流；最后可自动与全球青少年运动员竞技训练生物性疲劳类似案例进行匹配，将建设性的意见与建议反馈给教练员与青少年运动员等，规避在常规生物指标应用上的滞后性缺陷等，这些操作可全部通过该系统完成。“互联网 + 生物指标监测反馈”系统突破传统局限，利用“互联网 + 生物指标监测反馈”将生物性疲劳信息流、生理生化数据流、风险流和训练资源流集成，形成功能强大的整合效应，提升察觉风险的反馈质量。

（四）搭建以医院为核心的医疗资源进体校的平台

运动员疲劳和伤病风险的预测和应对需要大量医疗资源的投入，单单依靠体育科研机构和专门性的医疗机构是远远不能满足不同级别体校的需要的，即无法在医疗资源上全面覆盖我国 2 万多所体育运动学校。而青少年运动员所从事的竞技训练，本身就是对身体生物极限的突破（破坏），建立新的极限，产生新的适应，以提高竞技能力。随着运动技术的日益复杂，技术的改进过程同时也是挖掘运动员潜力的过程，这是运动员产生伤病的固有因素。所以，医疗资源的拓展，能够及时且有效地降低运动员的伤病风险，促进其康复，这一点对青少年运动员尤其重要，因为他们处于竞技能力的发展期。

因此，主体人员要转变思维，拓展训练资源，进行有效医疗资源的整合，在“体医融合”这一大背景下，建立“体校—医院”的合作机制，对于急性运动损伤和疾病，可以通过“运动员绿色通道”来规避风险事件的发生。在经费和管理制度方面进行机构间的合作，可以拓展相关资源，也能有效缓解医疗人力资源不足导致的伤病风险。

（五）打造全地域覆盖的“运动训练专家智库”

智力资源是一个国家和民族最宝贵的资源。新的历史时期，面对错综复杂的外部环境和繁重艰巨的体育发展任务，智力资源的重要性空前凸显[1]。在《“健康中国 2030”规划纲要》提出的体医融合这一大背景下，打造地方运动训练专家智库，通过其专业知识和思想影响竞技训练，是推进青少年竞技训练科学化、高效化、健全化运行，为基层体校竞技体育发展提供强大智力支持的重要举措，是实现竞技训练治理体系和能力现代化的重要力量。

因此，要充分利用地域性的体育高等院校和体育科研所，进行运动训练专家智库的建设，治理竞技训练风险事件；通过互联网，建立专家交流平台，进行训练理念、知识的交流；完善竞训制度，开展定期的下体校送培训活动，使先进的训练知识和方法，以最快、最有效的方式传递给基层体校，治理基层体校竞技训练质量不高、资源类型结构失衡、运行机制不健全等问题，以提高教练员的执教水平，促进运动员的健康发展。

在竞技训练中，身体素质的均衡协调发展有助于运动员体能的发展（表 9 - 3）。竞技训练中技术训练会导致伤病问题，如肌肉拉伤、关节扭伤等。有研究表明，在运动训练中多达 30% 的损伤是肌肉拉伤。这些拉伤通常发生在冲刺、踢、伸展、投掷和快速停止或减速阶段。现代竞技训练多采用生物力学设备来监控分析运动员技术（表 9 - 4），诊断技术是否规范，进而规避技术问题带来的运动损伤事件，有学者在研究肌

〔1〕 李伟.《关于加强中国特色新型智库建设的意见》解读［M］. 北京：人民出版社，2015.

肉损伤风险（长度超过其静止长度的 120%）中提出，比较相似技能的运动学和不同损伤率是风险评估和预防肌肉拉伤的办法[1]。研究结果表明，3D 动作捕捉和生物机械建模可以用来揭示可区分的关节结构和相关的肌肉拉长风险（图 9－3）。因此，在青少年运动员竞技训练中投入先进训练设备资源，如投入运动生物力学技术分析设备来开展科学化训练，可规避常规训练活动及技术训练带来的风险事件。

表 9－3　肌群训练器械统计表

名称	目标肌群	功能
坐姿推胸训练器	胸大肌 胸小肌	近固定时，使肩关节屈，水平屈，内收内旋；远固定时，提肋助吸气
高位下拉训练器 坐姿划船训练器	背阔肌	近固定时，使肩关节伸，内收和内旋；远固定时，拉躯干向上臂靠拢，辅助吸气
坐姿弯举龙门架	肱二头肌 肱三头肌	近固定时，使肩关节屈，肘关节屈，外旋；远固定时，上臂向前臂靠拢
坐姿推肩	三角肌	近固定时，使肩关节屈，水平屈，内旋，外展
坐姿弯举 坐姿屈腿训练器 坐姿倒蹬训练器	下肢肌群 臀部肌群	使膝关节屈伸

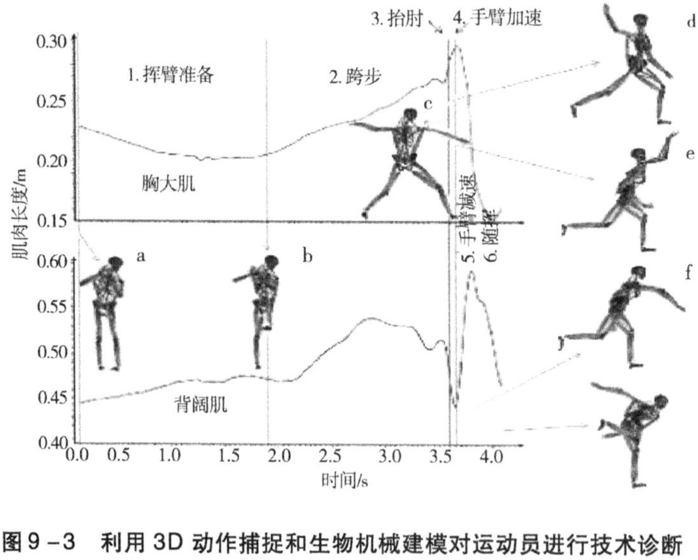

图 9－3　利用 3D 动作捕捉和生物机械建模对运动员进行技术诊断

[1] WAN B, SHAN G. Biomechanicalmodeling as a practical tool for predicting injury risk related to repetitivemuscle lengthening during learning and training of human complexmotor skills [J]. Sprin gerplus, 2016, 5 (1): 1－13.

表 9－4　利用生物力学数据对运动员肌肉拉伸前后指标进行分析

关节	旋转模式（°）		肌肉	肌肉延展度			
				最大延展度（静息长度百分比）		延展速度（m/s）	
	外踢腿	正踢腿		外踢腿	正踢腿	外踢腿	正踢腿
髋关节							
屈/伸	146.3 ±6.6	***162.2 ±8.4***	股直肌	104.2 ±4.1	105.9 ±5.0	0.26 ±0.02	***0.48 ±0.05***
外展/内收	***87.8 ±5.6***	51.6 ±6.1	股外侧肌	109.5 ±4.5	103.6 ±3.9	0.09 ±0.00	***0.21 ±0.01***
旋转	54.1 ±4.1	57.9 ±5.3	股二头肌	127.3 ±5.2	132.0 ±4.7	0.44 ±0.03	***0.69 ±0.05***
膝关节							
屈/伸	***108.9 ±6.3***	65.3 ±4.7	大收肌	***197.7 ±5.3***	171.3 ±4.9	0.42 ±0.04	***0.61 ±0.04***
外展/内收	27.4 ±4.6	28.8 ±4.1	股薄肌	134.7 ±4.8	133.8 ±3.6	0.13 ±0.00	***0.46 ±0.05***
旋转	28.2 ±4.1	21.5 ±4.3	臀中肌	***127.9 ±4.0***	116.3 ±3.7	0.27 ±0.02	0.29 ±0.02
			半膜肌	129.2 ±4.4	133.8 ±4.3	0.50 ±0.03	***0.71 ±0.06***

注：斜体表示风险肌肉，加粗斜体表示该值显著高于对照组（$P<0.05$）。

（六）开展具有长效机制的优秀运动员训练经历经验交流会

经验交流对青少年运动员竞技训练的认知有良好的促进作用。各级各类体育运动学校通过管理人员联络教练员组织，以省、地区为单位，开展竞技训练经历经验交流会，成立专门委员会，下设各个竞技训练项目协会，进行有效的组织，使青少年运动员能够及时掌握优秀运动员在竞技训练中经历的风险事件，了解他们对这些风险事件的处理经验，并签署相关协议，定期开展交流大会，通过主体的亲身交流提升青少年运动员防御风险的能力。

三、研制围绕青少年运动员竞技训练系统的风险筛查表

风险筛查表是竞技训练活动风险预防的关键路径之一。青少年运动员竞技训练系统的开放性与风险产生机制的综合性、复杂性，直接影响教练员、队医等对运动员运动性疲劳的判断。从宏观层面上，主体间利益的分配与责任的担当是竞技训练风险事件发生的主要原因；从微观层面上，青少年运动员竞技训练三维疲劳（生物性、心理性、社会性疲劳）的产生是对风险事件发生及演变的解释。对风险问题进行调查统计后制作的风险筛查表。（表 9－5）

表 9－5　风险筛查表

筛查项目	应用	筛查内容	疲劳识别方法
心脏疾病	运动性心脏病风险	心电图等	医务诊断、运动员表达
伤病史	训练计划与内容制订	有无传染病、运动损伤	医务诊断、运动员反馈
遗传病	运动员选材与训练	糖尿病、麻疹等	医务诊断、家庭反馈
运动损伤	伤病治疗与预防，终止训练行为	身体各项功能	训练强度与训练量的合理性
训练场地器材	场地风险的规避	是否达到训练规格	专业人员常规检查、运动员反馈
生物学指标	生理生化指标应用与检测	血乳酸、心率等	采集血样、仪器检验
心理指标	心理疲劳的识别	情绪抑制、焦虑等	心理咨询、观察交流
生活管理	运动员管理	卫生、饮食、睡眠、营养、人际关系等	观察、咨询、交流

因此，研制竞技训练风险筛查表有助于厘清竞技训练疲劳的生成机制，识别疲劳，从系统的角度出发，责任到人分配风险，从而实现对竞技风险事件的全面治理。

四、提升训练核心主体防御风险的能力

从训练学的角度出发，竞技训练活动的实践主体是教练员与运动员。其中，教练员是竞技训练的指导者，负责训练计划的制订、训练内容的安排，即竞技训练风险的催化剂；运动员是竞技训练的实践者，是执行训练计划、完成训练内容的落实者，即竞技训练风险的载体。对教练员与青少年运动员的责任要求与能力塑造是科学有效开展竞技训练活动的根本，任何偏离竞技训练价值导向的行为都会导致风险事件的发生。因此，应从教练员职责与专业能力的培养上和提高青少年运动员对风险问题的处理能力上来系统防御风险。

（一）培养新时代"四有"与"四好"教练员

在消费主义、功利主义盛行的时代，我国体育运动学校中教练员的价值取向基本以培养运动员出成绩拿金牌的思想为主流，这一思想在基层体校中尤为强烈，教练员多由省市体校或体工队退役运动员担任，职业素养的缺失，竞技训练知识的匮乏，执教能力的不足，生活观、价值观的偏离，以及变相体罚运动员等问题较为突出。这些调查充分说明了教练员与竞技训练风险事件之间有着必然的联系。竞技训

练活动的本质与目标，表明教练员不仅是竞技训练的主导者，而且在情感层面上与运动员是师徒关系，是家长之外的竞技训练“监护人”。因此，尊重青少年运动员的人格，培养竞技体育的合格接班人是新时代教练员的全新使命，即做有理想信念、有道德情操、有扎实学识、有仁爱之心[1]的“四有”教练员；做有教育责任感、为人师表、立德树人、专业过硬[2]的“四好”教练员。因此，教练员明确职责、履行责任、科学执教，关爱青少年，可推动竞技训练活动健康进行。

（二）提高运动员风险应对能力

打铁还需自身硬，全面了解竞技训练的风险后果是处理风险问题的出发点。在提高运动员风险问题的处理能力方面，对风险问题的认识是首要，判别风险事件的根源——“疲劳”是根本。因此，在竞技训练活动中青少年运动员要补充竞技训练理论知识，与管理人员、队医、家长、教师等建立交流平台，学习竞技训练活动的理论知识，增强风险意识，全面了解运动性疲劳的生成机制，在竞技训练中针对身体、心理上的直接反应（如运动损伤、厌训等现象）做出调整与应对，出现伤病时要及时停止竞技训练，提高自身防御风险的能力。

---

〔1〕 人民网.2014 年 9 月 9 日习近平总书记与北师大师生座谈提出“四有”好教师标准［EB/OL］.(2014－09－10).

〔2〕 姚彤，张春贤.争做新疆特色“四好教师”［N］.新疆日报，2005－09－10.

第十章　结　论

本书通过多维检测评价，得出如下结论。

（1）运动性疲劳识别是青少年运动员竞技训练风险识别的关键点，而青少年运动员竞技训练疲劳是一个全面的、相互影响的结果，即“三维疲劳”。青少年运动员身体的各个器官都承受着大强度的训练负荷，此为一维；为了获取比赛的胜利，青少年运动员在竞技训练中承受着来自多方面的压力，此为二维；作为社会性个体的青少年运动员，社会环境和生活事件也会对其产生影响，如教练员与青少年运动员的关系、家长与教练员的关系、家长与青少年运动员的关系、同伴关系等，此为三维。

（2）竞技训练风险因素包括运动性生物因素、运动员身体因素、运动员心理因素、饮食习惯和管理、环境类因素以及教练员经验六大类。运动性疲劳是通过大负荷因素和其他因素共同生成的，具有潜在性、复杂性、迁移性和突变性的特征。

（3）生物学指标本身具有的敏感性、易受干扰性、提前性和滞后性、特异性、双相性、非完全规律性等特性，以及运动员的个体差异性，导致目前的评价指标不能 100% 地判断运动性疲劳。教练员以及科研人员在实际监控中，除了要结合多项指标进行综合判定外，还应该进一步加大其他指标的开发与应用。

（4）无经验支撑的训练是不存在的，没有绝对科学的训练。教练员对经验类方法如语言交流法、利用训练主体因素法和科学类方法如生理指标、生化指标和心理指标识别运动性疲劳的精确度和了解程度均有显著性差异，故教练员运用该类方法识别运动性疲劳会存在一定风险。因此，教练员在指导训练活动的过程中，既要依靠自己丰富的经验，又要充分利用生理、生化、心理等科学指标，并以此作为参考。这样才能更准确地判断运动员的疲劳状态，最大限度地减少竞技训练风险事件的发生。

（5）应对竞技训练风险必须立足新的社会体制，从以人为本的角度出发，明确竞技训练的正向培养观，树立风险意识，形成竞技训练风险思想，对于风险判别的因素——“疲劳”进行客观的防控与治理。依据训练系统风险的生成机制，风险的复杂性、系统性等特征，在思想上高度重视，确定主体，建立系统观，进行差异化教育训练，端正培养价值导向，并以此为指导，从改革与健全制度、拓展先进资源、强化核心主体抵御风险能力等多层面来规范引导竞技训练的可持续向好发展。